Regine Herbig

DIE INNERE KÖNIGIN LEBEN

Ein Alltag voll Souveränität und Licht

© Regine Herbig

1. Auflage 2019

Autor: Regine Herbig
Umschlaggestaltung, Illustration: Fabian Forban / Regine Herbig
Korrektorat, Layout: Monika Closs

Verlag und Druck: tredition GmbH, Halenreie 40-44, 22359 Hamburg

ISBN Paperback: 978-3-7482-8970-8
ISBN E-Book: 978-3-7482-8971-5

Bibliografische Information der Deutschen Nationalbibliothek:
Die Deutsche Nationalbibliothek verzeichnet diese Publikation in der Deutschen Nationalbibliografie; detaillierte bibliografische Daten sind im Internet über http://dnb.d-nb.de abrufbar.

Ich widme dieses Buch allen Frauen, die ihr inneres Licht auf dem Planeten Erde leuchten lassen – und die dazu beitragen, dass die Kraft der Weiblichkeit hier wieder den gebührenden Platz einnimmt.

Inhaltsverzeichnis

Teil 2: Ausbildung und Beruf

Teil 3: Innere und äußere Fülle

Anhang

Einleitung

In allen Altersstufen ist eine Faszination für die weiblichen Mitglieder der Königshäuser zu bemerken. Die meisten Mädchen möchten gerne eine Prinzessin sein. Und viele Frauen lesen mit Interesse Artikel über die Royals, die regelmäßig in Zeitschriften erscheinen. Woher rührt diese Faszination? Vordergründig sind es erstmal Glamour, Reichtum, Ansehen und Einfluss, die anziehend wirken.

Aber schauen wir etwas tiefer: Welche inneren Qualitäten kennzeichnen eine wahre Königin? Sie steht für innere und äußere Schönheit, für Eleganz; sie strahlt Würde und Souveränität aus. Eine Königin besitzt Großmut, Großzügigkeit und Macht. Sie ist eine starke und strahlende Persönlichkeit – dies wird seit Jahrhunderten in der Kunst symbolisiert durch kostbaren Schmuck mit funkelnden Edelsteinen, Gewänder aus wertvollen Stoffen sowie die Krone, deren Zacken wie Strahlen sind.

Der Archetyp der Königin lebt in jeder Frau. Wir können diesen Aspekt bewusst in uns wecken und kultivieren. Jede von uns hat die Möglichkeit, Königin ihres eigenen Lebens zu sein.

Zu ihrem Königreich gehört die innere Welt: die Fülle der Gedanken und Gefühle. Die innere Königin übernimmt Verantwortung für alles, was in ihr auftaucht. Sie nutzt die ihr innewohnende Macht, um sich gezielt auf aufbauende Gefühle und nährende Gedanken einzustimmen. Sie gestaltet ihre Innenwelt bewusst und versteht es, sich in eine hohe Schwingung zu bringen und dort zu bleiben. Eine Königin ist sich ihres Wertes bewusst und lebt im Reich innerer Fülle.

Das Wichtigste im Leben ist nicht dasjenige, was wir erleben, sondern wie wir unseren Erfahrungen begegnen. Agieren oder reagieren wir als Königin oder als Opfer?

Außerdem gehören unsere Mitmenschen zum Königreich unseres Lebens. Eine Königin gibt reichlich von ihren inneren Schätzen und trachtet danach, das Leben anderer zu bereichern. Sie zeigt innere Größe und lebt als Vorbild menschliche Werte wie Respekt, Wertschätzung, Verständnis, Empathie und Toleranz.

Das vorliegende Buch erzählt ein Märchen für Erwachsene. Es handelt von einem Königskind, das zur inneren Königin seines Lebens heranwächst – unter bescheidenen äußeren Umständen jenseits des väterlichen Palastes. Lucia wird auf ihrem Weg von Angelina, einem Engel aus der Welt des Lichts begleitet. Diese hilft ihr über den frühen Tod der Mutter und den Verlust des Elternhauses hinweg. In den täglichen Rendezvous vermittelt Angelina ihr bedingungslose Liebe und Geborgenheit.

Ab dem siebten Lebensjahr wird sie zunehmend zu Lucias Lehrerin. Sie gibt ihr viele Anregungen, um sich mit dem inneren Licht im Herzen zu verbinden. Alle Übungen kreisen um das zentrale Thema „Licht" und sprechen verschiedene Ebenen an: die körperliche, emotionale, mentale, soziale sowie die spirituelle. Sie bieten Lucia inneres Werkzeug für konkrete Situationen ihres Alltags.

Durch den Dialog mit ihrem Engel wird ihr bewusst, dass sie in ihrem Kern ein lichtvolles Wesen ist und ihre Aufgabe darin besteht, ihr Licht in die Welt scheinen zu lassen – wie immer die äußeren Bedingungen auch sein mögen. Lucias Geschichte zeigt, wie sich durch den Kontakt mit dem Licht und der Liebe im Herzen auch immer wieder Türen im außen öffnen, gemäß dem Gesetz der Resonanz.

Lucia kann ein Vorbild sein auf dem Weg, die strahlende innere Königin in sich zu aktivieren. Dies bedeutet, die beste und tiefste Version von sich selbst zum Leben zu bringen. Das Märchen möchte zu einem neuen Selbst-Verständnis beitragen und Anregungen geben, sich auf die hohe Energie der eigenen Seele einzustimmen.

Neben dem Inhalt der einzelnen Geschichten ist es mir ein Anliegen, eine lichtvolle Atmosphäre zu vermitteln, um die Leserinnen energetisch zu berühren und die Herz-Energie ins fließen zu bringen. Ich möchte insbesondere einen Zugang über das Fühlen vermitteln. Viele Übungen habe ich bewusst recht ausführlich beschrieben, sodass man diese bei Bedarf auf einen MP3 Player aufsprechen kann, um sie öfters zu wiederholen.

Daraus ergibt sich, dass Sie beim durchgängigen Lesen des Märchens bei den Übungen auf einige Wiederholungen stoßen werden. Dies ist mir bewusst. Ich habe mich aus guten Gründen für diese Form entschieden: Falls Sie nach dem Lesen des gesamten Buches eine Übung erneut hervorholen mögen, dann finden Sie diese ausführlich beschrieben, um sie jetzt losgelöst vom Kontext noch einmal zu praktizieren.

Wenn Sie einen maximalen Profit von dem vorliegenden Buch haben möchten, dann empfehle ich Ihnen, es in kleinen Portionen zu lesen, um die Lichtübungen nacheinander auszuprobieren und diese dann in Ihren Alltag zu integrieren. Sie bauen systematisch aufeinander auf.

Sollten Sie bisher keine Erfahrung auf dem Gebiet der beschriebenen Lichtübungen haben und Ihnen diese noch recht fremd erscheinen, dann können Sie selbstverständlich das Märchen auch genießen, ohne die Übungen selbst zu praktizieren und dies Lucia überlassen. In diesem Fall lassen Sie sich einfach von der Geschichte und ihrer energetischen Schwingung berühren.

Durch meinen Namen bin ich dem Thema der Königin sehr verbunden. Meine Eltern haben mich Regine getauft – voll Dankbarkeit, dass ich zu ihnen gekommen bin. Im Jahr zuvor war meine Schwester durch eine schwere Geburt zur Welt gekommen und kurz darauf wieder gegangen. Aufgrund des biologischen Alters meiner Mutter sowie ihrer körperlichen Gegebenheiten hatten meine Eltern in keiner Weise mehr an ein zweites Kind gedacht. Umso größer waren die Überraschung sowie das Glück, als ich dann gesund geboren wurde. Und so wuchs ich als Prinzessin in unserer kleinen Familie auf. Ich bin meinen Eltern unendlich dankbar für die tiefe Wertschätzung und Liebe, die sie mir entgegengebracht haben sowie für die außergewöhnliche Unterstützung, die sie mir während ihres gesamten Lebens haben zukommen lassen.

Nach einer behüteten Jugend und einem guten Start ins Erwachsenen-leben war ich vor allem ab Ende 30 mit heftigen inneren und äußeren Herausforderungen konfrontiert. Es gab viele magere Jahre, in denen die Verbindung zur unsichtbaren Welt und meinem inneren Licht zum Teil mein einziger Halt waren. Mehr denn je war es meine Aufgabe, meinen inneren Reichtum im Blick zu haben und als Königin durch die schwie-rigen Situationen zu gehen. Gerade in diesen Jahren habe ich viel gelernt über Themen wie Mangel und Fülle, Schatten und Licht, Opfer oder Königin sein.

In meinem Beruf als Körpertherapeutin und Coach habe ich auch andere inspiriert, den inneren Weg aus dem Herz-Licht zu gehen. Seit 15 Jahren tue ich dies ebenfalls über das Schreiben von Sachbüchern mit vielen alltagsnahen Übungen. Dieses Mal floss zu meiner Überraschung ein spirituelles Märchen aus meiner Feder. Diese Form zu schreiben, hat mir besonders viel Spaß gemacht. Die integrierten Lichtübungen begleiten mich seit Jahrzehnten und sind ein kostbarer Schatz in meinem Leben.

Ich wünsche auch Ihnen viel Freude beim Lesen – und auf der Entdeckungsreise zur eigenen inneren Königin. Möge das Märchen Ihnen Impulse geben, den All-Tag mit mehr Leichtigkeit, Licht und Souveränität zu meistern.

Wir freuen uns, wenn wir Sie ein Stück auf Ihrem Weg begleiten dürfen und grüßen die Königin in Ihrem Inneren

Regine und Lucia

„Du öffnest die Bücher und sie öffnen dich."
(Tschingis Aitmatow)

Teil I: Lucias Kindheit und Jugend

 ## 1. Eine kurze Zeit im Paradies

Es war einmal ein Königskind, das im Sommer beim Höchststand der Sonne geboren wurde. Seine Eltern waren überglücklich über diese Krönung ihrer Ehe. Sie gaben ihrer Tochter den Namen Lucia, denn sie spürten gleich in den ersten Tagen, dass sie ein sehr sonniges Wesen hatte. Sie liebten Lucia inniglich. Diese war ein ruhiges und fröhliches Kind. Im ersten Lebensjahr war ihre Mutter mit ihrer Liebe und Fürsorge ganz für sie da; sie wollte ihre kleine Tochter keiner Amme überlassen. Auch der König nahm sich den Raum, um trotz seiner mannigfaltigen Verpflichtungen viel Zeit mit seinem Töchterchen zu verbringen. Lucia fühlte sich rundum geborgen in ihrem Elternhaus. Sie lebte im Paradies.

Nachdem sie laufen konnte, ging sie auf Entdeckungsreise im Königsschloss und der großen zugehörigen Gartenanlage. Sie spielte nach Herzenslust und verbrachte besonders gerne endlose Stunden draußen in der Natur. Die Königin nahm sich großzügig Zeit, um mit Lucia zu spielen; sie hatten viel Spaß miteinander. Wenn auch der König dazukam, war ihr Glück perfekt. Herumtollen, scherzen, lachen, schmusen – Lucia fühlte sich rundherum wohl. Sie war ein fröhliches, sonniges Mädchen und alle im Schloss freuten sich an dem Kinderlachen, das durch die Räume drang. Alle liebten Lucia. Im Innen und Außen fehlte es in ihrem kleinen Königreich an nichts während der ersten zwei Lebensjahre.

Doch dann veränderte sich alles. Lucias Mutter wurde plötzlich schwer krank. Sie war sehr geschwächt und musste auch ihre Tage größtenteils im Bett verbringen. Lucia saß stundenlang an ihrer Seite. Sie konnte nicht verstehen, warum ihre Mutter nicht mehr mit ihr in den Garten ging, warum sie so traurig war, warum alles so anders war als bisher. Sie hätte ihrer geliebten Mutter so gerne geholfen, aber sie bemerkte zu ihrem Leidwesen, dass es ihr von Tag zu Tag schlechter ging. Lucia versuchte mit allen Mitteln, sie aufzuheitern.

Für die Königin war ihr kleiner Sonnenschein die wichtigste ‚Medizin', die ihre momentane Situation etwas zu erleichtern vermochte. Es herrschte eine bedrückende Stimmung im Königsschloss. Auch Lucia erfasste zunehmend eine Traurigkeit und Vorahnung, dass etwas Schlimmes passieren würde. Sie klammerte sich an ihren Vater. Er war doch der große König; stand es nicht in seiner Macht, ihre Mutter wieder gesund und fröhlich zu machen?

Eines Tages, als Lucia mal wieder bei ihrer Mutter auf der Bettkante saß, nahm diese ihre Tochter in den Arm und sagte: „Mein Liebes, meine Kräfte nehmen von Tag zu Tag ab. Dieser Körper wird immer schwächer und schafft es bald nicht mehr, weiterzuleben. Deshalb werde ich demnächst die Erde verlassen, um in eine andere Welt zu reisen. Es tut mir unendlich weh, mich von dir zu verabschieden und dich hier mutterlos zurückzulassen. Ich liebe dich so sehr. Es ist ein riesengroßes Geschenk, dass du seit zwei Jahren bei mir bist. Und ich sehne mich so danach, dich zu begleiten, bis zu erwachsen bist; an deiner Seite zu sein, wann immer du mich brauchst – selbst wenn du eines Tages dein Elternhaus verlassen hast. Ich bin zutiefst betrübt, dass ich nicht in körperlicher Form bei dir bleiben kann, um für dich zu sorgen, deine Entwicklung zu fördern und dir meine unendliche Liebe zu schenken.

Jedoch versichere ich dir, auch wenn ich meinen Körper bald ablege wie ein ausgedientes Kleid, ich werde innerlich immer bei dir sein. Eines Tages in der Zukunft, werden wir uns wiedersehen. Vielleicht verstehst du als zweijähriges Kind vieles von meinen Worten jetzt nicht, aber deine

Seele wird sie begreifen. Selbst wenn ich bald gehe, so bist du doch nicht alleine. Dein Vater bleibt bei dir und wird dich unterstützen. Ich wünsche mir so sehr, dass du in deinem Leben glücklich sein wirst und mit Freude durch deine Tage gehst." Sie sagte noch ein paar weitere Sätze, aber Lucia schluchzte so laut, dass sie diese nicht mehr hören konnte.

Ihr Vater kam, nahm sie liebevoll in seine Arme und kuschelte lange mit ihr; dann brachte er sie ins Bett. Am nächsten Morgen weckte er sie und erzählte ihr schweren Herzens, dass ihre Mutter in der Nacht gestorben sei.

Für Lucia brach in diesem Moment eine Welt zusammen. Ihr Vater tröstete sie so gut er konnte. Eine große Wolke der Trauer hängte sich über das Königsschloss. Das erste Kapitel in Lucias Leben hatte abrupt geendet. Dieses Ende glich der Vertreibung aus dem Paradies.

Lucia war tieftraurig und verzweifelt. Ihre harmonische Welt war zusammengebrochen. Der König nahm sich so viel Zeit, wie ihm nur irgend möglich war, um mit seiner kleinen Tochter zusammen zu sein und ihr Halt zu geben. Es schmerzte ihn sehr, zu sehen, wie sein sonniges Kind jetzt eine „dunkle Nacht der Seele" durchlebte.

Er engagierte eine Kinderfrau, die für Lucia da war. Es war eine Frau Anfang 40, Mutter von zwei eigenen Töchtern, die bereits das Haus verlassen hatten. Nana war sehr warmherzig und fröhlich; sie konnte wunderbar mit Kindern umgehen. Lucia mochte sie gerne. Sie spielten immer neue Spiele miteinander und dann vergaß sie für eine Weile ihren Kummer. Wenn wieder eine Welle der Traurigkeit Lucia überflutete, nahm Nana sie auf ihren Schoß und tröstete sie – mit und ohne Worte. Sie konnte wunderschön singen und die Klänge ihrer Lieder wirkten sehr beruhigend und heilend auf den Schmerz der kleinen Seele.

Lucia war dankbar, dass Nana jetzt in ihrem Leben war. Jedoch: sie war halt Nana und nicht ihre geliebte Mutter. Ab und zu erschien ihr diese im Traum. Dann konnte sie ihre Liebe intensiv spüren und fühlte sich für Momente wieder ganz glücklich und geborgen. Aber wenn sie aufwachte, dann gab es da keine Mutter, mit der sie morgens im Bett kuscheln konnte: die sie spüren und riechen konnte oder ihre liebevolle Stimme hören. Und es gab nicht mehr die Überraschung, welches ihrer wunderbaren Kleider sie wohl heute anziehen würde. Lucia hatte diese leuchtenden Farben geliebt. Ihre Mutter war eine schöne, strahlende Frau gewesen – wahrhaftig königlich. Warum war sie nicht mehr da, warum?

Diese bohrende Frage und der tiefe Schmerz begleiteten Lucia nun täglich. Für sie hatte das Leben seit dem Schock über den Tod eine Menge von seinem Zauber verloren. Doch diese Sichtweise änderte sich eines Tages.

 ## 2. Angelina erscheint

Eines Morgens wachte Lucia sehr früh auf. Die ersten Sonnenstrahlen schienen in ihr Zimmer und die Vögel zwitscherten im Garten. Plötzlich hörte sie neben sich eine leise Stimme, die rief: „Lucia". Sie wandte sich zu dieser Seite. Da war sie wieder, diese Stimme. „Guten Morgen, Lucia". Sie konnte niemanden sehen – allerdings nahm sie ein helles Licht neben sich wahr. Lucia erwiderte noch etwas schlaftrunken: „Guten Morgen. Wer bist du?" „Ich bin Angelina – ein Engel aus der Welt des Lichts. Ich komme zu dir, um dir in dieser schwierigen Zeit beizustehen." Lucia hatte schon von Engeln gehört in Geschichten, die ihr ihre Mutter erzählt hatte. Sie zwinkerte mit den Augen und blickte auf die große lichtvolle Gestalt. Diese sprach weiter: „Ich habe deine Mutter getroffen. Es geht ihr gut. Sie ist wieder ganz heiter und bewegt sich mit Leichtigkeit in ihrer jetzigen Welt. Sie denkt oft an dich und hat dich ganz, ganz lieb. Das soll ich dir sagen."

Diese Worte fielen direkt in Lucias Herz. Sie waren wie Balsam und lösten umgehend ein Glücksgefühl in ihr aus. Über diesen Engel strömten unendlich viel Licht und Liebe zu ihr hin. Lucia fasste sofort Vertrauen zu Angelina. Sie fühlte sich sicher und geborgen in ihrer Gegenwart. Andächtig schaute sie zu der lichtvollen Gestalt und sagte: „Angelina, du bist sehr schön. Bleibst du heute den ganzen Tag bei mir?" „Nein, mein Liebes. Ich zeige mich dir nur, wenn wir beide alleine sind. In besonderen Momenten, die nur uns beiden gehören. Ich versichere dir allerdings, dass ich dich in Zukunft öfters besuchen werde – wenn du das magst." Lucia antwortete blitzschnell: „Oh, ja. Bitte komm ganz oft zu mir. Ich fühle mich sooo wohl bei dir!" „Du kannst mich rufen, wenn du dich traurig oder alleine fühlst. Dann komme ich an deine Seite."

Lucias Herz hüpfte vor Freude. Nun fuhr Angelina fort: „Ich verabschiede mich jetzt von dir, denn gleich wird Nana kommen, um dich zu wecken. Ich liebe dich und ich hoffe, dass bald die Sonne in deinem Herzen wieder scheinen wird." Lucia spürte einen zarten Luftzug über ihrem Kopf. Es fühlte sich ähnlich an wie früher, wenn ihre Mutter ihr liebevoll über den Kopf gestrichen hatte. Dann war die Lichtgestalt verschwunden. Lucia war tief berührt von dieser Begegnung. Sie spürte: ‚Jetzt beginnt etwas Neues in meinem Leben'.

Fröhlich begrüßte sie Nana, als diese zur Tür rein kam. Jedoch erzählte sie ihr nichts von Angelina; dies war ihr Geheimnis. Der ganze Tag war durchzogen von der wundervollen Energie, die durch die Begegnung in Fluss gekommen war. Es war Lucias glücklichster Tag seit dem Tod ihrer Mutter.

Am Abend, nachdem ihr Vater sie ins Bett gebracht hatte, las er ihr noch eine Gute-Nacht-Geschichte vor und dann machte er das Licht aus. Lucia war alleine. Ihre Gedanken wanderten zu Angelina. Diese hatte gesagt, dass sie kommen würde, wenn sie sie ruft. Lucia war ganz aufgeregt und dachte: Ob das wirklich funktioniert?

Leise flüsterte sie: „Angelina, Angelina!" Es dauerte nicht lange, da konnte sie in dem dunklen Zimmer ein helles Licht an ihrer linken Seite wahrnehmen. „Angelina, bist du da?" Und oh Wunder, sie hörte ihre sanfte Stimme: „Ja Lucia, hier bin ich. Du siehst, ich halte mein Wort." Lucia war überglücklich: „Ich freue mich so! Es wird ganz hell in mir, wenn du da bist." Von nun an gab es fast täglich ein Rendezvous zwischen Lucia und Angelina. Der Engel hatte ihr versprochen, dass er in schwierigen Momenten an ihrer Seite sein würde, wenn sie sich einsam oder traurig fühlte. Aber Lucia rief ihn einfach regelmäßig – auch wenn es ihr gut ging. Die Begegnungen mit Angelina weckten Leichtigkeit in ihr; es war, als würde ihr Herz Flügel bekommen. Und dieser wunderbare Zustand hielt noch viele Stunden danach an.

Besonders kostbar war ihre Gegenwart natürlich, wenn Lucia mal wieder von einer großen Welle des Schmerzes und der Trauer überrollt wurde. „Angelina, Angelina! Komm – es tut so weh." Kurz darauf fühlte sie die lichtvolle Energie ihres Engels, dessen Liebe sie plötzlich von allen Seiten umgab. Der Schmerz war dann vorerst zwar noch da, aber er war eingebettet in ein Meer von Licht und Liebe. Angelina war bei ihr mit ihrem Verständnis, ihrem Mitgefühl und ihrem Trost. Sie konnte ihr alles erzählen, was sie bewegte. Ganz allmählich löste sich dann der Schmerz. Er trat mehr und mehr in den Hintergrund – und im Vordergrund war die Erfahrung von Geborgenheit in unendlicher Liebe präsent.

Solch ein Szenario wiederholte sich über viele, viele Monate. Die Begegnungen mit Angelina waren zutiefst heilsam. Natürlich waren in schmerzhaften Momenten auf der menschlichen Ebene auch der König und Nana, die Kinderfrau, für Lucia da. Ab und zu erschien ihr auch ihre geliebte Mutter im Traum, um sie zu trösten.

Schritt für Schritt stabilisierte sich Lucia wieder. Sie fand zurück zu ihrer Fröhlichkeit, lachte und tanzte. Angelina beobachtete diese Entwicklung mit Freude. Es hatte sich eine tiefe Verbindung zwischen dem Königskind und ihr entwickelt.

Auch als es Lucia wieder besser ging, hatte sie weiterhin das Bedürfnis, sich täglich mit Angelina zu treffen. Sie war einfach ein Teil ihres Lebens geworden. Sie gab ihr inneren Halt und ein Gefühl der Geborgenheit. In ihrer Gegenwart erlebte sie so etwas wie Nähe zum Paradies.

Eines Abends vor dem Einschlafen fragte Lucia. „Angelina, bleibst du mein ganzes Leben bei mir – auch wenn ich erwachsen bin?" Und sie versicherte ihr: „Ja, denn ich gehöre zu dir."

 ## 3. Die hartherzige Geliebte des Königs

Als Lucia circa viereinhalb Jahre war, bahnte sich wieder ein neues Kapitel in ihrem Leben an. Sie bemerkte, dass ihr Vater seit einiger Zeit besonders beschwingt und glücklich war. Dies freute sie und gleichzeitig hatte sie ganz leise eine schmerzliche Vorahnung. Was weder seine Tochter, noch seine Freunde, noch das Personal am Hofe wussten, war Folgendes: der König hatte sich verliebt. Auf einem Fest hatte er eine junge Adelige getroffen, die sein Herz berührte, welches sich nach der Zeit der Trauer ganz vorsichtig für eine Begegnung mit einer Frau zu öffnen begann. Bereits seit einigen Monaten hatten sie sich regelmäßig in aller Stille getroffen. Ihre innere Verbindung wuchs und beide hatten mehr und mehr das Gefühl, dass sie füreinander bestimmt waren. Der König sehnte sich zutiefst danach, wieder eine Königin an seiner Seite zu haben – auf der persönlichen Ebene sowie in seinem Amt als Regent.

Eines Tages entschloss er sich, die Verlobung bekannt zu geben. Die Freude am Hofe war groß, dass der geliebte König ein neues Glück gefunden hatte. Emsig wurden Vorbereitungen für ein Fest getroffen, bei dem der König in Adelskreisen seine Verlobte offiziell vorstellen würde.

Zuvor wartete auf ihn allerdings noch die schwierige Aufgabe, seinem innig geliebten Töchterchen von dieser neuen Entwicklung in seinem Leben zu erzählen und ihr seine angehende Verlobte vorzustellen. Lucia nahm die Nachricht gelassen auf und freute sich auf das bevorstehende Treffen. Sie liebte es, neue Menschen kennenzulernen. Ein paar Tage später lernte sie Anna Rosa im Garten kennen. Sie spielten und scherzten miteinander. Die offene und spontane Lucia verstand sich gut mit ihr.

Anna Rosa bezog bis zur Zeit der Hochzeit ein Haus ganz in der Nähe und sie war täglich im Schloss. Alle mochten sie und der König war sehr glücklich. Ab und zu gesellte sich Anna Rosa zu Lucia, wenn sie draußen spielte. Sie war freundlich – doch irgendetwas stimmte nicht, das fühlte die Kleine. Im folgenden Treffen mit Angelina erzählte sie ihr von diesem Unbehagen. Diese bestätigte ihr, dass es für die angehende neue Königin schwierig war, Lucia in ihr zukünftiges Leben am Hofe zu integrieren. Sie sagte: „Du musst in nächster Zeit sehr tapfer sein." Und sie umhüllte Lucia noch intensiver als bisher mit Liebe – so kam es ihr zumindest vor.

Was hatte das alles zu bedeuten? Lucia spürte, wie der Boden unter ihren Füßen zu schwanken begann. Aber andererseits war sie doch beruhigt, denn sie hatte ja Angelina an ihrer Seite, was auch immer passieren würde.

Die Vorbereitungen für die bevorstehende Hochzeit dauerten mehrere Monate. Es würden die Herrscher aus den Nachbarländern kommen; manche würden eine lange Reise von Tausenden Kilometern zurücklegen müssen. Anna Rosa ging nun am Hofe ein und aus. Sie hatte Zeit, das Leben dort ausgiebig kennenzulernen und sich auf ihre Rolle als zukünftige Königin vorzubereiten. Sie liebte den König sehr und freute sich enorm auf die bevorstehende Hochzeit, auf ein gemeinsames Leben mit ihm, auf die Gründung einer Familie, auf viele gemeinsame Kinder.

So schön dies alles war, es gab ein Problem: Lucia. Einerseits mochte sie dieses sonnige Kind; wäre es doch nur die Tochter einer Angestellten gewesen und nicht die des Königs. Bei der Vorstellung, Lucia als Tochter in ihr Leben am Hofe mit einzubeziehen, sträubten sich ihr alle Haare. Nein, das wollte sie nicht. Sie wollte mit dem König ein komplett neues Leben beginnen – ohne irgendwelche Anhängsel aus der Vergangenheit. Sie wollte keine Stiefmutter, kein Mutterersatz für Lucia sein.

Das musste sie dem König ganz ehrlich sagen. Es würde nicht einfach sein, ihn damit zu konfrontieren, wusste sie doch, wie inniglich er sein Töchterchen liebte. Und in der Tat, es war ein äußerst schwieriges Gespräch, welches die erste Krise in ihrer Beziehung verursachte. Sie hatte den König vor die Wahl gestellt: Entweder ich oder Lucia – eine von uns beiden muss gehen. Wenn du mich heiraten willst, muss Lucia das Königsschloss verlassen.

Dem König zerriss es fast das Herz. Wie konnte Anna Rosa so hartherzig sein und auf die Idee kommen, sein heiß geliebtes Kind zu verstoßen? Er zog sich einige Tage zurück, um über dieses unglaubliche Ultimatum nachzudenken. Die Gefühle tobten in seinem Inneren. Was tun?

Er liebte Anna Rosa; er wollte eine neue Königin an seiner Seite – dies war auch das Beste für sein Volk. Auf ihrem Totenbett hatte selbst seine erste Frau den Wunsch formuliert, er möge eines Tages wieder eine neue Ehe eingehen. Konnte er sich in seiner Position überhaupt zu diesem Zeitpunkt noch einen Rückzieher erlauben? Es wütete ein entsetzlicher Kampf in ihm. Er fühlte sich wie ein Kamel, das durch ein Nadelöhr gehen sollte. Wie konnte das Schicksal so grausam sein und ihm eine Entscheidung von Entweder-Oder abverlangen? Warum gab es kein Sowohl-als-auch? In seinem Herzen war Platz für beide geliebten Menschen – und für viele mehr.

Nachts konnte er nicht schlafen, tagsüber ritt er stundenlang durch die Wälder und versuchte innere Klarheit zu finden. Als König war er an komplexe Aufgaben und an schwierige, verantwortungsvolle Entscheidungen gewöhnt, aber solch eine Herausforderung wie jetzt hatte es bisher in seinem Leben nicht gegeben. Anna Rosa hatte von ihm verlangt, dass Lucia weit weg gebracht würde. Er sollte fortan keinen Kontakt mehr mit ihr aufnehmen. Auf der äußeren Ebene müsse ein klarer Schlussstrich gezogen werden, was seine erste Familie betraf. Das war unmenschlich.

Der König war ein gläubiger Mensch. An jeder Kirche und an jeder Kapelle, an der er vorbei ritt, machte er Halt. Dort versenkte er sich in ein stilles Gebet und öffnete sich für eine Eingebung. Er fühlte sich total überfordert und dachte: Ich selbst kann angesichts dieser grausamen Alternative keine Entscheidung treffen. Gleichzeitig spürte er, wie er von unsichtbarer Hand geführt wurde; Schritt für Schritt bewegte „es" sich auf eine Lösung zu.

Er versuchte noch ein letztes Mal, mit Anna Rosa andere Bedingungen für Lucias Verbleib und für die Möglichkeit zu Kontakt mit ihr auszuhandeln, aber sie blieb eisern. Eines war dem König jedoch ganz klar: Er würde Lucia nur zu neuen Eltern geben, wenn er spürte, dass diese seine Tochter aufrichtig gern hatten und sie mit liebevoller Fürsorge großziehen würden. Diese Gewissheit musste er haben.

Plötzlich erinnerte er sich, dass seine Cousine ihm vor ungefähr einem Jahr folgendes erzählt hatte: Sie war mit ihrem Mann in einem benachbarten Land in Urlaub gewesen. Während eines großen Festes mit landesüblichen Bräuchen traf sie ein reizendes Ehepaar, das ihr anvertraute, sie könnten keine Kinder bekommen. Und doch war dies ihr sehnlichster Wunsch. Der König beschloss, mit seiner Cousine zu sprechen und sie zu bitten, das Ehepaar ausfindig zu machen. Verkleidet als Handelsreisender machte er sich auf, um die beiden zu treffen. Auch sein eigener Eindruck war, dass dies zwei wunderbare Menschen mit großem Herzen waren. Er wollte ein Treffen mit ihnen und Lucia arrangieren, um zu sehen, wie sie sich verstehen würden.

Der König ließ seinen Einfallsreichtum spielen und klügelte einen Plan aus, sodass niemand den wahren Grund dieser Zusammenkunft erahnen konnte. Seine Inszenierung funktionierte perfekt. Lucia ging offen und unbefangen auf das Ehepaar zu und es bahnte sich mühelos ein freundlicher Kontakt an. Er konnte merken, wie sehr die beiden von seinem sonnigen Töchterchen hingerissen waren und es gleich in ihr Herz schlossen. Die erste Hürde war genommen. Es waren einfache Leute, die in bescheidenen Verhältnissen lebten, aber das Wichtigste war für den König, dass sie Lucia mit sehr hoher Wahrscheinlichkeit ein Zuhause voll Liebe und Geborgenheit bieten würden. Inkognito redete er mit dem jungen Paar und fragte sie, ob sie Lucia als Pflegekind aufnehmen und für sie sorgen würden, bis sie erwachsen wäre. Die Freude der beiden berührte den König – die Wahl dieser neuen Eltern war gut. So hatte Lucia bei aller Tragik der Situation doch auch eine Portion Glück im Unglück.

Lucia wusste nichts von all diesen geheimen Vorbereitungen, aber irgendwie ahnte sie, dass sich ein Unheil anbahnte. Die Zeiten des stillen Zusammenseins mit Angelina waren ihr jetzt wichtiger als je zuvor. Wenn sie mit ihr sprach, wiederholte diese immer wieder: „Hab keine Angst. Ich bin bei dir." Lucia fühlte so viel Wärme, Geborgenheit und Liebe in ihrer Gegenwart, dass sie dann wieder ganz ruhig wurde, sich licht und leicht fühlte. Sie spürte, wie nach jeder Begegnung mit Angelina eine ungekannte Kraft in ihr wuchs.

 ## 4. Die Flucht

Der König traute sich nicht, Lucia die Wahrheit zu sagen. Das wäre zu hart für eine Kinderseele. Und so dachte er sich eine Geschichte aus, die zwar auch schmerzhaft war, aber vielleicht doch ein wenig besser zu verdauen. Eines Abends kam er zu ihr und erzählte ihr Folgendes: „Es bahnt sich ein Krieg in unserem Land an. Mit großer Wahrscheinlichkeit werden die Feinde unser Schloss angreifen. Ich möchte nicht, dass du in Gefahr kommst, mein Liebes. Deshalb habe ich einen Plan geschmiedet, um dich schnell in Sicherheit zu bringen. Du kannst für einige Zeit bei dem netten Ehepaar, das du vor kurzem kennengelernt hast, unterkommen. Sie wohnen in unserem Nachbarland und haben dort ein kleines Häuschen. An diesem Platz kann dir nichts passieren, denn dort ist kein Krieg. Die Situation verlangt schnelles Handeln. Heute Nacht wirst du mit einer Kutsche an die Grenze gebracht. Dort holen dich die beiden lieben Menschen ab. Es bleibt uns nicht mehr viel Zeit, mein Schatz. Lass uns rasch ein paar Spielsachen und einige Kleider einpacken."

Lucia brach in lautes Schluchzen aus und klammerte sich an ihren Vater. Blitzschnell sauste der Gedanke vorbei: Aha, jetzt zeigt sich das Schreckliche. Ich habe doch gespürt, dass etwas in der Luft lag. „Ich will nicht weg hier. Nein! Ich bleibe bei dir. Du bist der starke König – du kannst mich doch beschützen." Dieser Satz fuhr wie ein Schwert durch das Herz des Vaters. Er nahm Lucia ganz fest in die Arme und weinte mit ihr.

Nun galt es, aktiv zu werden. „Wir müssen jetzt schnell deine wichtigsten Sachen packen. Die Kutsche steht schon bereit, die Zeit drängt. Es wird hier zu gefährlich für dich." In Windeseile landeten Puppen, Teddybären und anderes Spielzeug in einer großen Kiste. Der Vater nahm noch einige hübsche Kleidungsstücke aus dem Schrank und dann war die Kiste auch schon voll. Lucia kam das ganze Szenario wie ein böser Traum. Es ging alles blitzschnell und eh sie sich versah, saß sie in eine dicke Decke gehüllt in einer Kutsche, die Kiste stand am Boden.

Ihr Vater nahm sie ein letztes Mal ganz fest in den Arm und flüsterte ihr ins Ohr: „Wenn der Krieg vorüber ist, kannst du umgehend wieder in unser Schloss zurück. Du wirst es guthaben bei dem jungen Paar. Die beiden sind sehr nett und werden alles tun, um es dir so angenehm wie möglich zu machen. Ich werde jeden Tag im Geiste bei dir sein. Ich liebe dich, mein Schatz. Denk immer an die Sonne in deinem Herzen. Für deine Mutter und mich kamst du als Sonnenschein in unser Leben. Sei gesegnet, mein Kind. Gott behüte dich."

Dann fiel die Tür der Kutsche zu, die Pferde galoppierten durch die Nacht. Lucia war völlig benommen. Sie weinte herzzerreißend. Es ging alles so rasch, dass sie gar keine Zeit gehabt hatte, nach Angelina zu rufen. Doch jetzt schluchzte sie: „Angelina, komm! Hilf mir!" „Ich bin schon die ganze Zeit bei dir, mein Kleines." Lucia war berührt: Angelina war gekommen, auch ohne dass sie sie gerufen hatte. Sie wusste, wie sehr sie sie jetzt nötig hatte. „Gut, dass es dich gibt!" Angelina umhüllte sie mit ihrer tiefen Liebe und ihrer Ruhe. Lucia fühlte sich sicher in ihrer Umarmung und fiel erschöpft in Schlaf, während die Kutsche über die holprigen Wege durch die Nacht fuhr.

Nach der Verabschiedung ging der König in sein Zimmer und weinte bittere Tränen. Seine geliebte Tochter war weg. Das einzige, was ihm blieb, war die stille Hoffnung, sie eventuell eines Tages wiederzusehen – vielleicht, wenn sie erwachsen war.

Der erste Akt seines Planes war gelungen. Lucia war auf der Reise und würde morgen bei ihren Pflegeeltern sein. Mit diesen hatte er verabredet, sie sollten Lucia nach einiger Zeit erzählen, dass der König im Krieg gefallen sei; deshalb werde sie auch in Zukunft bei ihnen bleiben. Das war der zweite Akt seiner Geschichte. Auf diese Weise würde Lucia glauben, ein Waisenkind zu sein und leichter bereit sein, auf Dauer das neue Zuhause zu akzeptieren.

Wie sehr wünschte sich der König, dies wäre lediglich ein Schauspiel, nur ein nächtlicher Traum. Es gab eines, was ihn ein bisschen tröstete: Lucia war ein besonderes Kind. Sie hatte solch ein Strahlen und eine Kraft von innen, sie würde diese gewaltige Herausforderung in ihrem Leben meistern. Vielleicht musste alles so kommen? Vielleicht hatte jeder seine zugedachte Rolle in dem Schauspiel? Er versenkte sich in ein tiefes Gebet und übergab Lucia der göttlichen Führung.

Im Morgengrauen kam die Kutsche bei einer Waldlichtung an der Grenze des Königreiches an. An einer kleinen Hütte wartete bereits das Ehepaar, um Lucia in Empfang zu nehmen und den zweiten Teil der Reise mit ihr zu machen. Auf diese Weise wusste niemand, wo das Kind sich befand. Die Frau weckte die Kleine behutsam. Zur Stärkung nach der Reise war bereits ein Picknick vorbereitet. Lucia stieg noch etwas schlaftrunken aus der Kutsche.

Sie erkannte das Ehepaar sofort und freute sich, die beiden wiederzusehen. „Magst du mich Tante Clara nennen?" fragte die nette Frau und Lucia nickte. „Ich bin Onkel Oliver" sagte ihr Mann. „Wir werden heute noch mit dir zu unserem Haus fahren und du kannst dort eine Weile bei uns bleiben. Unser Häuschen liegt nah am Meer. Warst du schon einmal am

Meer?" Lucia schüttelte den Kopf. Die beiden erzählten ihr von dem Ort, an dem sie wohnten und von dem großen Wasser mit den Wellen. Das klang alles sehr spannend. In Lucia kamen Neugier und Vorfreude auf.

Aber jetzt gab es erstmal ein gutes Frühstück. Die Kutsche mit den beiden Mittelsmännern, die für den ersten Teil der Reise engagiert worden waren, war bereits abgefahren. Die große Kiste stand auf der Wiese und weckte für einen Moment eine dunkle Erinnerung an den gestrigen Abend. Aber es war nicht viel Zeit, um in die Vergangenheit zu schweifen. Es gab soviel Interessantes unmittelbar um sie herum. Das Frühstück schmeckte köstlich und Clara sowie Oliver verstanden es, ihre Aufmerksamkeit auf immer neue spannende Dinge zu lenken. Sie mochte die beiden.

Nachdem sie gefrühstückt hatten, begann der zweite Teil der Reise. Allerdings nicht in einer bequemen Kutsche – von jetzt an ging es einfacher zu. Oliver schwang sich auf sein Pferd. Die große Kiste wurde hinten auf einen Holzkarren geladen, in dem auch Clara und Lucia sich niederließen. Und los ging's. Am Abend hatten sie endlich das Zuhause von Clara und Oliver erreicht. Sie fuhren durch eine kleine Ortschaft, an dessen Rand ihr grünes Häuschen stand. Es befand sich auf einer Anhöhe und man konnte das Meer sehen. Im Erdgeschoss waren die Küche und die Stube. Über eine Leiter erreichte man das Obergeschoss mit dem Schlafzimmer von Clara und Oliver und einem weiteren Zimmerchen für Lucia. Diese Behausung war wie eine große Puppenstube im Vergleich zu dem Schloss, in dem Lucia bisher gewohnt hatte. Aber sie war recht angetan von dieser Alternative des Wohnens, denn grundsätzlich war sie neugierig und offen, neue Möglichkeiten zu erkunden.

 5. Ein neues Leben

Clara brachte das Kind, das nach der langen Reise sehr müde war, gleich nach dem Abendessen ins Bett und erzählte ihr noch eine Gute-Nacht-Geschichte. Jetzt, am Ende des Tages, überkam Lucia das Heimweh. Sie fragte: „Wo ist mein Vater? Ich möchte zu ihm! Wo ist Nana?" Clara erzählte ihr von dem drohenden Krieg im Königreich des Vaters und von ihrer zeitweisen Evakuierung – so wie es ihr aufgetragen worden war. Lucia begann zu weinen. Plötzlich wurde ihr bewusst, dass sie ganz alleine irgendwo in der Fremde war. Oh je!

Clara tröstete sie mit allen Mitteln. Irgendwann begann sie mit ihrer wunderschönen Stimme zu singen. Dies wirkte beruhigend auf Lucia, erinnerte es sie doch an Nanas Gesang. Die Klänge von Claras Liedern waren allerdings recht anders, erreichten ihr Herz jedoch in derselben Weise.

Dann verließ Clara das Zimmer. Lucia drückte ihren Teddy fest an sich und rief nach Angelina. Diese war schon längst da, aber jetzt begann sie, zu ihr zu sprechen: „Ich bin hier, mein Schatz. Du bist nicht alleine." Der Strom von Herzenswärme und Liebe, der sich nun über Lucia ergoss, war immens. Oh, wie tat das gut! Die Verbindung zu Angelina bedeutete ihr so viel: sie war wie Vater und Mutter in einem und noch viel mehr. In ihrer Gegenwart entstand ein Gefühl von Zuhause sein. Beruhigt schlief Lucia ein.

Am nächsten Tag erkundete sie die neue Umgebung. Das Haus war umgeben von einem kleinen Garten. Im hinteren Teil stand Olivers Werkstatt; er war Schreiner und Zimmermann. Wie spannend, was es dort alles zu sehen gab. Von der kleinen Anhöhe aus sah man das Meer, das eine große Anziehungskraft auf Lucia ausübte. Clara nahm sie an die Hand und sie liefen gemeinsam zum Wasser. Oh diese Wellen – wie schön.

Lucia hüpfte voll Freude ins Meer hinein und planschte nach Herzenslust. Clara war froh, das Kind so glücklich zu sehen. Am Nachmittag erkundete sie mit ihr das kleine Städtchen. Die meisten Häuser hatten einen schönen Garten mit Blumen, etwas Obst und Gemüse. Es sah alles sehr nett und gemütlich aus. Clara grüßte einige Bekannte und erzählte, dass Lucia zu Besuch bei ihnen sei.

Tagsüber gab es viel Spannendes zu erforschen, sodass bei Lucia kein Heimweh aufkam. Aber am Abend, wenn sie im Bett lag, dann tauchte es auf. Plötzlich sehnte sie sich so nach ihrem Vater, nach Nana – und nach der tiefen Vertrautheit mit diesen Menschen.

In solchen Momenten streichelte Clara sie, tröstete sie und sang für sie. Dann kam auch Angelina an ihre Seite und in ihrer wohltuenden Gegenwart war die Welt plötzlich wieder in Ordnung. Lucia schlief friedlich ein.

Clara und Oliver waren sehr liebevoll; sie nahmen sich viel Zeit, um mit ihr zu spielen und auf Entdeckungstouren zu gehen. Sie taten alles, um das Kind so rasch wie möglich zu integrieren. Lucia lernte ein paar Kinder aus der Ortschaft kennen und es machte ihr viel Spaß, mit ihnen herumzutollen. So ging es etwa einen Monat lang. Lucia lebte sich gut in der neuen Umgebung ein. Die Beziehung zu Clara und Oliver vertiefte sich und es wuchs Vertrauen.

Eines Tages kam dann der Zeitpunkt, an dem es Clara und Oliver angebracht erschien, Lucia wie beauftragt den zweiten Teil der schrecklichen Geschichte zu erzählen. Clara hatte mit Lucia einen schönen Ausflug ans Meer gemacht, das diese über alles liebte. Das Kind war erfüllt und glücklich, als sie am Nachmittag zurückkehrten. Dort erwartete sie Oliver mit der Hiobsbotschaft, dass ihr Vater unerwartet im Krieg gefallen sei. Der

König habe auf seinem Sterbebett den Wunsch geäußert, Lucia möge bei Clara und Oliver bleiben und in ihrer Obhut aufwachsen, da sie nun ein Waisenkind sei.

Lucia hatte mit ihren sieben Jahren bereits viel Schmerzliches erlebt, doch diese Nachricht glich einem gewaltigen Donnerschlag, mit dem ihre Welt zusammenbrach. Ihr bisheriges Leben hatte nun ein definitives Ende. Sie warf sich in Claras Arme und weinte bitterlich. Schluchzend rief sie: „Angelina, Angelina!" Und unmittelbar darauf hörte sie die wohlvertraute Stimme von innen, als käme sie aus ihrem Herzen: „Lucia, ich bin bei dir. Du bist nicht alleine in dieser schweren Situation. Ich werde dich niemals verlassen, sondern immer an deiner Seite sein – das verspreche ich dir, mein Liebes. Hörst du mich?" „Ja" schluchzte Lucia leise. Sie fühlte sich wie ein Vögelchen, das aus seinem Nest gefallen ist. Wenigstens gab es noch Angelina als Teil ihrer ‚alten Welt'. Der Schmerz zerriss sie fast.

Lucia realisierte auf einmal, dass sie in einem fernen Land war, mit fremden Bräuchen und Sitten sowie mit einer anderen Sprache. Diese ähnelte zum Glück ein wenig der ihren und sie verstand in groben Zügen, was Clara und Oliver sagten, denn sie sprachen langsam und deutlich; aber es gab viele fremde Worte. Bei manchen Menschen tat Lucia sich schwerer, zu begreifen, was sie sagten. Niemand konnte hier ihre Heimatsprache. Clara und Oliver waren in solchen Situationen ganz für sie da; sie nahmen das Kind in den Arm und taten alles, um es zu trösten und zu beruhigen.

Aber Lucia war vorerst untröstlich. Es gab kein Zurück mehr in ihr altes Zuhause – dies war unfassbar. Als ihre Mutter starb, wurde sie zum ersten Mal aus dem Paradies vertrieben. Die Nachricht über den Tod des Vaters und das Verlassen der Heimat bedeuteten die zweite Vertreibung. Fast brach es Lucia das kleine Herz; aber zum Glück drang von irgendwo aus der Tiefe immer wieder Angelinas Stimme zu ihr. Welche Rettung, dass es sie gab und dass sie seit Jahren bereits eine so gute Verbindung zu ihr hatte. Angelina versicherte ihr: „Ich helfe dir. Es wird jetzt ein neuer Abschnitt in deinem Leben beginnen. Dein Alltag wird recht anders sein als bisher, aber du wirst diese Situation meistern und viel Neues dabei lernen. Ich werde dich begleiten. Tante Clara und Onkel Oliver werden weiterhin liebevoll für dich sorgen, so als wärst du ihr eigenes Kind. Sie haben dich in den letzten Wochen ganz tief in ihr Herz geschlossen. Du bist willkommen in ihrem Leben."

Angelinas Gegenwart beruhigte Lucia ein wenig. Es war der dunkelste Tag in ihrem ganzen Leben. Was weder sie noch Clara und Oliver wussten, war Folgendes: In der Ferne, in ihrem Heimatland, hatte heute der König Anna Rosa geheiratet. Dieser Tag bedeutete für mehrere Menschen das Ende eines Kapitels und den Anfang eines neuen.

Die folgenden Wochen und Monate waren sehr schwer für Lucia. Sie war unendlich traurig und es schien, als wäre das Licht in ihrem Inneren ausgegangen. Sowohl ihre neuen Eltern wie auch Angelina taten alles, um sie in dieser Zeit der Trauer und des Schmerzes bestmöglich zu unterstützen.

Die Treffen mit Angelina waren für Lucia jetzt existenziell. Sie rief diese oft vor dem Einschlafen und nach dem Aufwachen – oder wenn sie alleine am Meer war. Sie liebte es, die Wellen zu beobachten und ihrem Geräusch zu lauschen. So konnte sie dort stundenlang sitzen und oft war Angelina dann still an ihrer Seite. In der Gegenwart ihres Engels vermochte der Schmerz in ihr allmählich zu verebben wie die Meereswellen am Strand vor ihr. Dann verschwanden die Dunkelheit und die Schwere in ihrem Inneren. Manchmal wurde es sogar wieder richtig hell, wenn sich ein besonders inniger Kontakt mit Angelina ergab.

 6. Das Licht im Inneren

Circa ein halbes Jahr war inzwischen vergangen, seit Lucia die Hiobs-Botschaft erhalten hatte. Eines Tages sagte Angelina: „Weißt du noch, dass du deinen Vater immer den großen und starken König nanntest? Erinnere dich: du bist ein Königskind – auch wenn du jetzt in einfachen Verhältnissen in einem fremden Land lebst. In deinen Adern pulsiert königliches Blut, in dir fließt eine besondere innere Kraft. Du kannst lernen, diese gezielt zu nutzen.

Ich weiß, es kommen gelegentlich immer noch dunkle Wolke n der Traurigkeit in dir auf. Dies ist verständlich, nach all dem, was passiert ist und es ist in Ordnung. Gleichzeitig ist es nicht nötig, dass diese Wolken stundenlang über dir hängen, sodass du dich bedrückt und freudlos fühlst. Du kannst das Wetter in deinem Inneren sanft beeinflussen und der Sonne helfen, wieder hinter den Wolken hervorzukommen. Möchtest du, dass ich dir beibringe, wie man das macht?" „Oh ja – ich liebe den Sonnenschein so sehr." „Okay, dann zeige ich dir jetzt mal eine Übung. Sie heißt:

Die Sonne im Herzen

Kannst du dich an einen Moment erinnern, der dein Herz froh gemacht hat; an eine Situation, in der du ganz glücklich warst?" Lucia überlegte kurz und nickte: „Als ich noch klein war, verbrachten wir einen wunderschönen Nachmittag im Schlosspark. Ich saß zwischen meinen Eltern auf der Wiese in der Sonne. Es fühlte sich so kuschelig an, an einer Seite meine Mutter und an der anderen meinen Vater zu spüren. Vor uns stand eine Schale mit reifen

Himbeeren, Brombeeren und Stachelbeeren, die meine Mutter zuvor gepflückt hatte. Sie schmeckten köstlich. Dann haben wir beide Gänseblümchen und Margariten gepflückt. Meine Mutter hat daraus einen kleinen Kranz gezaubert und setzte ihn mir wie ein Krönchen auf den Kopf. Ich habe vor Freude getanzt und war überglücklich."
Angelina bemerkte, wie unwillkürlich ein Lächeln auf Lucias Gesicht kam, als sie von diesem Erlebnis mit ihrer kleinen Familie erzählte.

„Schließe jetzt bitte für einen Moment deine Augen und fühl dich noch einmal intensiv in diese kostbare Situation an jenem sonnigen Nachmittag ein. Spüre, wie wohlig warm es dir ums Herz geworden ist und wie fröhlich du warst. Leg einmal eine Hand auf dein Herz, dann vermagst du es besser zu spüren. Du kannst die Zuneigung und Liebe deiner Eltern jetzt erneut wie ein Schwamm in dich aufsaugen, direkt in dein Herz hinein. Erinnere dich auch an die warmen Sonnenstrahlen, die dich umhüllten. Erlaube ihnen, durch alle Poren in deinen Körper zu dringen und ihn zu durchfluten. Mit jedem Atemzug kannst du erneut Licht und Liebe in dein Herz atmen. Von dort aus breitet sich diese wundervolle Energie dann in deinem ganzen Körper aus."
Angelina bemerkte, dass Lucia vor Glück strahlte, als sie erneut in diese Situation aus der Vergangenheit eintauchte. Welche Kraft lag doch in wohltuenden Gefühlserinnerungen. Und sie fuhr fort: „Stell dir jetzt vor, dein Herz ist wie eine Sonne. Sie strahlt in deinem Inneren. Es wird heller und heller in dir. Das Licht der Herzenssonne durchströmt deinen ganzen Körper von innen: bis hin zu deinen Fingerspitzen und bis zu deinen Füßen. Von Kopf bis Fuß wirst du strahlend licht. Das Licht tanzt durch all deine Zellen.
Das Strahlen der Herzenssonne wird immer kräftiger und es leuchtet auch über die Haut hinaus in den Raum um dich herum. Dein Körper ist umgeben von einem Ei aus gleißendem weißen Licht. Du bist ein Königskind, das von innen heraus strahlt.

Erinnerst du dich, dass dein Vater beim Abschied zu dir sagte: ‚Vergiss nie das Licht in deinem Herzen'. Sicherlich erfreut es ihn zutiefst, dich jetzt so zu sehen."

Lucia erwiderte: „Es fühlt sich wunderbar an, so licht und leicht zu sein – ein bisschen wie ein Engel, so wie du." Angelina lächelte und war froh, die Kleine so glücklich zu sehen. Ihre erste Übung war angekommen. Es sollten noch viele weitere folgen.

„Weißt du, was dein Name bedeutet, Lucia?" Diese schüttelte den Kopf. „Er kommt vom lateinischen Wort „lux" her und bedeutet ‚das Licht' – ‚die Leuchtende'. Deine Eltern haben ihn dir gegeben, weil sie schon kurz nach deiner Geburt gespürt haben, wie viel Licht du in dir trägst. Erinnerst du dich, dass sie öfters sagten: ‚Du bist unser Sonnenschein'?

Dein Licht im Inneren wird dir helfen, auch schwierige Lebenssituationen zu meistern. Außerdem wirst du dein Licht in die Welt ausstrahlen und auch das Licht im Herzen anderer zum Leuchten bringen." Lucia hörte andächtig zu. „Wenn du die Sonne in deinem Herzen strahlen lässt, setzt du die Bedeutung deines Namens in gelebte Wirklichkeit um. Das wird deine Eltern sehr froh machen." Lucia ergänzte spontan: „Dann lasse ich meine Herzenssonne jetzt noch mehr leuchten und schicke jedem von ihnen einen ganz, ganz dicken Sonnenstrahl. Ich hab die beiden so lieb." Angelina war beeindruckt: Lucia hatte mit dieser Idee bereits den Inhalt einer weiteren Übung, die sie ihr später zeigen würde, vorweg genommen.

Lucia war enorm begeistert von dieser Übung; so rundum glücklich hatte sie sich schon lange nicht mehr gefühlt. Angelina war einfach großartig. Sie war ihr Engel, ihre Freundin, ihre Stütze, eine Mutter aus Licht, ihre Lehrerin. Was war es doch für ein Glück, dass sie ihr bereits so früh im Leben erschienen war.

Als sie nach Hause kam, sagte Clara: „Hallo Lucia, du strahlst ja so. Hast du gerade etwas besonders Schönes erlebt?" Kurz tauchte die Idee in ihr auf, Clara von Angelina zu erzählen. Doch nein, es war und blieb ihr Geheimnis, der kostbarste Schatz, den sie aus ihrer früheren Welt noch hatte. Sie schluckte kurz und sagte dann: „Es war heute so wunderbar am Meer." Und das war es ja auch wirklich gewesen – zusammen mit Angelina am Strand.

Dann dachte Lucia: Wie wundersam, dass Clara gesagt hatte, sie strahle so. Ob sie ihre innere Sonne wahrnehmen konnte? Das war ja äußerst spannend. Lucia beschloss, diese Übung des Öfteren zu machen und zu erforschen, was dann innen und außen passieren würde.

Am folgenden Tag ging sie wieder ans Meer, suchte sich einen schönen sonnigen Platz und machte diesmal die Übung alleine. Sie erinnerte sich an Angelinas Worte, die Bilder, die Atmosphäre. Es klappte ganz gut, wenn auch das Erleben nicht ganz so intensiv war wie mit ihrer unmittelbaren Begleitung. In Lucia war es ganz hell geworden und es schien die Sonne in ihrem Herzen. Plötzlich hörte sie Angelinas Stimme: „Ich bin stolz auf dich. Das hast du prima gemacht."

Jetzt, wo Angelina an ihrer Seite war, intensivierte sich die Wirkung der Übung noch mal um einiges. Sie war halt ein pures Lichtwesen und verstärkte das Erleben des Lichts. Lucia war zutiefst beglückt. Mit dieser Übung konnte sie selbst solch ein Wohlbefinden in sich entstehen lassen. Und wenn sie mit diesem inneren Strahlen auch ihren Eltern eine Freude machte – so wie Angelina es gesagt hatte – dann war es doppelt schön. Anstatt über die Abwesenheit von Mutter und Vater traurig zu sein, fühlte sie sich jetzt über das Licht auf neue Weise mit ihnen verbunden. Sie wollte weiterhin ihr Sonnenschein sein und dem Namen gerecht werden, den sie ihr gegeben hatten. Nun genoss sie es besonders, Lucia zu heißen.

Sie machte die Übung nun täglich. So konnte sie durch die gefühlsmäßige Erinnerung wieder in Kontakt mit dem Paradies ihrer Kindheit kommen und anknüpfen an die Energie von Leichtigkeit, Licht und Fröhlichkeit von damals. Diese Qualitäten gehörten zutiefst zu ihrem Wesen, waren allerdings durch den Verlust des Vaters und die Umsiedlung in den letzten Monaten in den Hintergrund geraten. Es war wunderbar, sie nun gezielt wieder in den Vordergrund holen zu können.

Nach ungefähr einer Woche erschien Angelina eines Abends kurz vor dem Schlafengehen. Sie sagte: „Lucia, du hast die Übung jetzt mehrmals am Strand oder im Garten gemacht, als die Sonne schien. Ich möchte dich einladen, sie jetzt einmal zu probieren, wo es ganz dunkel in deinem Zimmer ist." Nun war es schon ein wenig schwieriger, den Sonnenschein auf der Haut zu spüren, aber grundsätzlich gelang die Übung auch in der Dunkelheit.

Angelina sagte: „Als nächstes kannst du ausprobieren, sie auch einmal bei strömendem Regen zu machen oder wenn das Wetter in deinem Inneren mal nicht sonnig ist, sondern dort Wolken am Himmel hängen, es gerade grau oder nebelig ist. Weißt du Lucia, es ist letztlich das Ziel – egal wie die Umstände auch sein mögen – das Licht im Herzen scheinen zu lassen. Dies ist der Königsweg. Aber jetzt schlaf erstmal, mein Liebes."

Am nächsten Tag bekam Lucia gleich eine Gelegenheit, ihre innere Wetterlage mit Hilfe der Übung zu beeinflussen. Lucia ging seit kurzem in die Schule des Ortes, wo sie lesen, schreiben und rechnen lernte. Sie hatte bereits Freundschaft mit Astrid geschlossen, einem Mädchen von einem Bauernhof, der etwas außerhalb lag. Für diesen Nachmittag hatten sich die beiden verabredet. Astrid würde bei Lucia zu Hause zu Mittag essen, dann wollten sie zum Meer gehen, um Muscheln zu sammeln und damit anschließend etwas Schönes basteln.

Lucia hatte sich schon riesig auf dieses Treffen gefreut, aber, oh Schreck, Astrid war heute nicht in der Klasse. Von ihrer älteren Schwester hörte sie in der Pause, dass Astrid sich gestern das Bein gebrochen habe. Sie würde nun ein paar Wochen lang nicht in die Schule kommen können. Das Licht der Vorfreude auf das geplante Treffen wich einer grauen Wolke von Enttäuschung und Traurigkeit. Lucia beobachtete ihre innere Wetterlage. Die nächsten zwei Schulstunden lag der Schatten dieser betrüblichen Nachricht über ihr.

 ## 7. Das innere Wetter beeinflussen

Nachdem der Unterricht beendet war, ging Lucia nicht wie üblich nach Hause, sondern setzte sich erstmal auf eine Bank hinter dem Schulhaus. Sie wollte einen Moment alleine sein und erkunden, ob es ihr gelingen würde, die dunkle Wolke wegziehen zu lassen und die Sonne wieder zum Vorschein kommen zu lassen. Wenig später spürte sie Angelina neben sich „Magst du, dass ich dir ein bisschen beim Wetter machen helfe?" Lucia lächelte: „Oh ja, gerne." „Beginnen wir bei der dunklen Wolke; woraus besteht sie?" „Ich bin enttäuscht, dass unser lang geplanter gemeinsamer Nachmittag heute nicht stattfindet. Und ich bin traurig, dass Astrid in den kommenden Wochen nicht mit mir in der Schule sein wird. Sie hat mir so geholfen, mich in der Klasse einzuleben. Ich werde sie sehr vermissen."

Wie immer in schwierigen Situationen hatte Angelina großes Verständnis und Mitgefühl. „Ja, ich kann nachvollziehen, dass es schmerzlich ist, wenn schon wieder ein geliebter Mensch aus deinem Alltag verschwindet – allerdings ist es diesmal nur zeitweise." Lucia nickte. „All deine Gefühle sind okay und sie sind verständlich. Du hast sie gefühlt, prima. Und jetzt schlage ich dir vor, Abstand von ihnen zu nehmen und innerlich einen Schritt zurückzutreten. Du richtest deine Aufmerksamkeit nun gezielt auf etwas, was dein Herz froh macht. Du könntest dazu auch ganz konkret den äußeren Platz wechseln und dich auf die Bank dort drüben setzen." Gesagt – getan. Lucia war schon ganz neugierig, wie es weitergehen würde.

Die Schönheit der Natur

„Siehst du die große Sonnenblume dort am Zaun?" fragte Angelina. „Ja, sie ist wunderschön. Und schau mal, da kommt ein Schmetterling – und jetzt noch einer." „Die beiden genießen sicherlich auch das satte leuchtende Gelb der Sonnenblume. Sie hat das Sonnenlicht in ihren Blüten gespeichert." „Es ist ein wunderbarer Platz hier." „Spürst du die wärmende Sonne auf deiner Haut und den leichten Wind? Sie streicheln dich.

Leg jetzt einmal eine Hand auf dein Herz – dort in die Mitte auf deine Brust. Die Hand begrüßt dein Herz und dein Herz begrüßt die Hand. Liegt sie ganz still oder fühlst du eine zarte Bewegung?" „Sie bewegt sich ein wenig." „Prima, dann spürst du die Bewegung deines Atems. Stell dir jetzt vor, dass du mit deinem Herz atmest. Beim Einatmen empfängst du frische Luft, gleichzeitig saugst du wie ein Schwamm das satte Gelb der Sonnenblume in dich auf sowie die Schönheit dieses Platzes. Du nimmst das Sonnenlicht in dich auf. Dies wiederholst du bei jedem Atemzug." „Oh, es wird ganz weit in meinem Herz."

„Prima, atme nun das Licht der Sonne langsam in dein Herz hinein und mit dem Ausatem fließt es wie eine angenehme Dusche in deinen ganzen Körper: bis in deinen Bauch, deine Hände und auch zu den Füßen. Dein gesamter Körper wird mit Licht erfüllt. Alle

Zellen laden sich mit dieser wunderbaren Energie auf. Es wird ganz hell in dir." Lucia lächelte. „Ja, das stimmt." „Spüre noch einmal deine Hand auf deinem Herzen, die sich sanft bewegt: es atmet. Du atmest mit deinem Herzen ein und atmest über dein Herz auch wieder aus.

Stell dir nun vor, dein Herz ist wie eine Sonne. Du atmest Licht ein; die große Sonne nährt dich und erfüllt dein Herz. Dann lässt du beim Ausatmen deine Herzenssonne in alle Richtungen strahlen. Atme jetzt so eine Weile und lass das Licht in dir sowie um dich herum leuchten."

Angelina beobachtete Lucia, die selig lächelte und immer mehr von innen zu strahlen begann. „Wie fühlst du dich jetzt?" Nach einer Weile antwortete Lucia: „Wunderbar, es ist ganz hell in mir. Und wenn ich jetzt die Augen wieder geöffnet habe, ist draußen auch alles heller und klarer als vorher." „Prima. Wie steht es mit der dunklen Wolke?" „Welche Wolke?" fragte Lucia. Ach ja, die Wolke. Sie erschien ihr wie etwas aus ferner Vergangenheit und sie hatte sich von selbst aufgelöst. „Oh Angelina, ich fühle mich wunderbar leicht und fröhlich."

„Ich freue mich, dich so zu sehen, mein Königskind. Dieses Lächeln und Strahlen von innen ist wahrhaft königlich. So bist du gemeint. Das ist deine wahre Natur." Lucia hüpfte von der Bank und tanzte vergnügt auf dem Rasen. Dann sang sie für Angelia ein Lied, das sie von Clara gelernt hatte.

Angelina war zutiefst zufrieden. Auch ihre zweite Übung war auf fruchtbaren Boden gefallen. „Lucia, es ist schon spät. Du musst jetzt rasch nach Hause gehen, sonst beginnt Clara, sich Sorgen zu machen." „Dies war doch wie eine extra Schulstunde. Was du mir beibringst, ist so spannend.

Solche Übungen sollten ins normale Schulprogramm aufgenommen werden, sodass alle Kinder dies lernen." Angelina schmunzelte und sagte: „Vielleicht wirst du eines Tages, wenn du erwachsen bist, den Schulkindern solche Dinge beibringen." Lucia strahlte – welch eine Perspektive!

Nach dem Mittagessen ging Lucia allein herunter zum Strand, um zu spielen. Da kam erneut eine Welle der Traurigkeit über sie. Wie schade, dass Astrid nicht bei ihr sein konnte! Sie liebte ihre neue Freundin und verbrachte so gerne die Freizeit mit ihr. Es tat ihr leid, dass Astrid die nächsten Wochen nicht laufen und herumtollen konnte wie bisher. Plötzlich spürte Lucia Angelina neben sich und sagte: „Nicht wahr, du hast gleich gemerkt, dass die graue Wolke wiedergekommen ist?" „Ja, das habe ich mitgekriegt." „Dies ist jedoch kein Problem. Sie braucht ja nicht lange zu bleiben. Wenn du deine Aufmerksamkeit auf helle Gefühle und lichte Gedanken richtest, wird sie bald weiterziehen. Ich bin gekommen, um dir eine Fortsetzung der Übung von heute morgen zu zeigen. Hast du Lust dazu?" „Oh jaaa!"
Angelina wiederholte in verkürzter Form die Übung vom atmenden Herzen und von der Sonne im Herzen. Recht schnell wurde es wieder hell und heiter in Lucia. „Jetzt machst du weiter mit der nächsten Übung. Sie heißt:

Der Sonnenstrahl

Aus der Sonne in deinem Herzen schickst du nun einen Sonnenstrahl zu Astrid. Stell dir vor, wie der wärmende Strahl in ihrem Herzen ankommt. Wie heute früh atmest du Licht und Liebe ein und beim Ausatmen schickst du Herzenswärme und Licht zu deiner

Freundin. Du baust sozusagen eine Brücke von deinem Herz zu Astrids Herzen und schickst ihr über diese Verbindung deine Liebe, deine guten Wünsche, Wellen von Licht. Auf diese Weise kannst du trotz der räumlichen Distanz Astrid doch ganz nahe sein. Probier's mal."

An Lucias liebevollem Gesichtsausdruck konnte Angelina ablesen, dass der wortlose innere Kontakt zustande gekommen war. Nach einer Weile erkundigte sie sich: „Wie geht es?" „Es klappt prima. Ich fühle Astrid ganz nah. Es ist wunderschön, dieses Fließen des Lichts zu spüren."

Dann fragte Lucia: „Kann ich auch anderen Menschen einen Sonnenstrahl zukommen lassen?" „Ja, natürlich. Wem magst du denn einen schicken?" „Meiner Mutter, meinem Vater, Nana – Clara und Oliver – unserer Lehrerin, unserer Nachbarin ..." Die Liste war ziemlich lang. Angelina sagte: „Deine Sonne ist so hell und hat so viele leuchtende Strahlen, da kannst du all diesen geliebten Menschen einen wärmenden Sonnenstrahl ins Herz schicken. Stell dir jeden einzelnen vor und verweile einige Atemzüge in der Herz-zu-Herz-Verbindung. Dann verabschiedest du dich und wendest dich dem nächsten Menschen zu."

Nach einiger Zeit sah Angelina, dass Lucia langsam wieder ihre Augen öffnete. Sie war glücklich und sagte: „Das ist ein wunderbares Spiel." „Und wo ist die Wolke?" fragte Angelina. „Für die ist kein Platz mehr bei soviel Sonnenstrahlen" erwiderte Lucia.

Sie hatte eine Idee und sagte: „Ich werde jetzt alleine Muscheln sammeln und für Astrid eine Kette basteln. Vielleicht nimmt mich Onkel Oliver heute Abend auf seinem Pferd mit und wir reiten zusammen zum

Bauernhof ihrer Eltern. Dann kann ich sie kurz sehen und sie mit der Kette überraschen. Das freut sie sicher."

Angelina war zufrieden mit Lucia. Sie segelte wieder auf den Wellen des Lichts und hatte neue Einfälle.

 ## 8. Wieder sonnige Zeiten

Angelinas Einweisung in die ersten Lichtübungen veränderte Lucias Leben. Sie praktizierte diese täglich mit Begeisterung. Es fühlte sich einfach großartig an, am Ende so licht, leicht und fröhlich zu sein. Die Welt sah danach viel schöner aus, die Leute waren freundlicher als zuvor – rundum erschien alles in einem anderen Licht. Besonders in den kleinen Situationen des Alltags, die Lucia gelegentlich aus ihrer Balance brachten, konnte sie die positive Wirkung der Übungen am besten beobachten.

Aber sie hatten auch Einfluss auf ihre Grundsituation und ihren Grundschmerz. Natürlich überkam sie noch ab und zu Traurigkeit über den Tod der Mutter, den tot geglaubten Vater, das Verlassen der Heimat mit allem Vertrauten, was sie dort lieb gewonnen hatte. Aber diese Phasen waren nicht mehr so heftig wie früher und dauerten nicht mehr so lange. Clara und Oliver nahmen Lucia dann in den Arm und trösteten sie. Angelinas Gegenwart erreichte sie in solchen Momenten allerdings noch auf einer tieferen Ebene; sie war Balsam für ihre Seele. Mit den Lichtübungen hatte Lucia nun ein eigenes inneres Werkzeug in der Hand, das sie befähigte, sich selbst mehr und mehr in ihre Mitte und ihre Kraft zu bringen. Gelegentlich half ihr Angelina noch ein bisschen dabei, aber oft schaffte Lucia es auch ganz aus sich selbst heraus. Sie liebte es besonders, ihrer Mutter und ihrem Vater täglich einen dicken Sonnenstrahl zu schicken. Dann waren ihr die Eltern ganz nah – fast zum Anfassen.

Lucia hatte einen bedeutenden Schritt in ihrer Entwicklung gemacht. Alle Menschen in ihrer Umgebung bemerkten, wie sie täglich offener und fröhlicher wurde.

Der Kontakt zu Angelia war der kostbarste in Lucias Leben. Sie konnte ihr alles erzählen, was sie bewegte – sie fühlte sich verstanden und bedingungslos geliebt. Angelina hatte ihr noch ein paar weitere Licht-Übungen gegeben und so spielte sie täglich damit. Sie praktizierte diese, wenn sie alleine war und es ihr gut ging und sie wandte sie bei herausfordernden Situationen im Alltag an. Das ,Wetter machen' war eine spannende Sache. Lucia beobachtete im Laufe des Tages, wie sich ihre Wetterlage ständig etwas änderte. Immer wieder tauchten andere Gefühle auf. Mal war sie fröhlich, mal kamen Regenschauer und es war ihr zum Heulen zumute; dann war sie ruhig, wenig später wurde es stürmisch, weil sie wütend war; der Sturm legte sich und die Sonne kam wieder zum Vorschein; kurz darauf erschien eine Wolke am Himmel, denn sie war betrübt, da sie ein Spiel verloren hatte; dann wehte ein frisches Lüftchen, als ihr Clara ein Glas Wasser mit einer frisch gepressten Zitrone zu trinken gab; einige Zeit später wurde es eisig kalt, als sie eine Auseinandersetzung einer benachbarten Familie miterlebte.

Gefühle kamen und gingen – jedes hatte eine andere Farbe. Manchmal hängte sich allerdings auch ein Gefühl fest, das erstmal nicht von selbst wieder verschwand: zum Beispiel Schmerz, Traurigkeit, Unruhe, Angst oder Lustlosigkeit. Dann fühlte Lucia, wie das Licht stark gedimmt war. In solchen Situationen half es ihr, dass es die wunderbaren Übungen gab, um wieder zu einem warmen Herzensgefühl und zum Sonnenschein im Inneren zu finden. Zu diesem Thema hatte Angelina ihr die erste Strophe eines Gedichtes beigebracht, das aus ihrer Heimat stammte:

„Hab Sonne im Herzen, ob's stürmt oder schneit,

ob der Himmel voll Wolken, die Erde voll Streit ...

Hab Sonne im Herzen, dann komme, was mag:

Das leuchtet voll Licht dir den dunkelsten Tag!"

(Cäsar Flaischlen, Serie: Der rote Faden Nr. 76, Coppenrath Verlag)

Angelina hatte Lucia verschiedene praktische Möglichkeiten erklärt, um aus einem dunkel gewordenen Raum im Inneren wieder herauszufinden. „Nachdem du die aktuelle Wetterlage wahrgenommen hast und einen Schritt zurückgetreten bist, kannst du dich zum Beispiel an einen Moment aus der Vergangenheit erinnern, der dein Herz froh gemacht hat:

- eine Begegnung mit einem geliebten Menschen, in der es dir warm ums Herz geworden ist
- eine Tätigkeit, die dir viel Spaß gemacht hat und wo dein Herz vor Freude anfing, zu hüpfen
- einen Moment in der Natur, in der du berührt warst von ihrer Schönheit und wo es dir weit ums Herz wurde."

Sobald Lucia wieder in wohliger Weise ihr Herz spürte, atmete sie mit ihm und machte die Sonnenübung. Dann begann – oh Wunder – wirklich jedes Mal die Sonne in ihrem Herzen zu scheinen. Sie liebte es, wenn es wieder so hell wurde in ihrem Inneren, das Licht von Kopf bis Fuß durch ihren Körper tanzte. Was immer vorher auch passiert war, nun war die Welt wieder in Ordnung. Sie war in ihrer Mitte; ganz nah bei Lucia, dem Licht. Nie fühlte sie sich wohler, als in diesen Momenten.

Angelina hatte ihr aber auch erklärt, dass sie in Situationen gedimmten Lichts nicht unbedingt an ein Ereignis aus der Vergangenheit anknüpfen musste, um wieder in ein wohliges Herzensgefühl zu finden. Sie konnte auch eine Situation in der Gegenwart wählen, die ihr Herz froh machte – wie damals bei der Übung mit der Sonnenblume (s. Seite 37).

Oder sie konnte mit ihrer Aufmerksamkeit in die Zukunft gehen: zum Beispiel in die Vorfreude auf einen geplanten Ausflug zu Claras netter Schwester, die mit ihrer Familie auf einer Insel mit einem Leuchtturm wohnte. Auch bei dieser Vorstellung ging das Herz auf und wurde froh – so vermochte die Sonne im Innern aufzugehen.

Lucia spielte mit unterschiedlichen Möglichkeiten. Je nach Ausgangssituation waren ganz bestimmte Dinge hilfreich. Und es stellte sich heraus, dass manches besonders gut und schnell wirkte.

Nach einiger Zeit zeigte Angelina ihr noch eine weitere Lichtübung.

Die Licht-Dusche

„Stell dir vor, die Sonne steht hoch über dir am Himmel und schenkt dir ihr Licht. Es fließt wie bei einer Dusche von oben über deinen gesamten Körper. Es spült alles weg, was dir nicht gut tut: negative, dunkle Gedanken sowie Gefühle, die deine Stimmung drücken. Diese Energien strömen nach unten weg und sickern in die Erde. Das reinigende Licht fließt einerseits außen an deinem Körper entlang, gleichzeitig durchflutet es dich auch von innen. Es nimmt alles mit, was dich belastet – alles, was du bereit bist, loszulassen. All deine Zellen werden durchgeputzt bis nur noch reines weißes Licht in ihnen tanzt. Du wirst strahlend licht von Kopf bis Fuß. Du bist Licht."

Lucia war ganz fasziniert von soviel Licht und war zutiefst glücklich. Als sie von ihrem Ausflug ans Meer nach Hause kam, sagte Clara wieder: „Lucia, du strahlst ja so. Was ist passiert?" „Ich bin einfach glücklich. Das Leben ist so schön." Clara war berührt und froh, das ihr anvertraute Kind so zu sehen. Die Wunden ihrer frühen schmerzlichen Erfahrungen schienen zu heilen. Welch ein Segen.

Durch die Erfahrungen mit dem Licht wurde Lucias Wahrnehmung sensibilisiert für Situationen, in denen das Licht von Menschen gedimmt war. Da war die Nachbarin am Ende der Straße, die gerade so betrübt war, denn ihr Mann war Matrose und war wieder zur See gefahren – die alte Bäckerin, die seit einer Woche solche Schmerzen in ihrem Rücken hatte und sich nur mühsam bewegen konnte – Sophia, ein Mädchen aus ihrer Klasse, das immer ängstlich und verschüchtert war, wenn die Lehrerin sie etwas fragte. All diesen Menschen schickte Lucia immer wieder einen Sonnenstrahl, manchmal auch ein ganzes Bündel. Es kam ihr vor, dass das Licht in ihr immer kräftiger wurde, je mehr Sonnenstrahlen sie verschickte.

Sie versuchte auch auf andere Weise die Stimmung dieser Menschen aufzuhellen, indem sie ihnen ein wenig bei der Arbeit half, etwas Heiteres erzählte oder ihnen etwas Kleines mitbrachte: oft etwas Selbstgebasteltes, das sie vermutlich erfreuen würde.

Es war ihr ein Anliegen, andere Menschen zu unterstützen und ihr Leben zu bereichern – selbst, wenn ihr Beitrag nur klein war. Diesen Impuls hatte sie schon jetzt als junges Mädchen und er sollte später die Wahl ihres Berufes bestimmen.

 ## 9. Berührung – leicht und licht

Lucia war gerne bei Clara und Oliver. Ab und zu, wenn es längere Zeit regnerisch war oder im Winter, empfand sie das Häuschen allerdings als recht klein. Dann sehnte sie sich für einen kurzen Moment nach den großzügigen hellen Räumen im Schloss, in denen sie auch bei schlechtem Wetter ausreichend Spiel-Raum hatte.

Vormittags ging sie in die Schule. Sie war wissbegierig, das Lernen fiel ihr leicht und machte ihr Spaß. Am Nachmittag half sie Clara ein bisschen im Haus und im Garten. Sie liebte den schönen Bauerngarten mit seinen Blumen, dem Gemüse und den Kräutern. Oft spielte sie auch mit den Kindern aus der Nachbarschaft. Manchmal machte sie mit Clara lange Spaziergänge in der Natur, bei denen Kräuter und Beeren sammelten. Clara verwandte die Kräuter für die Mahlzeiten, trocknete sie für Tee und verarbeitete sie in Salben.

Als Clara sich bei einem dieser Ausflüge mal heftig den Fuß verstaucht hatte, rieb sie den dicken Knöchel am Abend mit einer ihrer wohltuend riechenden Salben ein. Lucia fragt vorsichtig an: „Darf ich morgen mal deinen Knöchel mit der Heilsalbe einreiben?" Clara nickte. Am nächsten Tag gab sie ihr den Salbentopf und Lucia streichelte behutsam und voller Liebe mit der Salbe den geschwollenen Knöchel sowie den ganzen Fuß. Clara saß wie eine schnurrende Katze auf dem Sessel; diese Berührung der Kleinen fühlte sich wunderbar an.

Lucia fiel beim Einreiben plötzlich die Übung von der Licht-Dusche ein und sie stellte sich vor, wie das Licht von oben durch sie hindurch floss in ihre Arme und über ihre Hände in das dicke schmerzende Fußgelenk. Lange streichelte sie den verletzten Bereich hingebungsvoll. Irgendwann sagte Clara: „Mein Fuß fühlt sich schon viel, viel besser an. Danke. Du machst das wunderbar. Ich werde dich noch öfters bitten, meinen Fuß einzureiben."

Lucia freute sich. Sie mochte es, mit ihren Händen den wehen Fuß mit der cremigen Salbe sanft zu streicheln. Vielleicht half ihm das, wieder heil zu werden. Über die Berührung schenkte sie Clara Licht und Liebe. Sie hatte das Gefühl, dass Angelina neben ihr war und ihr zuguckte.

Am Abend vor dem Einschlafen fragte sie sie: „Kann ich das so machen mit der Licht-Dusche – das Licht von oben in meine Hände lenken und es dann von dort in Claras Fuß schicken?" „Wenn du es nicht schon selbst herausgefunden hättest, hätte ich dir heute Abend erklärt, dass man es genau so macht. Du bist eine sehr begabte Schülerin." Lucia war ein bisschen stolz: sie hatte es also richtig gemacht.

„Weißt du, es ist göttliches Licht, welches in solch einem Moment von oben kommend durch dich durchströmt und über deine Hände zu der wunden Stelle im anderen Körper fließt. Es hat heilende Kraft. Du brauchst nichts zu tun – öffne dich, lass ‚es' einfach geschehen und fließen. Du bist dabei wie ein Kanal für diese feine Lichtschwingung." Lucia hörte ehrfürchtig zu, wenngleich sie das Gesagte noch nicht wirklich zu verstehen vermochte. Angelina würde ihr mehr darüber erzählen, wenn sie erwachsen wäre. Lucia fragte: „Dann kann ich es morgen als wieder genauso machen wie heute?" Angelina erwiderte: „Ja, es wird Clara gut tun."

In der gesamten folgenden Woche rieb Lucia täglich den verstauchten Fuß mit viel Hingabe und großer Zärtlichkeit ein. Die Schmerzen verflüchtigten sich allmählich und Clara konnte ihren Fuß stets besser bewegen und belasten.

Lucia hatte eine neue Beschäftigung entdeckt. Wenn fortan jemand in ihrer näheren Umgebung ein Problem mit seinen Gelenken hatte oder Schmerzen, dann bot Lucia an, mit Claras Salbentopf vorbeizukommen und die wehe Stelle einzureiben. Menschen auf diese Weise zu berühren, das lag ihr und es fühlte sich gut an.

10. Feuer und Licht

Seit kurzem war ein neuer Schüler in Lucias Klasse. Aus irgendeinem Grund konnte Tom sie nicht leiden. Öfters schon war er ziemlich frech zu ihr gewesen, hatte sie geschubst oder an den Haaren gezogen. Eines Tages nach dem Unterricht waren die beiden alleine und gingen vom Schulhaus aus in dieselbe Richtung nach Hause. Plötzlich begann er, Lucia zu beleidigen und gemeine Dinge zu ihr zu sagen. Er nahm ihr das Buch weg, das sie in der Hand hielt und welches sie gerade aus der Bibliothek ausgeliehen hatte – und rannte damit davon.

Lucia war wütend. Sie schrie: „Halt, stopp!", aber Tom war schon über einen Gartenzaun gesprungen und um die Ecke verschwunden. Sie lief im Sturmschritt nach Hause und schnaubte vor sich hin.

Clara war nicht da; sie war wohl noch auf dem Markt. Lucia setzte sich in den Garten und rief Angelina: „Hast du mitgekriegt, was dieser blöde Kerl getan hat? Ich hätte ihm am liebsten gegen das Schienbein getreten und ihm etwas Gemeines gesagt, das auch ihn verletzt hätte." „Gut, dass du dies nicht getan hast. Solche Reaktionen bringen nichts, sondern verschlimmern die Situation nur noch. Mein liebes Königskind, es wäre unter deiner Würde, so zu reagieren – und mit denselben Mitteln zu antworten, die Tom eingesetzt hat. Ich verstehe gut, dass du wütend bist. Das ist okay. Ich will dir etwas zu diesem Thema erklären.

Bei Wut wird viel feurige Energie mobilisiert und die entstandene Spannung muss sich entladen. Dazu ist es hilfreich, deinen Atem und deine Stimme zu benutzen. Du kannst zischen wie eine giftige Schlange, fauchen wie ein feuerspeiender Drache, brüllen wie ein Löwe oder laut singend am Meer entlanglaufen und auf diese Weise Dampf ablassen. Du kannst auch ein paar Mal mit dem Fuß aufstampfen wie Rumpelstilzchen und wutschnaubend toben." „Oh ja, das klingt toll" sagte Lucia begeistert.

„Du wirst merken, dass durch solch ein Intermezzo der innere Druck und die Spannung nachlässt. Wenn es mal nicht möglich sein sollte, die Stimme lautstark einzusetzen, dann kannst du dir ersatzweise auch eine der obigen Situationen lediglich vorstellen. Du hast nach dem Vorfall eben instinktiv etwas ganz Gutes gemacht: Du bist schnell gelaufen und hast vor dich hingeschnaubt. Über Atem und Bewegung bekam so die innere Spannung die Möglichkeit, abzufließen." „Ja, als ich hier ankam, war ich schon weniger wütend, aber immer noch ziemlich verwirrt."

Angelina fuhr fort: „Eines solltest du grundsätzlich wissen: Wenn Menschen gemeine Sachen sagen oder tun, so hat das nichts mit dir zu tun, sondern mit ihnen selbst. Aus irgendeinem Grund sind sie in dem Moment genervt, sauer oder ärgerlich. Und du bist dann für sie gerade ein willkommener Blitzableiter.

Solltest auch du nach solch einem Vorfall verletzt und wütend sein, reagiere deine Gefühle bitte nicht an dem anderen ab. Dann schaukelt sich die Situation nur noch auf. Nimm dir etwas Zeit mit dir alleine, atme und fauche deine Gefühle nach draußen, sodass sich die aufgestaute innere Spannung entladen kann. Erst wenn sich die feurigen Gefühle gelegt haben und du wieder zu Balance und innerer Klarheit gefunden hast, ist es sinnvoll, mit dem anderen zu reden.

Solange du eine Wut im Bauch hast, ist es angesagt, dich mit deinen Gefühlen zu beschäftigen – eventuell kannst du toben wie Rumpelstilzchen, aber bitte alleine. Wenn sich der Tumult in deinem Inneren zu legen beginnt, dann ist die Zeit gekommen, um dich wieder deinem Herzen zuzuwenden. Atme dann eine Weile tief und langsam mit deinem Herzen ein und aus, so wie du es bereits kennst. Dies wird dir noch tiefer helfen, dich wieder zu beruhigen. Anschließend machst du die Sonnenübung und vergegenwärtigst dir das Licht in deinem Herzen. Die Zeit von Donner und Blitz ist vorbei; nach dem befreienden Gewitter darf die

Sonne erneut hinter den Wolken zum Vorschein kommen. Lass sie wieder in deinem Herzen scheinen.

Es ist ein spannender Weg von dem Feuer der Wut im Bauch bis zum Licht im Herzen. In deinem Leben werden dir noch vielfach Menschen Gelegenheit geben, dich darin zu üben. Es ist der Königsweg, Feuer in Licht zu verwandeln. Danach bist du wieder fähig, in deiner Würde als Königskind ein klärendes Gespräch zu führen."

Lucia überlegte und sagte: „Das ist wie die Übung mit dem Wetter machen?" „Ja, eine Variante davon. Solange Wut in deinem Bauch ist, kannst du alleine wie ein Löwe brüllen. Das ist okay. Bevor du beginnst, mit dem anderen zu reden, der die Wut in dir ausgelöst hat, sollte sich deine stürmische Wetterlage allerdings wieder stabilisiert haben und ruhigem, klarem Wetter Platz gemacht haben. Wie sieht es diesbezüglich denn gerade bei dir aus?"

„Die Wut ist verdampft. Deine Erklärungen haben mir geholfen. Es würde sich im Nachhinein nicht gut anfühlen, wenn ich Tom wirklich vors Schienbein getreten hätte. Zum Glück ist es nicht dazu gekommen, da er so flink weggerannt ist. Sonst würde ich es jetzt bedauern. Die Sonne ist in meinem Inneren allerdings noch nicht wieder voll da. Es ist gerade ein bisschen wechselhaftes Wetter."

„Dann nimm dir einen Moment Zeit, die Sonnenübung zu machen. Ich sage nichts weiter dazu – du kannst das alleine" sagte Angelina. Nach einer Weile erklärte Lucia stolz: „Der Himmel ist wieder heiter, es ist hell und die Sonne scheint." „Gut gemacht. Es freut mich, dass du wieder mit deinem inneren Licht verbunden bist.

Weißt du, dass auch Tom in seinem Kern ganz licht ist?" Lucia überlegte kurz: „Ich erinnere mich an einen Moment, als er sehr fröhlich war und an einen weiteren, als er einem kleinen Jungen geholfen hat. Einmal hat er ganz verliebt von den jungen Kätzchen bei sich zuhause erzählt."

„Wunderbar. In diesen Situationen hast du sein inneres Licht wahrnehmen können. Bei einem Konflikt ist es hilfreich, auch das Licht im anderen zu sehen und ihn nicht als Bösewicht abzustempeln. Heute Mittag bei dem Vorfall nach Schulschluss hatte sich bei Tom wohl eine dunkle Gewitterwolke vor seine Sonne geschoben und darum fing es an, zu blitzen."

Lucia warf ein: „Aber bei Tom sind oft Wolken am Himmel, viel mehr als bei anderen Kindern." „Vergiss nicht, Tom ist neu in eurer Klasse. Ich habe den Eindruck, er fühlt sich noch nicht wohl, hat noch keine Freunde gefunden, der Lehrstoff ist für ihn manchmal schwer zu verstehen. Du solltest ihn mal fragen, wie es ihm bei euch in der Klasse geht, dann hörst du Genaueres. Tom hat vermutlich Probleme in der Übergangsphase, in der er sich gerade befindet. Vielleicht kannst du einiges nachvollziehen – du bist ja auch mal neu in die Klasse gekommen, musstest dich erst eingewöhnen und deinen Platz finden." „Ja, ich erinnere mich" sagte Lucia leise. In den ersten Schulwochen war sie manchmal wegen ihrer Sprache gehänselt worden, denn damals hatte sie noch einen leichten Akzent und musste gelegentlich nachfragen, wenn sie ein Wort nicht kannte.

Angelina hatte einen Vorschlag. „Was hältst du davon, Tom einen Sonnenstrahl zu schicken?" Jetzt, wo die Sonne wieder in Lucias Herz schien, war dies ohne weiteres möglich. „Ja, vielleicht braucht er Unterstützung und eine extra Portion Herzenswärme. Ich lasse mal einen Sonnenstrahl seine Nase kitzeln und schicke ihm ein paar direkt in sein Herz. Das tut ihm sicher gut." Und Angelina ergänzte: „... und auch dir und eurer Beziehung." Dann ließ sie ihr erstmal Zeit, die Übung mit dem Sonnenstrahl zu praktizieren.

Nach einer Weile sagte Lucia: „Das mit der dunklen Wolke bei Tom kann ich verstehen – aber nicht, wieso er speziell mich nicht leiden kann und seinen Unmut vor allem an mir auslässt." Angelina antwortete: „Das liegt daran, weil er eifersüchtig auf dich ist. Du bist so beliebt in der Klasse und dir fällt das Lernen leicht. Du spiegelst ihm das, was er sich für sich selbst wünscht – jedoch im Moment noch nicht hat." „Aha!" Lucia hatte heute wieder viel gelernt. ‚Vielleicht kann ich ihm ja dabei helfen' dachte sie.

Am nächsten Tag wandte sie sich in der Pause an Tom. „Du hast mir gestern das Buch weggenommen. Ich war recht ärgerlich und auch traurig, weil ich mich schon aufs Lesen gefreut hatte. Warum hast du das gemacht?" Tom schaute etwas beschämt auf den Boden. „Kann es sein, dass es dir gestern nicht gut gegangen ist?" fragte Lucia. Tom schluckte: „Ja, ich habe Sehnsucht nach meinen alten Freunden. Hier ist alles so anders." Lucia erwiderte einfühlsam: „Das kann ich gut verstehen, denn ich bin vor drei Jahren auch neu in die Klasse gekommen und für mich war es am Anfang auch nicht einfach." Tom fühlte sich gesehen und fuhr fort: „Ja, vor allem in Mathe ist es nicht einfach. Ich hab das Rechnen ganz anders gelernt." Lucia machte noch einen Schritte auf ihn zu und sagte: „Wenn du möchtest, kann ich dir da gerne helfen." Tom nickte und strahlte. Lucias Zuwendung tat ihm gut. Auf die Bitte, ihr das Buch zurück zu geben, holte er dies umgehend aus seinem Schulranzen und drückte es ihr schweigend in die Hand.

 11. Singen aus dem Herzen

Clara hatte eine wunderschöne Stimme. Zu Anfang, als Lucia bei ihnen eingezogen war, hatte sie diese regelmäßig in den Schlaf gesungen. Sie sang auch oft bei der Arbeit: wenn sie putzte, Körbe flocht oder Tischdecken bestickte. Lucia hörte ihr gerne zu. Im Laufe der Zeit hatte Clara ihr schon eine Menge Lieder beigebracht und es machte Spaß, zusammen zu singen. Gelegentlich stimmte Oliver auch mit ein, wenn sie nach dem gemeinsamen Abendessen gemütlich in der Stube saßen. Manchmal reimten sie eigene Verse und sangen sie zu bekannten Melodien.

Musik übte eine große Faszination auf Lucia aus. Überall im Ort, wo gesungen und musiziert wurde, war sie da bei. Es gab viel zu entdecken und zu lernen.

Eine Frau aus dem Ort konnte besonders gut singen. Sie bemerkte, dass Lucia ein feines Gehör hatte und begabt war. Ab und zu nahm sie sich eine Stunde Zeit und unterrichtete sie. Elisabeth kam aus einer großen Stadt, wo sie viele Möglichkeiten zum Lernen gehabt hatte. Nach ihrer Heirat war sie in den kleinen Ort an der Küste gezogen.

Sie brachte Lucia vieles bei und lehrte sie wunderschöne Lieder. Manche kamen selbst aus anderen Ländern und waren in einer fremden Sprache. Lucia nahm alles auf wie ein Schwamm. Elisabeth war zufrieden – Lucias helle klare Stimme entwickelte sich prächtig. Sie sang direkt aus ihrem Herzen. Als sie ungefähr 13 Jahre alt war, wurde sie immer öfter aufgefordert, zu bestimmten Anlässen zu singen: bei den wöchentlichen Gottesdiensten oder bei kirchlichen Festtagen, bei einer Hochzeit oder einer Taufe. Außerdem wurde sie zu privaten Festen eingeladen, wie zum Beispiel einem runden Geburtstag von älteren Menschen. Sie sang mit Elisabeth im Duett oder alleine. Mit dem Klang ihrer Stimme berührte sie ihre Zuhörer – er bahnte sich einen Weg direkt in deren Herz.

Lucia schickte noch immer regelmäßig Sonnenstrahlen zu Menschen, die sie liebte und besonders zu denen, die es gerade schwer hatten in ihrem Leben. Sie war es gewohnt, aus ihrem Herz heraus Schwingungen des Lichts zu senden. Und es war für sie fast noch eine Steigerung, wenn beim Singen Klangschwingungen ihre Zuhörer erreichten. Sie war beglückt über diese neue Möglichkeit, Menschen zu berühren und eine lichte Atmosphäre zu verbreiten.

Lucia war inzwischen 14 Jahre alt. In der Schule gehörte sie jetzt zu den „Großen". Sie half jüngeren Schülern bei den Hausaufgaben und wiederholte mit Kindern, die sich schwer taten beim Lernen, den Lehrstoff aus den Schulstunden. Außerdem sang sie mit den Jüngeren, was ihnen und auch ihr viel Spaß machte.

Der Unterricht in ihrer eigenen Klasse bot Lucia nicht mehr so viel Spannendes wie früher. Ehrlich gesagt, begann sie sich etwas zu langweilen. Mit ihrem großen Wissensdurst wandte sie sich oft an Elisabeth. Diese hatte in der Stadt, aus der sie kam, viel erlebt und gelernt, was Lucia faszinierte.

Elisabeth spürte, dass es nicht Lucias Weg sein würde, ihr Leben in diesem kleinen Ort in der Provinz zu verbringen. Sie beschloss, das Mädchen einmal in die Stadt mitzunehmen, in der ihre Schwester immer noch wohnte. Und so wurde der Plan geboren, gemeinsam mit Lucia in den Ferien Dorothee für einige Tage zu besuchen. Lucia war schon ganz aufgeregt und freute sich riesig auf diese Reise. Leider dauerte es noch einige Wochen bis zu den Schulferien. Sie konnte es kaum erwarten.

 12. Eine Reise durch den Regenbogen

Lucia war inzwischen in der Pubertät. Die Hormone begannen recht wild in ihrem Inneren zu tanzen und sie hatte ziemliche Stimmungsschwankungen. Angelina beobachtete diese Entwicklung und fand es an der Zeit, ihr noch einmal eine neue Übung zu geben, die ihr helfen würde, sich immer wieder in innere Balance zu bringen.

Eines Tages machte Lucia einen langen Spaziergang am Strand. Unerwartet hatte es für kurze Zeit zu regnen begonnen und als sie nach Hause zurücklief, erschien am Horizont ein herrlicher Regenbogen. Sie setzte sich für einen Moment an eine Hütte am Strand und genoss das Naturspektakel. Da tauchte Angelina an ihrer Seite auf. „Diese leuchtenden Farben am Himmel sind wundervoll" sagte Lucia. „Ja, in einem Regenbogen siehst du alle Spektralfarben: rot, orange, gelb, grün, blau und lila. Jede dieser Farben hat eine andere Energie. Ich möchte dir heute etwas über die Wirkung der verschiedenen Farben erklären und dich zu einer Übungsserie mit farbigem Licht einladen. Hast du Lust dazu?" Welche Frage, dachte Lucia. „Natürlich." „Du kennst es bereits, in weißem Licht zu baden. In ihm sind alle Farben enthalten, die ich dir eben genannt habe. Heute kannst du mal in farbigem Licht baden und deinen Körper damit durchfluten.

Farbiges Licht einatmen (Teil 1)

Stell dir vor, du bist so klein wie eine Biene. Du bist zu einer roten Tulpe geflogen und sitzt jetzt mittendrin in dem großen Blütenkelch – ganz umgeben von der Farbe Rot. Du badest genüsslich in dem vitalen Rot. Du atmest diese Farbe ein und lässt das strahlende Rot durch deinen ganzen Körper fließen. Spür mal, was diese Farbe mit dir macht. – Nun beendest du dieses erste Experiment. Die Biene krabbelt aus der Tulpe heraus und fliegt wieder durch die Luft.

Ich gehe jetzt bewusst nicht die Farben nacheinander durch, so wie sie im Regenbogen zu sehen sind, sondern wähle eine andere Reihenfolge, sodass du durch größere Kontraste die Wirkung der einzelnen Farben noch besser spüren kannst.

Stell dir nun einen stillen wundervollen blauen See vor. Du bist ein Fisch und schwimmst darin – von oben und unten, rechts und links, vorne und hinten bist von beruhigendem Blau umgeben. Du schlängelst dich durch diese Farbe und saugst sie mit dem Atem auch in dich hinein, sodass dein ganzer Körper strahlend blau wird. Wie fühlt sich das an? – Falls du mal Schmerzen hast, kannst du blaues Licht an diese Stelle schicken. Jetzt schließt du auch dieses Experiment ab und verlässt den See.

Als nächstes vergegenwärtigst du dir ein anderes Szenario, einen Wald mit großen Laubbäumen. Stell dir vor, du bist ein Vogel und sitzt auf einem Ast in der Mitte eines Baums. Rundum bist du umgeben von Blättern in sattem Grün. Die gesamte Baumkrone ist wie eine grüne Welt. Du badest dich in dieser harmonisierenden, heilsamen Farbe. Atme das grüne Licht mit deinem Herzen ein und aus. Dann lass es von dort in deinen gesamten Körper fließen. Alle Zellen werden mit grünem Licht aufgeladen. Spür mal, wie es dir geht, wenn du ganz in die Farbe Grün eintauchst. Es ist die Farbe, die dem Herzzentrum zugeordnet ist. – Jetzt beendest du auch das dritte Experiment. Der Vogel breitet seine Flügel aus und schwingt sich hoch über die Baumwipfel wieder in die Luft.

Nun kommst du von deiner Reise vollständig zurück ins Hier und Jetzt: Du spürst, wie du auf dem Holzbrett sitzt, wie deine Füße den Sand berühren und öffnest langsam wieder deine Augen. Du kannst dich jetzt ein bisschen recken und strecken."

Nach einer Weile fragte Angelina: „Hat dir die kleine Reise gefallen?" „Oh ja, ich war in drei ganz verschiedenen Welten. Die erste hat mich warm gemacht, mich angeregt, ich spürte mein Blut pulsieren. Die zweite war komplett anders: kühl, still, beruhigend. Die grüne Welt hatte eine wohltuende und harmonisierende Wirkung." „Prima, die anderen drei Farben nehmen wir uns in ein oder zwei Wochen vor. Ich schlage vor, du experimentierst in dieser Zeit erstmal mit dem roten, grünen und blauen Licht. Je nach deiner inneren Verfassung suchst du dir jeweils eine Farbe aus, von der du meinst, dass sie dir im Moment gut tun wird. Lass all deine Zellen davon durchfluten und spüre, wie diese Farbfrequenz auf deinen Körper und deine Stimmung wirkt."

Lucia war angetan von dieser Übung und inspiriert, sie im Alltag auszuprobieren. Wenn sie mal müde und erschöpft war, ließ sie das rote Licht in sich zirkulieren. War sie ungeduldig oder etwas nervös, badete sie sich in blauem Licht. Und in Momenten, in denen sie sich irgendwie durcheinander fühlte und aus ihrer Mitte gekippt war, war sie dankbar für die Übung mit dem grünen Licht. Dies wirkte aufbauend, führte wieder zu innerer Ordnung und Gleichgewicht. Da hatte ihr Angelina wieder etwas sehr Wertvolles für den Alltag mitgegeben. Sie traf sich jeden Tag mit ihr und berichtete ihr von ihren Erfahrungen.

Als zehn Tage vergangen waren, rückte Angelina endlich raus mit dem zweiten Teil der Übung. Lucia war nämlich schon ganz neugierig, was es mit den anderen Farben auf sich hatte.

Farbiges Licht einatmen (Teil 2)

Angelina leitete sie wieder zu der Imagination mit der Biene an; diesmal schlüpfte sie nacheinander in drei verschiedenfarbige Blüten.

Zuerst in eine orange Rose. Lucia badete in dem strahlenden Orange und atmete dieses Licht ein. Angelina sagte ihr, sie solle das Orange besonders in ihrem Becken und in ihren Beinen pulsieren lassen. Und sie erklärte, dass dies hilfreich ist, um mit beiden Beinen fest auf dem Boden zu stehen.

Mit der nächsten Übung lud Angelina sie ein, sich wie eine Biene in eine lila Iris zu begeben. Sie erklärte ihr, dass die Farbe Lila das vegetative Nervensystem stärkt. Bei nervlicher Anspannung solle sie lila Licht durch ihren Körper fließen lassen. Und wenn sie Schutz nötig habe, solle sie sich mit lila Licht umhüllen. Sie könne sich dann zum Beispiel einen großen lila Lichtzylinder vorstellen, in dem sie komplett geschützt sei.

Zum Abschluss tauchte sie in die Farbe Gelb und schlüpfte als eine Biene in eine strahlend gelbe Lilie. Angelina erklärte ihr, dass Gelb speziell in der Körpermitte eine wohltuende Wirkung habe; zum Beispiel bei Problemen mit den Bauchorganen und der Verdauung. Das Nervensystem, das dort liegt, nennt man Sonnengeflecht (Solar-plexus). Sie forderte Lucia auf, warmes gelbes Licht in ihren gesamten Bauchraum zu atmen und es wie eine innere Sonne dort leuchten zu lassen. Das gesamte Gebiet wurde wohlig durchwärmt.

Lucia war schon jetzt klar, dass sie diese Übung vor dem Singen praktizieren würde – insbesondere vor einem Auftritt, wenn es ihr gelegentlich etwas mulmig in der Magengegend war. Dann half es ihr sicherlich, wenn sie mit Hilfe des Atems einem warmen gelben Licht in ihrer Mitte Raum geben würde.

Sie erzählte Angelina gleich von ihrem Vorhaben. Diese war beeindruckt, wie schnell Lucia ihre Angebote aufnahm und sie umsetzte. Jetzt waren sie einmal durch alle sechs Farben des Regenbogens gewandert. Lucia war begeistert. Nun hatte sie jede Menge Übungsstoff, den sie im Alltag ausprobieren konnte. So würde die Zeit bis zur bevorstehenden Reise in die Stadt hoffentlich schneller vergehen.

Angelina beobachtete, wie Lucia allmählich zu einer jungen Dame heranwuchs. Sie hatte Spaß, sich schick anzuziehen – und wusste die bescheidenen Mittel, die ihr zur Verfügung standen, geschickt ein zu setzen. Als Ergänzung zu den Farbübungen gab Angelina ihr deshalb noch einen weiteren Tipp.

„Wenn du morgens merkst, dass dir am bevorstehenden Tag eine Farbe besonders gut tun wird, kannst du dich damit auch ganz konkret umgeben, indem du zum Beispiel einen Pulli oder Rock in dieser Farbe anziehst; oder zumindest ein Hals- bzw. Schultertuch trägst. So wirst du im Außen immer wieder an diese wohltuende Farbe erinnert, kannst sie dann in dich hineinatmen und in deinem Körper zirkulieren lassen. Magst du damit mal spielen?"

Was hatte Angelina doch immer wieder für tolle Ideen, dachte Lucia. Sie schaute mit neuen Augen in ihren Kleiderschrank; fast alle Farben waren vertreten. Und so setzte sie die Anregungen im Alltag um. Es war in der Tat hilfreich, an manchen Tagen gezielt etwas Grünes zu tragen oder etwas in Rot-orange. Besonders die Idee mit den Tüchern war sehr praktisch und sah obendrein hübsch aus. Lucia nähte sich aus Stoffresten kleine Halstücher oder Schultertücher in verschiedenen Farben. Aus Garnresten, die sie bei Clara fand, häkelte sie auch in ihren Lieblingsfarben blau und rot zwei Dreieckstücher.

 ## 13. Erste Reise in die Stadt

Lucia war gerade 15 Jahre alt geworden. Sie zählte: Jetzt waren es noch zwei Wochen bis zu den Ferien und noch drei Wochen bis zu ihrer Reise in die Stadt mit Elisabeth. Sie konnte es kaum erwarten.

Und endlich war es soweit. Clara und Oliver verabschiedeten sich warmherzig von ihrem Schützling, der nun zum ersten Mal ohne sie unterwegs sein würde. Es war eine Tagesreise, um in die Stadt zu kommen. Dort eröffnete sich für Lucia eine neue Welt. Sie war beeindruckt von den vielen Häusern und Straßen; es gab Viertel mit edlen Herrenhäusern und andere mit ganz einfachen Behausungen. Dorothee lebte mit ihrem Mann Christoph in einem schlichten Haus mit Aussicht auf einen schönen kleinen Platz. Die beiden nahmen Lucia sehr freundlich auf. Sie konnte mit Elisabeth zusammen oben unterm Dach in einem Zimmer übernachten.

Am Abend fiel Lucia müde von den vielen Eindrücken in ihr Bett. Elisabeth saß noch unten bei ihrer Schwester. Das traf sich gut; nun war sie alleine und konnte sich ungestört Angelina zuwenden. Neben all ihrer Abenteuerlust kam nun doch die Sehnsucht nach einem tief vertrauten Kontakt in ihr auf. Angelina umhüllte sie mit ihrer Liebe und Wärme. „Ich bin bei dir, mein Schatz. Du bist nicht alleine in der Fremde. Geh ganz tief in dein Herz – da ist dein wahren Zuhause." Lucia ließ sich in die Wolke von Zärtlichkeit sinken, mit der Angelina sie umgab. Sie atmete in ihr Herz – ruhig und langsam. Nach einer Weile breitete sich ein Gefühl wohliger Geborgenheit in ihr aus und sie schlief selig ein.

Am nächsten Tag zeigte Elisabeth ihr die Stadt. Sie liefen weite Strecken: über schöne Plätze, vorbei an großen Kirchen, am Rathaus, an Werkstätten der Handwerksleute und an kleinen Läden. Sie schlenderten über den Marktplatz mit seinen vielen Ständen und einem reichen Angebot, wie es Lucia noch nie zuvor gesehen hatte. Es gab ein Museum, eine Bibliothek und auch ein Krankenhaus. Lucia gewann einen ersten Überblick über die Stadt.

Am Abend drehte sich alles ein bisschen in ihrem Kopf. Was es hier in der Stadt alles zu sehen gab! In den kommenden Tagen würde Elisabeth vieles genauer und in Ruhe mit ihr erkunden. Abends saßen sie gemütlich mit Dorothee und Christoph in der Stube und aßen gemeinsam. Das Rendezvous mit Angelina vor dem Einschlafen war wohltuend. Nach all den aufregenden Eindrücken konnte sie sich in ihrer Gegenwart tief entspannen:

„Es ist wundervoll, dass es dich gibt" flüsterte sie und dann war sie auch schon in den Schlaf gefallen.

Es war eine äußerst interessante Woche für Lucia; sie war voll mit neuen Eindrücken. Am vorletzten Abend ihres Aufenthaltes hatte Dorothee ein Hauskonzert organisiert, bei dem Elisabeth und Lucia singen würden. Sie hatte dazu Familienmitglieder, Freunde und Nachbarn eingeladen. Es fand bei ihrem Bruder statt, der ein größeres Haus hatte. Das Wohnzimmer war bis in den letzten Winkel mit Zuhörern gefüllt. Noch nie war Lucia so aufgeregt gewesen. Sie rief Angelina und war beruhigt, als sie deren Präsenz spürte. „Ich bin hinter dir und gebe dir Rückhalt. Hab Vertrauen, alles wird gut gelingen."

Es war eine Ehre, vor all den fremden Menschen singen zu dürfen. Lucia machte ihr Herz ganz weit – sie wollte ihre Zuhörer reich beschenken. Sie sang Duette mit Elisabeth und auch mehrere Solostücke. Alles lief perfekt. Die Zuhörer waren begeistert und es gab großen Applaus. Elisabeth war stolz auf Lucia.

Bei dem Konzert war auch ein Nachbar anwesend, ein betuchter Kaufmann, der sehr gebildet war – ein Musikliebhaber. Er war äußerst angetan von Lucia und ihrer bezaubernden Stimme. Welch eine Ausstrahlung dieses junge Mädchen hatte! Er sprach Elisabeth an und fragte, ob es möglich sei, dass die beiden in näherer Zukunft ein Konzert in seinem Hause geben würden. Elisabeth erklärte, dass sie lediglich zu Besuch in der Stadt seien. Aber sie versprach ihm, darüber nachzudenken und die Idee mit Lucia sowie mit Clara und Oliver zu besprechen.

Am folgenden Tag erzählte sie der jungen Sängerin von der Anfrage des Herrn Wagner. Lucia war hocherfreut. Sie wollte liebend gerne so bald wie möglich wieder in die Stadt zurückkommen; dies war ein willkommener

Anlass. Und in der Tat: Fünf Monate später sollte sie im Hause von Herrn Wagner zusammen mit Elisabeth ein Adventskonzert geben.

Ganz erfüllt kehrte sie zu Clara und Oliver nach Hause zurück und erzählte ihnen begeistert von ihren vielfältigen Erlebnissen. Diese hörten ihr sehr interessiert zu. Lucia war ein sensibles Mädchen und nach der turbulenten Woche in der Stadt tat es ihr gut, wieder mehr Ruhe zu haben. Sie war stundenlang am Meer. Elisabeth erzählte Clara und Oliver von Herrn Wagners Einladung und bat die beiden um ihre Erlaubnis. Sie willigten ein, merkten sie doch, dass sich hier möglicherweise eine Tür für Lucias weiteres Leben öffnen würde.

Als nach den Sommerferien die Schule wieder begann, nahm der Alltag äußerlich wie gewohnt seinen Lauf. Aber es war nicht wie früher. Lucia hatte sich verändert; ihr Horizont hatte sich durch die Reise erweitert. Der Ort, an dem sie nun viele Jahre gewohnt hatte, kam ihr plötzlich vor wie ein Schuh, der eine Nummer zu klein war. Sie war dankbar, dass es die Aussicht auf die nächste Reise in die Stadt gab. Mehr als je zuvor verbrachte sie Zeit bei Elisabeth. Diese unterrichtete sie im Gesang und sie probten gemeinsam für das bevorstehende Adventskonzert. Auch sie freute sich, im Dezember wieder eine Woche mit ihrer Schwester zu verbringen.

Endlich war es soweit und die zweite Reise begann. Diesmal konzentrierten sich ihre Aktivitäten in der Stadt auf die Vorbereitung des Konzerts. Sie besuchten Herrn Wagner in seinem herrschaftlichen Haus. Im Salon stand ein Flügel. Er hatte einen Pianisten organisiert, der die beiden Sängerinnen begleiten würde. Wie spannend! Lucias Herz schlug schneller. Täglich probten sie gemeinsam mit ihm. Mit Begleitung machte das Singen noch viel mehr Spaß. Die drei verstanden sich prächtig.

Elisabeth kam die Idee, Lucia für dieses Konzert ein hübsches Kleid zu schenken. Sie gingen gemeinsam in der Stadt auf die Suche nach etwas Passendem. Lucia war begeistert. Sie entschied sich für ein kornblumenblaues Kleid. So etwas Schönes hatte sie in ihrem Leben noch nie getragen. Für einen Moment blitzte eine Erinnerung an ihre Mutter auf, deren Kleider sie so geliebt und bewundert hatte. Sicherlich würde sie sich freuen, ihre Tochter so zu sehen. Auch Elisabeth fand, dass Lucia hinreißend aussah und kaufte ihr das Kleid – sozusagen als ein vorgezogenes Weihnachtsgeschenk.

Der Tag des Konzerts kam heran. Lucia zog ihr neues Kleid an und fühlte sich prächtig – fast schon ein bisschen erwachsen. Im Hause von Herrn Wagner war der Salon bis in die letzte Ecke mit elegant gekleideten Zuhörern gefüllt. Als Lucia dies durch den Türspalt sah, überkam sie eine ungekannte Aufregung. Sie rief nach Angelina. Diese beruhigte sie und sagte „Hab keine Angst und mach dir keine Sorgen. Du schaffst das, du hast dich bestens vorbereitet. Erinnere dich, du bist ein Königskind. Verbinde dich mit dem Licht und der Kraft in deinem Inneren – von dort aus wird alles in Fluss kommen und gelingen." Diese Worte fielen direkt in Lucias Herz. Sie wusste, was Angelina sagte, war die Wahrheit. Weg mit den Sorgen und Zweifeln. Stattdessen ging sie ganz in die Vorfreude auf die wunderschönen Lieder, die sie gleich singen würde.
Elisabeth, Lucia und der Pianist betraten den Salon. Es wurde still im Raum. Lucia sammelte sich. Sie spürte Angelina in ihrem Rücken. Für einen kurzen Moment dachte sie an die ‚Licht-Dusche' und öffnete sich nach oben. Im selben Moment kam ein wahrer Wasserfall von Licht auf sie hernieder. Sie fühlte sich getragen von einer subtilen Kraft, die ihr Herz und ihren ganzen Körper erfüllte. So begann sie zu singen – nein, eigentlich war es anders: ‚es' begann aus ihrem Herzen heraus zu singen.

Dies war beglückend und voll Hingabe ging sie ganz im Gesang auf. Die drei Musiker waren gut aufeinander eingestimmt und es wurde ein besonderes Konzert.

Die Zuhörer waren tief berührt. Nach dem letzten Ton herrschte andächtige Stille, dann kam ein tosender Applaus. Lucia erntete viel Lob. Sie hörte Kommentare wie: „Du hast eine bezaubernde, engelsgleiche Stimme." Da dachte sie blitzschnell: „Danke Angelina, für alles, was du mir beigebracht hast. Ohne deine Begleitung in all den Jahren hätte ich heute Abend nicht so dastehen können." Elisabeth war sehr stolz auf ihre begabte Schülerin. Auch Herr Wagner war zutiefst zufrieden; er hätte seinen Gästen nichts Besseres bieten können in einem Adventskonzert. Diese junge Sängerin hatte alle verzaubert. Es war enorm viel Licht im Raum gewesen, sodass das Weihnachtsfest und die Geburt des Lichts zum Greifen nahe waren.

 ## 14. Das Vorsingen

Am folgenden Tag traf sich Elisabeth noch einmal mit Herrn Wagner. Er sagte: „Lucia ist sehr begabt. Sie sollte auf das hiesige Konservatorium gehen, um ihre Stimme ausbilden zu lassen." Elisabeth erwiderte: „Ja, diesen Gedanken hatte ich auch schon. Allein, sie wohnt weit weg in einem kleinen Ort an der Küste und ihre Eltern sind einfache Leute mit einem bescheidenen Einkommen. Sie bräuchte einen Mäzen, um ans Konservatorium gehen zu können." Herr Wagner überlegte eine Weile. Er war einfach hingerissen von Lucia und wollte dieses besondere Mädchen gerne fördern. Dann sagte er: „Ich bin bereit, das erste Jahr zu finanzieren. Danach sehen wir weiter." Elisabeth wäre vor Freude fast von ihrem Stuhl in die Luft gehüpft. Welche Perspektive!

Jetzt musste sie sich noch um eine Unterkunft für Lucia kümmern. Sie erzählte ihrer Schwester von Herrn Wagners großzügigem Angebot. Diese überlegte nicht lange und sagte: „Unsere beiden Söhne haben ja bereits das Haus verlassen. Das Zimmer unterm Dach ist frei. Lucia könnte bei uns wohnen und essen. Ich werde dies mit Christoph besprechen."

Am Abend erzählte Elisabeth Lucia von den Gesprächen, die sie geführt hatte und den Möglichkeiten, die sich eröffnet hatten. In rasendem Tempo entstanden Zukunftspläne. Christoph war einverstanden, Lucia aufzunehmen – vorerst einmal für ein Jahr. Herr Wagner versprach, im Frühjahr ein Treffen mit dem Direktor des Konservatoriums zu organisieren, sodass Lucia ihm vorsingen konnte. Wenn alles klappte, könnte sie dann im Sommer in die Stadt ziehen und im Herbst mit dem Unterricht im Konservatorium beginnen.

Alles ging so schnell, dass Lucia den Eindruck hatte, zu träumen. Würden die gemachten Pläne wahr, würde sich in der Tat ein Traum für sie erfüllen. Sie wollte so gerne viel lernen über Musik, die einzelnen Komponisten, die verschiedenen Stilepochen. Sie war neugierig, die Vielfalt der Instrumente kennenzulernen. Und vor allem wollte sie Menschen über die universelle Sprache der Musik berühren.

Noch völlig überwältigt von den Ereignissen fuhr sie mit Elisabeth zu Clara und Oliver zurück. Diese erzählte den beiden von den Plänen, die entstanden waren. Alles hing natürlich davon ab, wie das Vorsingen am Konservatorium ausgehen würde. Es galt, sich in der nächsten Zeit intensiv darauf vorzubereiten.

Clara und Oliver waren sehr überrascht, was innerhalb einer Woche alles passiert war. Für sie war es das Wichtigste, dass Lucia in ihrem Leben glücklich sein würde. Deshalb waren sie bereit, allem zuzustimmen, was für sie förderlich war. Auch wenn es bedeutete, das dieses geliebte Wesen ihr Haus demnächst verlassen würde.

Elisabeth fiel die Aufgabe zu, Lucia auf das Vorsingen vorzubereiten. Neben Liedern, studierte sie jetzt auch erstmals zwei Arien mit ihr ein. Sie hatte dazu Noten aus der Stadt mitgebracht. Opernarien waren auch für Elisabeth Neuland – sie tat ihr Bestes.
Plötzlich war Lucias Leben stark auf die Zukunft ausgerichtet. Sie hatte mehrere tiefgehende Gespräche mit Elisabeth. Diese hatte sie gefragt: „Was würdest du gerne machen, wenn du erwachsen bist?" Lucia war klar, dass sie Menschen unterstützen wollte: einerseits ganz handfest auf der praktischen Ebene, andererseits auch auf der inneren Ebene und ihnen etwas geben, was sie im Moment nötig hatten. Mit ihrem inneren Licht wollte sie ein Leuchtturm sein für Mitmenschen, die gerade in herausfordernden Situationen standen.
Elisabeth war beeindruckt, wie klar dieses junge Mädchen über ihren Weg sprach. Musik würde dabei eine wichtige Rolle spielen. Lucia wollte Menschen in ihrem Herzen erreichen – über die Sprache, über Musik, über Berührung. Sie wusste, eines Tages wollte sie an andere das weitergeben, was sie von Angelina gelernt hatte. Aber das sagte sie so nicht wörtlich zu Elisabeth.

Der Frühling nahte und somit auch das Vorsingen in der Stadt. Herr Wagner war mit dem Direktor des Konservatoriums befreundet und hatte ihn in sein Haus eingeladen. Sie würden einige Dinge über das kulturelle Programm der Stadt besprechen. Im Anschluss daran sollte Lucia die Möglichkeit haben, ihm vorzusingen. Auf diese Weise konnte dies in einer für sie bekannten Umgebung stattfinden. Eine Woche vor diesem Termin konnte sie bereits im Salon von Herrn Wagner mit dem Pianisten vom

Weihnachtskonzert proben. Alles war gut vorbereitet. Lucia war ruhig und gelassen. Sie fühlte sich geführt. Sie würde ihr Bestes geben und schauen, wie das Leben dann weiterginge.

Kurz bevor sie den Salon betrat, in dem der Direktor des Konservatoriums und Herr Wagner auf sie warteten, wurde sie plötzlich etwas unsicher und ängstlich. Angelina sagte: „Erinnere dich, du bist ein Königskind. Mach dich nicht klein und dimm dein Licht. Geh in deine königliche Würde und singe aus der Fülle deines Herzens. Du hast einen großen Reichtum in deinem Inneren – er darf jetzt zum Klingen kommen." Angelinas Worte rückten Lucia augenblicklich wieder in ihre Mitte.

Sie öffnete die Tür zum Salon. Der Direktor mit seinen etwas wilden Künstlerlocken sah sehr sympathisch aus. Sie war erleichtert und stellte sich an den Flügel. Der Pianist nickte ihr wohlwollend zu und sie begannen. Von der Liste der einstudierten Stücke wollte der Direktor drei Lieder und eine Arie hören. Alles lief bestens. Dann sagte er freundlich: „Ja, es lohnt sich, deine Stimme auszubilden. Wir sehen uns im Herbst im Konservatorium. Ich werde eine geeignete Lehrerin für dich aussuchen." Lucia verließ den Salon. Es flossen Tränen der Erleichterung, als sie sich eng in Elisabeths Umarmung schmiegte.

Am Abend konnte sie immer noch nicht so recht begreifen, was dieser Tag für ihr Leben bedeutete. Es würde sich etwas völlig Neues eröffnen. Sie war neugierig und bereit. Das Rendezvous mit Angelina vor dem Einschlafen verlief still. Es brauchte keine Worte – Lucia war dankbar und überglücklich.

In den kommenden zwei Tagen regelte Elisabeth noch ein paar praktische Dinge für ihre Umsiedlung in die Stadt. Dann fuhren sie zurück zu Clara und Oliver. Lucia wollte die letzten Monate mit ihnen noch einmal besonders genießen. Sie liebte die beiden und war ihnen zutiefst dankbar, denn sie hatten so viel für sie getan. Sie würde die beiden vermissen. Auch ihre Ausflüge ans Meer bekamen jetzt besondere Bedeutung. Es würde sicherlich sehr bereichernd sein, in der Stadt zu leben – das Meer würde sie allerdings dort nicht haben.

Am Ende des Schuljahrs verabschiedete sie sich von der Schule, ihren Lehrern, ihren lieb gewonnenen Freundinnen und Freunden und den jüngeren Kindern, die sie unterstützt hatte. Ein Abschnitt ging zu Ende. Dankbar blickte sie auf die vergangenen Jahre zurück. Es war schön gewesen hier und gleichzeitig war es gut, dass jetzt etwas Neues begann. Eine Reihe von ihren Klassenkameraden und Freunden war ein wenig eifersüchtig, dass Lucia mit ihren 16 Jahren jetzt in die Stadt ziehen durfte.

Lucia verblieben noch einige Wochen freie Zeit, in denen sie sich auf ihr neues Leben vorbereiten konnte und sich von geliebten Menschen und Plätzen verabschieden konnte. Es war vorläufig ihr letzter wundervoller Sommer am Meer.

Elisabeth hatte Lucia versprochen, sie in die Stadt zu begleiten und die ersten ein bis zwei Wochen bei ihr zu bleiben, bis sie sich einigermaßen eingelebt hatte. Es würden noch eine Reihe praktischer Sachen zu regeln sein und sie wollte auch mit Lucias Gesangslehrerin am Konservatorium sprechen. Kurz vor der Abreise lieh sie Lucia zwei große Koffer, in die sie ihre Sachen packen konnte.

Für einen Moment erinnerte sich Lucia, wie ihr Vater in Windeseile einst ihre Sachen in eine große Kiste verstaut hatte und schon einmal ein einschneidender Schritt bevorstand. Sie spürte einen Stich in ihrem Herzen. Diesmal wusste sie allerdings, wo es hingehen würde und hatte sich selbst für diesen Neuanfang entschieden.

Sie vernahm Angelinas Stimme. „Ja, du hast ein wechselvolles Leben, so jung wie du bist und lernst auf diese Weise viel. Erst wohntest du im Schloss, dann hier in dem kleinen Küstenort und nun geht es auf in die

Stadt. Was konstant bleibt ist dies: Du nimmst immer dich mit – und auch ich komme immer mit." Lucia erwiderte: „Dass du immer bei mir bist und ich dich spüre, das ist für mich das Wichtigste in meinem Leben. Ein Leben ohne dich kann ich mir gar nicht vorstellen." „Das sollst du auch nicht, meine Liebe. Wir gehören zusammen."

15. Der zweite Neubeginn

Der Tag der Abreise war gekommen. Es gab einen innigen Abschied zwischen Lucia, Clara und Oliver – bei allen dreien flossen ein paar Tränen. Dann stiegen Elisabeth und Lucia mitsamt den Koffern auf den Pferdewagen eines Nachbarn, der sie bis zur nächsten größeren Ortschaft brachte. Von dort aus ging die Reise mit dem Zug weiter. Am Abend waren sie endlich bei Dorothee und Christoph. Diese hatten für Lucia einen netten Empfang vorbereitet – mit Luftballons, gutem Essen und kleinen Überraschungen. Sie freute sich, so liebevoll willkommen geheißen zu werden in ihrer neuen Wohnstätte. Vor dem Einschlafen versicherte sich Lucia noch einmal, dass Angelina auch mit übergesiedelt war: „Bist du da?" „Natürlich, mein Schatz. Ich liebe dich. Schlaf gut."

Am nächsten Tag packte Lucia die beiden Koffer aus und richtete sich in dem Zimmer unterm Dach ein. Sie hatte auch ein paar Andenken an Clara und Oliver mitgebracht, die einen besonderen Platz erhielten. Von ihrer Mutter und ihrem Vater hatte sie keine materiellen Andenken – lediglich all die schönen Erinnerungen in ihrem Inneren. Am Nachmittag schlenderte sie mit Elisabeth durch die Stadt. Einige Plätze waren ihr inzwischen schon recht gut bekannt.

Am folgenden Tag gingen die beiden zum Konservatorium. Lucia musste sich einschreiben und bekam eine Liste von den Unterrichtsangeboten. Sie

erfuhr, wer ihre neue Gesangslehrerin war und es wurde ein Gesprächstermin für den nächsten Morgen vereinbart.

Elisabeth und Lucia erschienen pünktlich zu dem Termin um 10 Uhr. Um
Viertel nach zehn kam Señora Bernadetti, eine sympathische Frau
mittleren Alters, die aus Italien stammte und bat sie in ihr Zimmer.
Zweimal in der Woche würde Lucia eine Gesangsstunde bei ihr haben. Sie
erläuterte ihr außerdem den Stundenplan der umfassenden Grundaus-
bildung in Musik. Elisabeth erzählte der Señora, was sie mit Lucia in den
letzten Jahren einstudiert hatte und welche Gesangstechnik sie ihr
beigebracht hatte. Dann war es Zeit, um zu gehen, denn die nächste neue
Schülerin kam herein.

Ein Student aus einem fortgeschrittenen Semester führte sie anschließend
durch das Konservatorium, zeigte ihnen die Räume für den Gruppen-
unterricht, die Übungsräume und den Konzertsaal. Lucia war sehr
beeindruckt. Kaum zu glauben, dass sie demnächst in diesem Gebäude ein
und aus gehen würde. Herr Wagner hatte bereits die Angelegenheit mit
den Studiengebühren geregelt und so stand Lucias Eintritt ins Konservatorium nichts mehr im Weg.

Am Nachmittag besuchten sie ihn. Elisabeth bedankte sich für seine groß-
zügige Förderung von Lucia. Diese würde in Zukunft regelmäßig ein
Hauskonzert bei ihm geben. Zum Abschluss des Besuchs sang sie für
Herrn Wagner noch ein Lied, das sie gerade neu einstudiert hatte. Er war
hocherfreut und sehr neugierig, wie sich ihre Stimme entwickeln würde.

Jetzt musste noch geklärt werden, wo das Geld für Lucias Lebensunterhalt
herkommen würde. Dorothee hatte diesbezüglich bereits Vorarbeit
geleistet. In ihrer Nachbarschaft gab es eine junge Frau, die Unterstützung
brauchte. Theresa war sehr zart und hatte eine schwache Konstitution.
Nach der Geburt ihrer beiden Kinder war sie oft mit den anstehenden

Arbeiten als Mutter und Hausfrau kräftemäßig überfordert. Dorothee hatte die Idee, dass Lucia in dieser Lage für die Familie eine wertvolle Hilfe sein könnte. Sie hatte bereits mit Theresa besprochen und vereinbart, dass Lucia bald nach ihrer Ankunft einmal vorbeikommen würde.

Jetzt erzählte sie ihr von dieser Möglichkeit. Lucia war offen für alles, was auf sie zukam. Und so machten die beiden ein Treffen für den kommenden Nachmittag aus.

Theresa empfing sie im Garten. Sie war eine feingliedrige, liebenswerte Frau. Lucia mochte sie gleich. Sie erzählte, dass sie jemanden sucht, der auf die Kinder aufpasst und ihr im Haushalt mithilft beim Putzen, Waschen und Kochen – halbtags vier oder fünf Mal in der Woche. Das konnte Lucia sich gut vorstellen, wenn es möglich war, die Arbeitszeiten auf ihren Stundenplan im Konservatorium abzustimmen. Dann kamen die beiden Kinder angerannt, die mit Theresas Schwester einen Spaziergang gemacht hatten. Elias war zwei Jahre alt, Sonja vier. Zwei Wonneproppen mit blonden Löckchen, sehr lebendig. ‚Welch süße Kinder' dachte Lucia und freute sich schon darauf, mit den beiden zu spielen und herumzutollen.

Sie vereinbarte mit Theresa, dass sie für eine Woche zur Probe kommen würde und sie machten Zeiten für die kommenden Tage aus. Von dem Geld, das Lucia verdienen würde, könnte sie ihren Lebensunterhalt bestreiten. Der Großteil würde an Dorothee gehen für Wohnen und Essen und einen kleineren Teil würde sie als Taschengeld behalten.

Lucia war überrascht, wie leicht sich alles fügte in ihrem neuen Leben. Auch Elisabeth war erstaunt und gleichzeitig sehr erleichtert, fühlte sie doch eine gewisse Verantwortung, ihr beizustehen bis ihr Leben in neue Bahnen gefunden hatte. Sie würde noch bleiben bis Lucias Probezeit bei Theresa abgelaufen war.

Am Abend wandte sich Lucia überglücklich an Angelina „Ich bin so dankbar. Was habe ich doch für ein Glück!" Angelina erwiderte: „Ja, das ist ein Anlass, um das Leben zu feiern." „Wie mache ich das am besten?" „Indem du dein Glück mit anderen teilst. Strahl die Glücksschwingung in die Welt hinaus und lass besonders Menschen daran teilhaben, die im Moment nicht auf der Sonnenseite des Lebens stehen." Lucia beschloss, sich diesen Satz gut zu merken und morgen damit zu beginnen. Jetzt war sie sehr müde und musste erstmal schlafen.

Am nächsten Tag lächelte sie gezielt Menschen an, die etwas betrübt wirkten. Und, oh Wunder, bei manchen hellte sich der Gesichtsausdruck auf und sie lächelten zurück. Es machte Lucia Spaß, ihr Lächeln zu verschenken und Menschen einfach ohne besonderen Grund aus ihrem Herzen heraus anzustrahlen. Bei diesem Experiment fiel ihr auf, wie viele Menschen es in der Stadt gab, die nicht glücklich wirkten.

Die nächste Woche war eine große Herausforderung für Lucia. Einerseits begann der Unterricht am Konservatorium, andererseits ihre Arbeit im Hause von Theresa. Es stürmten viele neue Eindrücke auf sie ein. Alles war so anregend und aufregend. Als sie abends zu Dorothee in ihr neues Zuhause kam, war sie erfüllt und gleichzeitig sehr müde. Sie berichtete Dorothee und Elisabeth von ihrem Tag und fiel dann in ihr Bett. „Oh Angelina, es ist solch eine Fülle in meinem Leben. Ich werde viel lernen hier – ich bin so dankbar und froh." Ihre Antwort nahm Lucia schon nicht mehr bewusst wahr, denn sie war bereits eingeschlafen. Aber Angelina vermochte trotzdem weiterhin mit ihr zu kommunizieren – es war ja Angelina.

Beim Unterricht im Konservatorium traf Lucia viele Gleichgesinnte; alle waren wie sie verliebt in die Musik. Das schaffte eine tiefe Verbindung, auch wenn man sich noch kaum kannte. Sie bekamen jetzt alle einige

Bücher, die es im ersten Jahr zu studieren galt. Endlich hatte Lucia wieder ausreichend ‚Futter' für ihren Wissensdurst.

Dann kam ihre erste Gesangsstunde bei Señora Bernadetti. Lucia sang ihr zwei Lieder vor. „Du bringst eine schöne Stimme mit. Jetzt machen wir uns an die Arbeit" sagte die Lehrerin. Sie gab ihr eine Reihe von Übungen für die Gesangstechnik und dann begannen sie, ein neues Lied einzustudieren. Die Señora war freundlich, hatte aber gleichzeitig eine gewisse Strenge. Lucia musste sich erstmal an sie gewöhnen. Es ging hier sehr anders zu als bei Elisabeth. Am Abend würde Lucia üben.

Der Vormittag am Konservatorium verflog schnell. Dann ging es auf zur Arbeit bei Theresa. An den ersten beiden Tagen passte sie hauptsächlich auf die Kinder auf und spielte mit ihnen. Sonja und Elias waren fröhlich und kreativ. Die drei verstanden sich prächtig. In einem ruhigen Moment sang Lucia ihnen ein Lied vor; das gefiel ihnen. Sie beschloss, in der nächsten Zeit von Müttern ein paar Lieder für Kleinkinder zu lernen, um dann gemeinsam mit ihren beiden Schützlingen zu singen. Ab dem dritten Tag spannte Theresa sie bei der Hausarbeit ein. Sie erklärte ihr die Dinge und ließ sie dann selbständig arbeiten, ohne ihr reinzureden. Das war angenehm. Theresa fühlte sich dankbar und erleichtert, dass Lucia sie entlastete. Am Ende der Woche teilte sie ihr mit, dass sie bleiben könne.

Auf diesen Moment hatte Elisabeth gewartet. Lucias Leben in der Stadt nahm gute Formen an und es bestand für sie kein triftiger Grund, noch länger bei ihr zu bleiben. Sie war äußerst zufrieden, wie sich alles entwickelt hatte. Ihre Vision, die sie schon vor langer Zeit hatte, dass Lucia eines Tages in ihrer Geburtsstadt leben würde, war Wirklichkeit geworden. Sie hatte den Stein ins Rollen gebracht und ihr Türen geöffnet. Jetzt konnte sie sich zurückziehen.

Natürlich würde sie Lucia ab und zu besuchen. Sie war beruhigt, dass sie erstmal im Hause ihrer Schwester wohnen konnte, die im Hintergrund noch eine Art Betreuungsfunktion ausüben würde. Lucia war schließlich erst 16 Jahre alt.

Und so nahm Elisabeth Abschied von ihr. Lucia war sehr traurig, denn sie war ihre Verbindung zwischen dem kleinen Ort am Meer und der großen Stadt gewesen. Jetzt musste sie hier alleine zurechtkommen. Aber sie konnte Elisabeth ja gelegentlich einen Brief schreiben und auf diese Weise mit ihr im Austausch bleiben.

 ## 16. Das wahre Zuhause

Wie gut, dass es Sonntag war und Lucia weder ins Konservatorium noch zu Theresa musste. Sie brauchte Zeit für sich und für den Tumult in ihrem Inneren. Sie ging in den nahegelegenen Park, setzte sich unter eine große Eiche und lehnte sich mit dem Rücken an deren kräftigen Stamm. Plötzlich fühlte sie sich so entwurzelt – so alleine auf dieser Welt.

Sie hatte nun bereits zweimal ihr Zuhause hinter sich gelassen, geliebte Bezugspersonen und eine vertraute Umgebung; all dies hatte ihr Halt gegeben. Jetzt begann sie wieder am Punkt Null. Nein stopp, das stimmte nicht ganz. Sie war schon einen Schritt weiter; in dem neuen Garten hatten sich bereits erste kleine Pflänzchen gezeigt. Warum war sie nur so tief traurig?

Sie rief Angelina, ihre treue Begleiterin. „Ich bin schon bei dir, meine Liebe. Du bist nicht alleine. Ich verstehe den Schmerz in dir. Ein Neuanfang hat zwei Seiten: einerseits ist er interessant und spannend, andererseits bedeutet er auch eine Herausforderung auf der inneren Ebene, wo Gefühle auftauchen wie Alleinsein, Traurigkeit oder Unsicherheit. Das Verlassen deines Zuhauses bei Clara und Oliver gibt Anlass, dass auch erneut der alte Schmerz über den frühen Verlust deiner Mutter sowie deines Vaters und das Verlassen deiner Heimat gewissermaßen durchblutet. Deine jetzige Situation bringt die existenzielle Frage mit sich: Was bedeutet Zuhause? Wo ist mein wahres Zuhause?" „Ich sehne mich so nach Geborgenheit und nach einem bleibenden Zuhause." „Mein liebes Königskind, ich möchte dir heute etwas Grundsätzliches über das irdische Leben erklären.

Du kommst aus der Welt des Lichts. Eines Tages hast du dich für eine Reise auf den Planeten Erde entschieden. Dazu haben dir deine Eltern einen Körper gegeben, den du jetzt bewohnst. Er dient dir als Gefährt in der materiellen Welt: du kannst mit deinen fünf Sinnen fühlen, sehen, hören, riechen und schmecken; du vermagst dich mit dem Körper zu bewegen, erlebst Gefühle, kannst denken und handeln. Auf deiner Erdenreise lernst du viel Neues – dazu ist sie gedacht.

Ich komme auch aus dem Raum des Lichts und lebe weiterhin in der Welt des Unsichtbaren. Da ich nicht die Begrenzung eines materiellen Körpers habe, kann ich mich unendlich schnell von einem Ort zum anderen bewegen, schneller als jeder Vogel. Und aus der Vogelperspektive – bleiben wir mal bei diesem Bild – habe ich einen viel größeren Überblick als du mit deiner begrenzten menschlichen Sicht. Ich bin deine Seele, die mit dir durch dein Leben reist. Wir beide gehören zusammen.

Sobald du in Kontakt mit mir bist und mich spürst, erinnerst du dich an die himmlischen Sphären des Lichts, aus denen du kommst und in die du am Ende deiner Erdenreise wieder zurückkehren wirst – so wie du es schon früh bei deiner Mutter erlebt hast. Wenn du in dein Herz gehst und dich mit mir triffst, wenn wir ganz nah zusammen sind und die bedingungslose Liebe dich erreicht, dann hast du vermutlich ein Gefühl ‚zuhause' zu sein. Stimmt's?" „Ja, das sind die innigsten Momente in meinem Leben gewesen, wo ich auf besondere Weise Frieden, Freude und Glück empfunden habe."

„Sobald du tief in dein Herz gehst und eine Verbindung mit mir sowie der Welt des Lichts entsteht, bist du in dem ‚bleibenden Zuhause', wie du es vorhin genannt hast – dem wahren Zuhause, das immer da ist. Natürlich kann es Momente geben, wo du diese Ebene nicht spürst; wie zum Beispiel gerade vorhin, als du dich traurig unter den Baum gesetzt hast. Das bedeutet jedoch nicht, dass sie verschwunden ist. Deine Aufmerksamkeit ist dann woanders hingewandert – zu einem Problem sowie zu einer daraus entstandenen Emotion. In dem Moment, wo sich dein Hauptinteresse und deine Aufmerksamkeit erneut dem unvergänglichen Licht zuwenden, vermagst du das ewige Zuhause wieder zu spüren. Ich bin für dich wie eine Vermittlerin zu dieser Dimension. Kannst du mir folgen?"

„Ja, ich glaube ich verstehe, was du meinst. In deiner Gegenwart ist der Kontakt zum Licht immer am stärksten." Nach einer Pause sagte Lucia: „Du bist so etwas wie meine Zwillingsschwester, nicht wahr? Du lebst ganz in der Welt des Lichts. Ich bin hier auf der Erde und du begleitest mich unsichtbar in meinem ganzen Leben." „Ja, dieses Bild ist gut" antwortete Angelina. „Du bist eine ganz weise Zwillingsschwester, die viel mehr sieht als ich und viel mehr weiß. Ich kann ganz wertvolle Dinge von dir lernen." „Das hast du schön ausgedrückt."

Dann kam Angelina noch einmal auf das Zuhause zu sprechen. „Jedes weltliche Zuhause steht uns lediglich zeitweise zur Verfügung. Es kann kommen und wieder gehen – wie du es in deinem jungen Leben schon erlebt hast. Bei anderen Menschen gibt es unter Umständen ein stabiles äußeres Zuhause, vielleicht über mehrere Jahrzehnte. Das kann allerdings auch dazu führen, dass die Suche nach dem ‚wahren Zuhause' in den Hintergrund tritt oder ausbleibt.

Selbstverständlich ist ein Zuhause in dieser Welt sehr wichtig, um Liebe, Vertrauen, Geborgenheit und Sicherheit zu erfahren. Aber es ist eben lediglich das irdische, vergängliche Zuhause – während du in deinem Herzen dein wahres, geistiges Zuhause findest." „Aha, so ist das" sagte Lucia langsam.

„Und jetzt höre ich auf über die Welt des Lichts zu reden und lade dich ein, sie zu spüren. Die Übung, die ich dir jetzt zeige, heißt:

Sonnenaufgang

Beginne mit deinem Herzen zu atmen – ruhig und langsam. Erinnere dich nun an einen Sonnenaufgang am Meer, wie du ihn so oft erlebt hast. Die Sonne taucht am Horizont auf und steigt langsam höher, bis du endlich den wunderbaren Himmelskörper in seiner vollen Rundung siehst. Der Sonnenball wird heller und heller und du bemerkst, wie die Sonne ihre Strahlen in alle Richtungen sendet. Das gleißende Licht erfüllt den gesamten Horizont.

Die Sonne leuchtet auf dich und hüllt dich ganz in ihr strahlendes Licht ein. Es dringt durch die Poren deiner Haut auch in das Innere deines Körpers. Das Licht tanzt durch all deine Zellen. Alles Schwere löst sich auf – du bist leicht und licht.

Du bist umhüllt und erfüllt von göttlichem Licht. Du bist zutiefst geliebt. Jetzt wirst du eins mit dem Licht. In deinem Kern bist du Licht, strahlendes Licht. Lucia, erinnere dich, du bist ein Lichtwesen. Und du bist von anderen Lichtwesen umgeben sowie wortlos mit ihnen verbunden. Du bist nicht alleine.

Du weißt, wie wunderschön menschliche Stimmen klingen können. Stell dir nun vor, wie sich erst die Musik dieser Lichtwesen anhören würde: ganz feine, sphärische Klänge, himmlische Harmonien. Du bist in einem Schwingungsfeld von Licht und Klang. Bleibe jetzt eine Weile in dieser Energie und genieße sie.

Besonders Komponisten aus dem Mittelalter haben in der sakralen Musik versucht, diese lichten Welten hörbar zu machen. Wenn ihre Stücke aufgeführt werden, erlebt man einen Klangteppich aus hellen, zarten menschlichen Stimmen, die ganz sphärisch klingen. Vielleicht wirst du demnächst im Konservatorium ein Werk dieser Art kennenlernen, zum Beispiel von Hildegard von Bingen oder Thomas Tallis. In seiner Motette mit dem Titel ‚Spem in alium' hörst du einen 40-stimmigen Chor mit äußerst subtilen, lichten Klängen. Dann denke an diese Meditation, die ich dir gerade gezeigt habe."

Es folgte eine längere Zeit des Schweigens, danach sagte Angelina: „So meine Liebe, bewege dich jetzt ganz langsam wieder in die irdische Realität, in die feste Materie. Spüre, wie du unter der großen Eiche auf dem Rasen sitzt, fühle mit deinem Rücken ihren Stamm; nimm deinen Atem wahr. Lass dir Zeit, dich wieder zu erden. Als menschliches Wesen ist es wichtig, gleichzeitig ‚gehimmelt und geerdet' zu sein. Beides ist von wesentlicher Bedeutung für die Entwicklung des Menschen."

Nach einer Weile fragte Angelina: „Wie geht es dir jetzt, Lucia?" „Bestens. Es ist ganz hell in mir und ich fühle mich innerlich wie aufgeräumt. Die Welt ist wieder in Ordnung, so wie sie ist. Ich fühle mich geborgen im Licht und es kann mir nichts passieren." „Das freut mich. Hab Vertrauen, du wirst bald einen Kreis von lieben Menschen um dich haben, bei denen du dich sicher und geborgen fühlst. Du brauchst dich dafür nicht anzustrengen. Je tiefer du in deinem Licht stehst und offen bist, umso deutlicher wirst du diese Menschen anziehen. Das Licht wirkt wie ein Magnet auf sie und sie kommen von selbst in dein Leben.

Geh jetzt erstmal noch ein bisschen spazieren im Park, um die Übung ausklingen zu lassen und spüre besonders, wie deine Füße den Boden berühren."

 ## 17. Der Alltag in der Stadt

Den Unterricht am Konservatorium fand Lucia hochinteressant. Sie fühlte sich wohl im Kreis der netten und sehr motivierten StudentInnen. Schon bald fand sie eine gute Freundin. Amelie war auch vom Land in die Stadt gekommen, um Gesang zu studieren. Ihre Situation war ähnlich wie Lucias: sie wohnte bei einer Cousine ihres Vaters in einem kleinen Zimmer unterm Dach. Auch sie musste sich ihren Lebensunterhalt selbst verdienen und arbeitete in einem Gasthaus, wo sie abends und am Wochenende bediente. Wenn die beiden zur selben Zeit frei hatten, erkundeten sie gerne gemeinsam die Stadt. Amelie hatte eine warme, dunkle Altstimme – Lucia einen hellen Sopran. Es machte ihnen Spaß, Duette zusammen zu singen.

Die meisten StudentInnen am Konservatorium kamen allerdings aus der Stadt und waren Söhne und Töchter wohlhabender Eltern. Unter anderem Leonore, die etwas älter als Lucia war und Klavier studierte. Beide fühlten sich gleich zueinander hingezogen. Schon bald lud Leonore Lucia zu sich nach Hause ein. Ihre Familie wohnte in einem herrschaftlichen Haus mit großem Garten. Es hatte viele Räume mit edlen Möbeln und im Salon stand ein Flügel. Leonore begleitete Lucia bei ihren Liedern und schon bald entwickelten sich die beiden zu einem wunderbaren Duo.

Leonores Eltern mochten Lucia sehr gerne. Sie spürten, dass sie etwas Edles hatte, auch wenn sie ihre wahre Geschichte nicht kannten. Sie behandelten sie ein bisschen wie ihre zweite Tochter und nahmen Lucia gelegentlich mit, wenn sie in der Stadt ein Konzert in der großen Kirche oder im Rathaussaal besuchten. Auf diese Weise hatte Lucia die Möglichkeit, Aufführungen mit bekannten Künstlern zu erleben: von Liederabenden über Kammermusik bis hin zu Sinfoniekonzerten. Sie staunte nur und war hellauf begeistert. Solch ein Abend war jedes Mal ein großes Fest für sie.

Lucia und Leonore gaben öfters ein Hauskonzert bei deren Eltern. Das beglückte Lucia sehr; sie liebte es, aufzutreten und einen Saal voller Menschen über die Musik und mit ihrer hellen Stimme zu verzaubern. Die beiden jungen Musikerinnen verstanden es, die Herzen ihrer Zuhörer anzurühren. Sie gaben fortan auch gemeinsam kleine Konzerte im Hause von Herrn Wagner.

Die Gesangsstunden bei Señora Bernadetti waren sehr fruchtbar. Allerdings war Lucias Beziehung zu ihr anders als zu den übrigen Menschen in ihrem Leben. Im Allgemeinen vermochte sie es, durch ihre warme und spontane Art recht schnell einen herzlichen Kontakt herzustellen. Aber die Señora blieb etwas distanziert und recht streng, als wolle sie Lucia zeigen: Ich lasse mich von dir nicht um den Finger wickeln, bei mir wird intensiv gearbeitet. Eines Tages befragte sie Angelina zu dieser Beziehung. „Du bist ein Königkind, meine Liebe – das spürt deine Lehrerin irgendwie intuitiv. Eine königliche Ausbildung findet auf höchstem Niveau statt und fordert viel. Deshalb verlangt sie von dir mehr als von anderen. Sei gewiss, in ihrem Herzen mag sie dich und will nur dein Bestes." Lucia begegnete ihr voll Respekt und war eine eifrige Schülerin.

Nach dem Konservatorium tauchte Lucia am Nachmittag in eine komplett andere Welt ein. Theresa war dankbar für ihre Hilfe. Sie merkte erst jetzt in vollem Ausmaß, wie sehr sie bisher mit dem Haushalt und den Kindern überfordert gewesen war und begann sich langsam zu entspannen. Die Kinder liebten Lucia heiß und innig. Sie spielte mit ihnen, tobte im

Garten, erzählte ihnen Geschichten, sang und tanzte gemeinsam mit ihnen. Sie hatten viel Spaß miteinander und lachten viel. Theresa genoss die Reduzierung ihrer Arbeit so sehr, dass sie Lucia im Laufe der Zeit immer mehr Tätigkeiten im Haus aufbürdete. Manchmal war diese recht müde, wenn sie abends nach Hause ging.

Sie liebte das gemeinsame Abendessen mit Dorothee und Christoph. Es war wie ein alltägliches kleines Familientreffen. Jeder erzählte von den Erlebnissen des Tages: von den bereichernden Erfahrungen, die sie gemeinsam feierten sowie auch von herausfordernden Begebenheiten. Die beiden waren zwei emphatische Zuhörer. Lucia fühlte sich zunehmend geborgen.

Nach dem Essen ging sie auf ihr Zimmerchen. Sie las in den Büchern, die sie vom Konservatorium bekommen hatte und machte ihre Hausaufgaben für die verschiedenen Fächer. Dann begann sie mit ihren Gesangs-übungen. Dorothee und Christoph saßen unten in der Stube und liebten es, wenn die Klänge von schönen Liedern und Arien zu ihnen nach unten drangen.

Den Abschluss des Tages bildete jeweils ein Rendezvous mit Angelina. Manchmal besprach Lucia schwierige Alltagssituationen mit ihr. Im Licht von Angelinas Gegenwart schienen ihr oft Flügel zu wachsen; sie sah die Ereignisse aus einer übergeordneten Perspektive und gewann plötzlich Klarheit darüber, wie sie sich verhalten sollte. Wie gut, dass sie Angelina hatte, die sie bedingungslos liebte und ihr so viel Kraft gab. Eingehüllt in ihr Licht und ihre Liebe fiel sie dann nach dem langen Tag in einen tiefen Schlaf.

Nach einem halben Jahr kam Elisabeth zu Besuch. Da bemerkte Lucia erst, wie selten sie in der letzten Zeit an ihr früheres Leben in dem kleinen Küstenort gedacht hatte. Der Alltag war so gefüllt, dass sie gar keine Zeit hatte, in die Vergangenheit zu schweifen. Welch eine Freude, Elisabeth wiederzusehen! Sie flog ihr um den Hals und fragte sie lange aus, wie es all den lieben Menschen ginge, die einst Teil ihres täglichen Lebens waren. Plötzlich rückte der kleine Küstenort wieder ganz nah und Lucia bemerkte eine tiefe Sehnsucht, wieder einmal am Meer zu sein. Sie würde Theresa bitten, ihr eine Woche frei zu geben, wenn im Konservatorium Sommerferien waren, sodass sie Clara und Oliver besuchen konnte.

Elisabeth schlief wieder mit Lucia in dem kleinen Zimmer unterm Dach – so wie vor einem Jahr, als ihre gemeinsamen Reisen in die Stadt begonnen hatten. Dies schien Lucia eine gefühlte Ewigkeit her zu sein. Ihr wurde bewusst, wie gut sie inzwischen in der Stadt Wurzeln geschlagen hatte. Angelina hatte recht gehabt, als sie ihr bei dem Gespräch unter der alten Eiche versicherte, sie werde bald liebe Menschen treffen und in der Stadt ein Gefühl von Geborgenheit und Zugehörigkeit entwickeln. Wie gut, dass es sie gab. Ohne ihre Nähe und die regelmäßigen Treffen wäre die Integration vermutlich nicht so schnell gegangen.

Elisabeth war eine Woche zu Besuch. Lucia genoss die gemeinsamen Abende zu viert und am Wochenende verbrachten sie auch eine Menge Zeit zu zweit – es gab so viel zu erzählen. Natürlich sangen sie auch zusammen. Elisabeth war von Lucias Fortschritten beeindruckt.

Einige Zeit nach Elisabeths Besuch wurde Theresa krank. Lucia kümmerte sich liebevoll um sie sowie um die Kinder und übernahm den Haushalt so gut es ging. Einen Monat lang kam sie täglich auch am Nachmittag. Es war eine intensive Zeit.

Theresa klagte oft über heftige Magenschmerzen, obwohl sie die verordnete Medizin ihres Arztes einnahm. Lucia zeigte ihr, was sie begleitend selbst tun konnte.

Licht in ein Organ schicken

Zuerst brachte sie Theresa die Übung ‚Die Sonne im Herzen' bei. Dann erklärte sie ihr, dass sie das heilsame Licht aus ihrem Herzen in ihre Magengegend schicken könne. „Stell dir vor, dass das Licht deinen Magen sanft umhüllt. Als nächstes lässt du es auch direkt in ihn hinein fließen und durchflutest all seine Zellen damit. Das Licht hat eine entspannende und harmonisierende Wirkung. Wenn du magst, kannst du dir warmes gelbes Licht vorstellen, welches sich in deiner Körpermitte ausbreitet." Gleichzeitig legte Lucia ihre Hände auf Theresas Magengegend. Die warme, liebevolle Berührung tat ihr gut. Lucia schickte über ihre Hände heilendes Licht in das schmerzende Gebiet.

Theresa war dankbar für Lucias Zuwendung und Hilfestellung. In ihrer Gegenwart konnte sie sich tief entspannen. Die Vorstellung von dem wärmenden Licht in der Körpermitte war wohltuend und sie legte mehrmals täglich selbst ihre eigenen Hände dort auf. Dann schickte sie mit ihrem Atem Licht und Liebe zu ihrem Magen. Es tat ihr gut, sich selbst regelmäßig Zuwendung zu geben – bisher hatte sie sich vor allem um andere gekümmert.

Lucia war froh, als Theresa wieder gesund war und sie sich wie vorher mehr ihrem Musikstudium widmen konnte, denn jetzt wurde im Konservatorium kräftig geprobt. Zum Abschluss des Schuljahrs würde es eine Reihe von Konzerten geben, in denen die StudentInnen zeigen konnten, was sie gelernt hatten. Die Vorbereitungen machten viel Spaß; Lucia war in ihrem Element.

Zu den Konzerten waren die Familien der StudentInnen eingeladen und auch andere Zuhörer aus der Stadt waren willkommen. An dem Abend, als Lucia sang, war auch Herr Wagner da. Er war sehr zufrieden mit ihren Fortschritten und erklärte ihr, dass er auch die Kosten für ein weiteres Studienjahr übernehmen würde. Lucia machte innerlich einen Luftsprung. Welch ein Geschenk! Auch Dorothee und Christoph ermöglichten ihr, im kommenden Jahr weiter bei ihnen zu wohnen. Oh wie wunderbar sich das Leben fügte! Lucia war dankbar, dass auf diese Weise ihr Leben in der Stadt in Ruhe weiter wachsen und aufblühen konnte.

 ## 18. Die Hiobsbotschaft

Es war ein erlebnisreiches Jahr für Lucia gewesen und sie war froh, eine Woche Ferien von ihrer Arbeit bei Theresa zu haben und zu Clara und Oliver fahren zu können. Zum ersten Mal reiste sie alleine mit dem Zug. Das war ein echtes Abenteuer – zum Glück wusste sie Angelina an ihrer Seite.
Welche Freude, Clara und Oliver nach einem Jahr wiederzusehen und in ihrem kleinen grünen Häuschen zu wohnen. Es war so gemütlich und ruhig hier. Sie machten lange Spaziergänge am Meer, badeten und genossen die gemeinsame Zeit in vollen Zügen. Lucia wäre gerne noch eine zweite oder auch eine dritte Woche geblieben, aber Theresa brauchte sie und so ging's zurück in die Stadt.

Im Herbst begann das zweite Studienjahr. Zwei neue Fächer, eine Reihe neuer StudentInnen – ansonsten lief alles wie bisher.
Kurze Zeit nach Weihnachten rief Herr Wagner Lucia zu sich. Was wohl der Grund war? Wollte er mit ihr Termine für weitere Hauskonzerte

ausmachen? Irgendwie überkam sie ein eigenartiges Gefühl, als sie zu ihm ging. Sie traf Herrn Wagner im Salon, wo er nachdenklich auf dem Sofa saß. Sie redeten eine Weile über dies und das, dann rückte er heraus mit der Hiobsbotschaft. „Lucia, es tut mir sehr leid, aber ich habe eine traurige Nachricht für dich. Ich hatte dir angeboten, auch dein zweites Studienjahr am Konservatorium zu finanzieren. Grundsätzlich bin ich ein Mann, auf dessen Wort man sich verlassen kann. Ich breche ungern mein Versprechen, aber unter Umständen kann ich die Zahlung für all die restlichen Monate nicht mehr übernehmen. Die Entwicklung meiner Geschäfte war in der letzten Zeit nicht gut. Ich habe große Verluste einstecken müssen. Das hat meine finanzielle Situation gravierend verändert und es ist fraglich, ob ich in Zukunft die extra Mittel für deine Studiengebühren aufbringen kann. Dies tut mir sehr leid, denn ich würde dich liebend gerne weiterhin fördern. Ich will dich frühzeitig über die bevorstehende Veränderung informieren, damit du dich innerlich darauf einstellen kannst. Ich muss jetzt von Monat zu Monat schauen, was möglich ist. Was ich dir auf jeden Fall zusichern möchte, ist Folgendes: Die Kosten für Januar und Februar werde ich noch übernehmen, danach müssen wir weitersehen. Ich bedaure sehr, dir dies sagen zu müssen, denn ich weiß, es wird für dich schmerzlich sein."

Lucia erzählte noch niemandem etwas von der betrüblichen Nachricht. Sie war sehr traurig, denn jeden Moment konnte es mit dem Unterricht am Konservatorium zu Ende sein. Das Damoklesschwert hing über ihr. Am Abend ging sie früh auf ihr Zimmer, denn sie brauchte Angelinas Nähe. Sie schluchzte: „Noch ein, zwei oder drei Monate – jederzeit kann jetzt mein Leben, das sich hier so wunderbar aufgebaut hat, einstürzen. Nein, ich will das nicht!" Angelina relativierte die Situation: „Moment mal, meine Liebe. Ganz so radikal wird der Umbruch nicht sein. Du wirst weiterhin bei Dorothee und Christoph wohnen können und auch bei Theresa arbeiten. Lediglich das Konservatorium wird wegfallen. Das ist sehr schmerzlich für dich, das verstehe ich zutiefst."

„Das Konservatorium ist der zentrale Punkt meines Lebens hier in der Stadt. Wenn der Unterricht wegfällt, wird alles total anders – schon wieder einmal." Angelina umhüllte Lucia ganz intensiv mit all ihrer Liebe. „Selbst wenn vieles dann anders wird, ich bin an deiner Seite, mein Schatz. Du bist nicht alleine." Lucia schluchzte dankbar. „Ja, das beruhigt mich. Du bist der ruhende Pol bei allen Turbulenzen in meinem Leben. Wie gut, dass es dich gibt. Die Beziehung zu dir ist das Wichtigste in meinem Leben." „Meine Liebe, geh jetzt mit der Aufmerksamkeit zu deinem Herzen und atme langsam über das Herz ein und aus. Stimm dich auf die Schwingung von Ruhe ein. Aus der Ruhe heraus werden wir dann noch einmal gemeinsam auf die Situation schauen." Nach einer Weile glätteten sich die Wogen der inneren Erregung.

Als Angelina dies merkte, sagte sie: „Mein liebes Königskind, durch Herrn Wagner hast du die wunderbare Chance erhalten, bisher am Konservatorium studieren zu können. Stell dir mal vor, die Situation würde so weiter gehen bis du eines Tages dein Examen machen würdest. Und dann? Ist es dein innigsten Wunsch, Sängerin zu sein? Das bedeutet, Konzerte zu geben und Schüler zu unterrichten. Spür mal ganz tief in dich hinein, zu was du dich in deinem Leben berufen fühlst. Vielleicht ist es ja auch etwas anderes?"

Lucia war eine Weile ganz still. Dann sagte sie: „Singen macht Spaß und es ist wunderschön, jedoch ist es nicht das Einzige, was ich tun möchte. Ich habe in der Stadt so viele Menschen gesehen, die nicht glücklich wirken und die nicht unter angenehmen Bedingungen leben. Ich möchte dazu beitragen, dass mehr Menschen glücklich sind – und besonders diejenigen unterstützen, die benachteiligt sind und es schwer haben. Ich möchte ihnen den Weg zum Licht in ihrem Herzen zeigen." Nach einer Weile fragte sie: „Meinst du, dass ich dies tun kann, wenn ich so richtig erwachsen bin? Das ist mein tiefster Herzenswunsch."

„Du scheinst mir mit deinen Talenten sehr geeignet, um diese Arbeit zu tun, die du mir gerade skizziert hast. Für berufliche Aktivitäten in dieser Richtung ist es sicherlich hilfreich, wenn du dich gezielt darauf vorbereitest und dementsprechendes Handwerkszeug lernst." Angelina hielt einen Moment inne und fuhr dann fort: „Es hat auch eine förderliche Seite, wenn irgendwann demnächst dein Studium am Konservatorium endet und du Raum erhältst, um dich noch in eine andere Richtung zu orientieren." Das leuchtete Lucia ein: „So gesehen, könnte die jetzige Situation sogar hilfreich sein, damit ich mich optimal praktisch und theoretisch auf meine zukünftige Arbeit vorbereiten kann. Aber wo lernt man solche Dinge?"

Angelina antwortete: „Da musst du dich in der kommenden Zeit mal umschauen. Wer sucht, der findet. Das Leben hat dir über Herrn Wagner einen ersten Hinweis gegeben und wird dich auch weiterhin auf deinem Weg führen." Plötzlich sah Lucia das nahende Ende am Konservatorium in einem anderen Licht. Die Situation hatte ihren Schrecken verloren und sie erschien ihr jetzt eher wie ein Tor zu etwas Neuem.

Zum Glück hatte sie ja noch ausreichend Zeit bis zum Beginn neuer Ausbildungen im Herbst. Sie fühlte tiefe Dankbarkeit für die vielen Monate am Konservatorium, die Herr Wagner ihr ermöglicht hatte; und sie beschloss, die wenigen, die jetzt noch folgen würde, in vollen Zügen zu genießen.

Es waren noch zwei, dann sagte Herr Wagner zu ihr: „Lucia, so sehr ich es bedauere, muss ich dir mitteilen, dass ich ab März die Zahlungen für das Konservatorium einstellen werde. Durch erneute große Verluste in meinen Auslandsgeschäften sehe ich mich leider dazu veranlasst, diese

Entscheidung zu treffen." Lucia reagierte sehr gefasst, da sie auf diese Situation ja vorbereitet war. Sie bedankte sich ganz herzlich für die Zeit, in der Herr Wagner sie gefördert hatte: „Dieses außergewöhnliche Geschenk werde ich nie vergessen. Die Zeit am Konservatorium war sehr kostbar für mich – ich habe enorm viel gelernt. Jetzt wird etwas anderes in meinem Leben an der Reihe sein. Ich bin weiterhin gerne bereit, ab und zu einen Liederabend in Ihrem Haus zu geben, wenn Sie dies möchten." Es gab einen warmen Abschied, denn die beiden schätzten einander sehr und würden auch weiterhin in Kontakt bleiben.

Beim allabendlichen Treffen mit Angelina überkamen Lucias dann doch ihre Gefühle; sie war sehr betrübt. „Ja, dieser Abschied tut weh, das kann ich gut nachvollziehen" sagte Angelina und tröstete sie. „Gib dir Raum zum Trauern. Gleichzeitig ist es wichtig, dass du dich auf eine lichtvolle Zukunft ausrichtest, in dem Wissen: Wenn das Leben eine Tür schließt, öffnet es ein Fenster oder eine andere Tür. Umhülle die Situation des Abschieds und der momentanen Ungewissheit mit Licht – sei einfach offen, wohin der Strom des Lebens dich tragen wird. Für ein Königskind wird immer gesorgt."

 ## 19. Eine neue Tür öffnet sich

Jetzt war der Moment gekommen, um auch Freunden und Bekannten von der neuen Situation zu berichten. Diese ließen Lucia ihr Mitgefühl und ihre Liebe spüren. Und einige boten sich gleich an, mit ihr gemeinsam zu schauen, wo sie Geeignetes für ihre beruflichen Ziele lernen könne. Es war Dorothee, die den entscheidenden Hinweis gab. Sie hatte entdeckt, dass es in der Stadt eine Akademie für soziale Berufe gab, die noch nicht lange existierte. Dies schien Lucia ein Wink des Lebens. Am folgenden Tag machte sie sich auf, um sich näher zu informieren. Mit großer Neugier schaute sie auf das Angebot und entschied sich gleich für die Fächer Pädagogik und Lebenskunde. Es gab eine Liste voll spannender Kurse. Lucia interessierten Themen wie: Die Stufen menschlicher Entwicklung, Charakterkunde, Zwischenmenschliche Beziehungen, Mensch und Gesellschaft. Diese Akademie war genau das Richtige für sie.

Ihre Freude wurde allerdings gedämpft, als ihr die Frage durch den Kopf schoss: Und wie ist es mit der Bezahlung des Studiengeldes? Aber sie beschloss, diesen Punkt erstmal hintenan zu stellen und ihren Freunden von ihrer faszinierenden Entdeckung zu berichten. Sie schickte ihren Wunsch, an die Akademie zu gehen, ins Universum und bat es, für eine Lösung der Finanzierung zu sorgen. Zu gegebener Zeit würde dazu eine Idee von innen auftauchen oder eine von außen an sie herangetragen werden. Sie erinnerte sich an Angelinas Worte: „Vertrau dem Leben – alles wird sich fügen."

Alle Freunde waren angetan von Lucias Idee, auf die Akademie zu gehen. Sie ermunterten sie dazu, hatten sie doch in den letzten anderthalb Jahren gesehen, wie fruchtbar ihre Arbeit bei Theresa war – insbesondere auch während der Zeit ihrer Krankheit. Diese Ausbildung war genau das Richtige für sie.

Als Lucia wieder einmal bei Leonore zu Hause war, ergab sich ein Gespräch mit deren Vater. Er war ebenso wie seine Tochter darüber bestürzt, dass Lucia das Konservatorium nicht weiterhin besuchen würde. Und er hatte sich etwas ausgedacht: er wollte Lucia einmal in der Woche eine Gesangsstunde bei Señora Bernadetti spendieren. Leonore und Lucia hatten sich zu einem wunderbaren Duo entwickelt und auf diese Weise konnten sie ihre gemeinsame Arbeit mit fachkundiger Begleitung fortsetzen. Dies war ein Geschenk an beide. Lucia fiel aus allen Wolken. An solch ein Wunder hätte sie nicht im Traum gedacht. Sie weinte vor Glück und Leonore fiel ihrem Vater um den Hals.

Am Abend, als Lucia Angelina von der großen Überraschung berichtete, sagte sie: „Wie eigenartig. Ich halte gerade Ausschau nach einer Möglichkeit, wo das Geld für die Akademie herkommen kann und jetzt beginnen Dukaten für ein ganz anderes Projekt zu fließen." Angelina antwortete: „Ja, so kann es gehen im Reich der Fülle. Du gibst großzügig aus deinem inneren Reichtum – und gleichzeitig fließt dir auch Bereicherndes zu. Sei im Kontakt mit deiner inneren Fülle, offen für Überraschungen und Wunder. Es wird für dich gesorgt; die Fülle ist für dich da." Lucia war sehr beeindruckt von der Erfahrung, die sie gerade gemacht hatte. Was war das Leben doch für ein Abenteuer.

Nachdem sie die Akademie ausfindig gemacht hatte, erkundigte sich Lucia nach offiziellen Arbeitsmöglichkeiten auf dem Terrain, das ihr vorschwebte. Sie fand Wohltätigkeitsprojekte von Klosterschwestern und ehrenamtliche Initiativen der Gemeinden. Auf ihrer Suche stieß sie dann plötzlich auf ein relativ neues Projekt in der Stadt, das sich zum Ziel gesetzt hatte, benachteiligte Bevölkerungsgruppen zu unterstützen. Es hatte sich gerade eine erste Gruppe gebildet, die speziell Frauen in schwierigen Lebenssituationen begleitete: alleinerziehende Mütter – Frauen, deren Kind gestorben war – Mütter mit einem behinderten Kind – Frauen, die gerade verwitwet waren.

Diese Initiative von Frauen für Frauen nannte sich „Projekt Sonnenstrahl" und sprach Lucia besonders an. Sie basierte auf folgender Idee: So wie Pflanzen das Licht der Sonne benötigen, um zu wachsen und zu gedeihen, brauchen auch Menschen, die in herausfordernden Momenten ihres

Lebens nur schwerlich alleine weiterkommen, gelegentlich Unterstützung, Wärme und Licht, um ihre Situation meistern zu können.

Dieses Projekt wurde durch Spenden wohlhabender Leute finanziert. Das bedeutete, es war eine bezahlte Arbeit, mit der Lucia ihren Lebensunterhalt würde verdienen können. Ihr Herz schlug schneller. Hier wollte sie sich engagieren, dies schien ihr ein geeigneter Platz für sie zu sein.

Sie vereinbarte einen Gesprächstermin mit der Leiterin des Projekts. Beatrice war eine gestandene Frau, Mutter von zwei erwachsenen Kindern und seit kurzem verwitwet. Lucia erzählte ihr von dem Wunsch, beim Projekt Sonnenstrahl mitzuarbeiten. Sie sprach von ihren bereits gemachten Erfahrungen bei Theresa und von ihren Zielen. Beatrice war beeindruckt von diesem jungen Menschen mit solch klarer Vision. Sie überlegte, welche Vorbereitung Lucia brauchen würde, um in die praktische Arbeit einsteigen zu können. Es wäre sinnvoll, wenn sie ein Jahr auf die Akademie gehen würde, die Lucia bereits ausfindig gemacht hatte. Danach sollte sie ein halbes Jahr einzelne Mitarbeiter in dem Projekt bei ihrer Arbeit begleiten und eine Art Praktikum absolvieren. So wie Beatrice die Situation einschätzte, würde Lucia dann mit all den Fähigkeiten, die sie bereits mitbrachte, ausreichend vorbereitet sein, um selbständig Frauen innerhalb des Projektes zu begleiten.

Nach dem Gespräch fühlte Lucia sich an einer Schwelle und dachte: ‚Bald beginnt mein Leben als Erwachsene.' Sie war begeistert von den beruflichen Zukunftsperspektiven, die sich vor ihr auftaten. Welch eine großartige Initiative für Frauen, das da gerade neu ins Leben gerufen worden war und bei der sie in gut einem Jahr mitwirken konnte.

Da Lucia jetzt nicht mehr ins Konservatorium ging, wollte sie sich für den Vormittag eine Arbeit suchen. Leonore hatte eine Idee. In ihrer Nachbarschaft wohnte eine alte Dame, die zwei Monate sehr krank gewesen war.

Eine ihrer Groß-Cousinen hatte sie in dieser Zeit gepflegt. Jetzt suchte sie jemanden für die Wochen und Monate ihrer Rekonvaleszenz. Madame Lefèvre hatte einen Franzosen geheiratet, der allerdings schon vor vielen Jahren verstorben war. Zu ihrem Schmerz war die Ehe kinderlos geblieben. Leonore arrangierte ein Treffen zwischen den beiden. Madame Lefèvre wohnte in einem schönen großen Haus. Sie war eine reizende, kultivierte Dame und hätte Lucias Oma sein können. Sie verstanden sich auf Anhieb.

Madame Lefèvre hatte seit vielen Jahren eine Putzfrau, die zweimal in der Woche kam; putzen und Wäsche waschen waren also bereits geregelt. Lucia sollte die Einkäufe machen und mittags kochen, bügeln, gelegentlich etwas nähen oder stopfen und sie täglich auf einem kleinen Spaziergang begleiten. Denn die alte Dame fühlte sich noch recht schwach und war etwas wackelig auf den Beinen; deshalb hatte sie Angst, allein das Haus zu verlassen. Lucia sagte: „Ja, diese Dinge tue ich gerne für sie." Und so vereinbarten beide, dass sie bis zum Sommer täglich außer sonntags am Vormittag kommen würde. Die Bezahlung war gut und so konnte Lucia Geld für die Akademie sparen. Sie war Leonore zutiefst dankbar für deren Vermittlung.

Die Arbeit bei Madame Lefèvre ließ sich gut an. Sie schätzte Lucias Bodenständigkeit und ihre praktische Hilfe. Ebenso wertvoll waren für sie ihre Herzlichkeit und ihre Fröhlichkeit. Die alte Dame war immer noch recht betrübt über die Reduzierung ihrer körperlichen Kräfte und die Einschränkung von ihrem Lebensradius. Mit Lucia war der Sonnenschein in ihr Haus gekommen. Sie liebte die Spaziergänge und Gespräche mit ihr. Wenn das Wetter einmal recht unwirtlich war, ging sie nicht nach draußen, sondern bat Lucia, ihr etwas vorzulesen. Leider hatte in letzter Zeit ihr Augenlicht stark nachgelassen. Manchmal sang Lucia ihr auch etwas vor. Ihre Gegenwart wirkte sich rundum belebend auf die alte Dame aus. Sie erholte sich zusehends in diesen gemeinsamen Monaten.

Lucia war sehr dankbar für diese Tätigkeit, die ihr Freude bereitete. Sie empfand das Ganze nicht als Arbeit; die Stunden bei Madame Lefèvre fühlten sich eher wie das Zusammensein mit einer Oma an – die Lucia nie gehabt hatte. Und selbstverständlich unterstützt man eine liebe Oma, die manches nicht mehr alleine tun kann. Lucia war glücklich zu sehen, wie die alte Dame zum Sommer hin fähig wurde, nach und nach wieder mehr Dinge selbständig zu übernehmen.

 ## 20. Geldfluss in Bewegung bringen

Alles fügte sich wunderbar in Lucias Leben. Eine Frage war allerdings immer noch offen: Wie sollte sie das Geld für die Akademie zusammenbringen? Es waren elf Monatsbeiträge zu zahlen von September bis einschließlich Juli. Zum Glück war die Summe nicht so hoch wie im Konservatorium, wo ja auch der kostspielige Einzelunterricht bezahlt werden musste. Von dem Geld, das sie sich bei Madame Lefèvre verdient hatte, war es ihr möglich, fünf Monate selbst zu finanzieren. Plötzlich sah Lucia einen Kreis vor sich mit elf Segmenten. In fünf davon stand ihr Name, sechs Felder waren noch leer. Da kam ihr eine Idee: Wie wäre es, wenn sechs Personen eine Patenschaft für jeweils einen Monat übernehmen würden, das heißt für eine Monatsgebühr aufkommen würden?

Im Gespräch mit ihren Freunden hatte der eine oder andere schon einmal durchblicken lassen, dass er sich vorstellen könne, in bescheidenem Rahmen einen Beitrag zur Finanzierung ihres Studienjahres zu leisten. Wenn jeder ein Stück von dem Kuchen, den sie gerade gezeichnet hatte, übernehmen würde, wäre das Problem gelöst. Gesagt – getan.

Sie wollte es versuchen und dachte: „Fragen kostet ja nichts. Im schlimmsten Fall ernte ich mal ein Nein, wenn der Betrag für jemanden zu hoch ist. Dann kann ich immer noch mit kleinen Keksen das Spiel fortsetzen." Sie malte einen Kreis auf ein großes Blatt Papier. In jedem Feld stand der Name eines Monats und war Raum für einen Personennamen. Jeder Monat hatte eine andere Farbe. Von September bis Januar war ‚Lucia' eingetragen. In den sechs Feldern von Februar bis Juli war noch Platz, wo sich der jeweilige Pate würde einschreiben können. Ihren ‚Kuchen' auf dem Papier hatte sie fortan immer in ihrer Tasche und wenn sich eine Gelegenheit böte, würde sie die Geschichte dazu erzählen.

Die ersten drei Kuchenstücke waren innerhalb von 24 Stunden vergeben: Dorothee und Christoph übernahmen eines, auch Madame Lefèvre und Theresa. Toll, wie das lief. Beim nächsten Besuch bei Leonore bot auch deren Vater eine Patenschaft für einen Monat an; dies war schon der Mai. Nun fehlten nur noch zwei. Lucia hätte Herrn Wagner nicht zu fragen gewagt, aber dieser hatte über Leonores Vater von ihrer Idee gehört und fand sie fantastisch. Er bat Lucia zu sich und trug seinen Namen in das Juni-Feld ein. Er wollte ihr einfach seine Bereitschaft zeigen, sie zu fördern. Dieser eine Monatsbeitrag, der niedriger war als der am Konservatorium, war auch in seiner jetzigen finanziellen Lage noch drin.

Lucia hatte sich für jeden Förderer noch ein Zeichen des Dankes überlegt. In dem Monat, den er übernommen hatte, würde sie jeweils einen Kuchen backen und dem Paten ins Haus bringen. Dazu würde sie für ihn noch ein paar Lieder singen; diesbezüglich durften auch Wünsche geäußert werden. Alle waren entzückt von dieser Idee.

Nun fehlte nur noch ein Monatsbeitrag. Lucia dachte: „Es wird sich im Laufe des Jahres schon eine Möglichkeit ergeben, ab und zu etwas extra Geld zu verdienen, sodass ich bis Juli die Summe zusammen habe." Jedoch am nächsten Tag zeigte sich schon eine andere Lösung. Ein Bekannter von

Lenores Eltern, der öfters bei den Hauskonzerten anwesend war und das junge Duo gehört hatte, war schon immer beeindruckt von Lucia – von ihrem Gesang und ihrer Ausstrahlung. Als er jetzt auch noch von ihrem sozialen Engagement hörte sowie von ihren Ausbildungsplänen, erklärte er sich spontan bereit, die Patenschaft für den Monat Juli zu übernehmen. Nun waren alle Kuchenstücke vergeben. Lucia jubelte vor Freude, lief zur Akademie und schrieb sich verbindlich ein.

Dorothee hatte ihr vor längerer Zeit bereits zugesagt, dass sie während der Ausbildung weiterhin in ihrem Haus wohnen könne und es war auch möglich, ihre Arbeit bei Theresa fortzusetzen, um sich das Geld für ihren Lebensunterhalt verdienen zu können. Theresa war bereit, ihr bezüglich der Zeiten stark entgegen zu kommen und diese auf Lucias neuen Stundenplan abzustimmen. Es lag ihr viel daran, sie noch ein weiteres Jahr in ihrem Haus zu haben. Alles hatte sich perfekt gefügt. Welch ein Geschenk!

Selbstverständlich hatte Lucia auch in den letzten spannenden Wochen ihre Erlebnisse mit Angelina während des abendlichen Zusammenseins geteilt. Diese war stolz, wie sie die Sache mit der Finanzierung hinbekommen hatte. „Du siehst, ich habe dir ja gesagt: Die Fülle kommt auf dich zu. Das bedeutet nicht unbedingt, dass einem die gebratenen Hühnchen auf den Teller geflogen kommen. Wenn man sich allerdings gefühlsmäßig auf Fülle einstimmt, in Kontakt mit seinen inneren Schätzen lebt und die Fülle der eigenen Ideen fließen lässt, dann kann es gar nicht anders sein – irgendwann kommt die Fülle auch von außen auf einen zu. Manchmal kann dies eine Weile dauern; es wird vielleicht auch mal fünf vor zwölf. Dann gilt es, immer im Vertrauen zu bleiben und sich führen zu lassen."

Lucia erwiderte: „Die Lösung, die sich jetzt für die Bezahlung der Studiengebühren ergeben hat, finde ich fantastisch. Fast schöner, als wenn ich lediglich einen Förderer gefunden hätte – wie damals Herr Wagner, der für das ganze erste Jahr am Konservatorium bezahlt hat. Es tut gut, sich von einer Fülle von Menschen unterstützt zu wissen, einem ganzen Netzwerk." Angelina warf noch ein: „Und es ist auch schön, dass du fast die Hälfte selbst gibst und dir erlaubst, den zweiten Teil von anderen anzunehmen. Eine gelungene Mischung hat sich ergeben; es ist ein guter Kuchen geworden." Lucia schmunzelte: „Ja. Jeden Tag schicke ich meinen Paten aus meinem Herzen einen Sonnenstrahl; ich bin ihnen so dankbar."

 ## 21. Zur inneren Königin werden

An ihrem 18. Geburtstag bekam Lucia gleich am frühen Morgen Besuch von Angelina. Es war ein Sonntag und sie hatte keine Verpflichtungen. Sie stand gerade am Fenster, blickte auf den sommerlichen Garten und genoss die Morgensonne. „Herzlichen Glückwunsch zum Geburtstag, meine Liebe. Du bist vor 18 Jahren als Königskind geboren worden. Jetzt ist deine Kindheit zu Ende, aus dem Königskind wird eine Königin. Dies ist ein besonderer Tag. Erinnerst du dich, dass dein Vater und deine Mutter manchmal eine Krone getragen haben – ein Zeichen ihrer königlichen Würde und Mächtigkeit?

Heute setze ich dir symbolisch eine Krone auf deinen blonden Lockenkopf. Kannst du sie dir vorstellen, sie spüren?" Lucia richtete sich noch ein wenig mehr auf, streckte ihren Hals ein bisschen, sodass die Krone gut auf ihrem Kopf ausbalanciert war. „Ja, ich fühle sie" sagte sie andächtig. „und ich werde gleich ein Stück größer." Angelina fuhr fort: „Sie ist dazu gedacht, dich an deine innere Größe zu erinnern – an deinen inneren Wert, deine Würde. Die äußere Haltung sollte Hand in Hand gehen mit einer königlichen inneren Haltung: mit Qualitäten wie Respekt, Wertschätzung, Toleranz, Verständnis, Mitgefühl und wohlwollender Freundlichkeit. Du bist die Königin deines Lebens.

Verhalte dich deinen Mitmenschen gegenüber in königlicher Weise: gib reichlich von deinen inneren Schätzen, hab ein offenes Ohr für ihre Anliegen und setze dich für ihr Wohlergehen ein. Das Leben anderer zu bereichern, ist deine königliche Aufgabe. Sei mit deinem Licht ein Leuchtturm für andere, wenn sie Orientierung brauchen. Es sind nicht die Juwelen, die kostbaren Kleider und schönen Gemächer, die echten königlichen Glanz ausmachen, sondern das Strahlen des inneren Lichtes.

Zu deinem Königreich zählt auch die Welt deiner Gefühle und Gedanken. Lass dich nicht mitreißen von Gefühlen, die deine Stimmung herunterziehen. Es ist okay, wenn sie auftauchen; schau ihnen in die Augen und spüre sie. Dann setze deine mentale Kraft ein, um baldmöglichst wieder in dein Herz zu finden – zu warmen, lichten und aufbauenden Gefühlen. Dasselbe gilt für dein Königreich der Gedanken. Bemerke mit dem Licht deines Bewusstseins, wenn negative, einschränkende und energieraubende Gedanken auftauchen. Dann nutze deine innere königliche Macht, um sie zu verwandeln: in lebensfördernde, nährende und unterstützende Gedanken.

Du hast es selbst in der Hand, dein inneres Königreich so zu gestalten, dass deine Stimmung gehoben ist und du dich glücklich fühlst. Spüre die edlen Gefühle des Herzens und denke die lichten Gedanken des Herzens. Lass dein königliches Herz groß und weit sein, lass ihm Flügel wachsen. Diese helfen dir, dich immer wieder aus niedrig schwingenden Gefühlen und Gedanken zu erheben – in königliche Gefilde mit einer hohen Schwingung. So kannst du aus Situationen mit Missklängen und Dissonanzen wieder in einen Raum von Wohlklang und Harmonie finden.

Wie du siehst, erwarten dich eine Menge königlicher Aufgaben. Sie sind alle völlig unabhängig von deiner äußeren Situation. Wie immer deine Lebensumstände auch sein mögen, fühle dich immer als Königin deines Lebens. Du hast die Verantwortung für dein inneres Königreich und die Macht, es zu gestalten. Auf diesem Weg wirst du immer geführt werden."

Angelina ergänzte noch: „Ich werde immer an deiner Seite sein und dich unterstützen, eine strahlende Königin zu sein und dein Licht auf diese Erde zu bringen."

Lucia war völlig überwältig von all diesen Worten. Als Angelina dies merkte, fügte sie hinzu: „Eigentlich ändert sich nicht wirklich etwas in deinem Leben mit dem heutigen Tag. Lediglich sage ich jetzt nicht mehr zu dir ‚mein liebes Königskind', sondern ‚meine liebe Königin'. Ich habe dich in all den Jahren auf diesen königlichen Weg vorbereitet. Du bist ihn bereits gegangen. Heute habe ich lediglich noch einmal zusammengefasst, was es bedeutet, Königin im Reich des eigenen Lebens zu sein. Geh den Weg beschwingt mit den Flügeln des Herzens. Es macht Freude, eine Königin zu sein."

Lucia war erleichtert, dies zu hören. Angelina sagte: „Bisher bist du deinen Weg auf wunderbare Weise gegangen. Deine Mutter und dein Vater sind sicher beglückt über deine Entwicklung. Wir gehen jetzt gemeinsam weiter, sodass deine Eltern ihre Freude daran haben können, wie du als junge Königin dein Leben meisterst." Dieser Gedanke gefiel Lucia. Voll Dankbarkeit erinnerte sie sich an ihre geliebten Eltern, an diese kleine Familie im Schloss. Jetzt brach wieder eine neue Phase in ihrem Leben an. Sie war neugierig und voll Vorfreude.

Dann hörte sie Angelina sagen: „So, jetzt geh zum Frühstück herunter zu Dorothee und Christoph. Sie warten schon auf dich." Lucia bedankte sich noch: „Danke, meine liebe Angelina, für deine Geburtstagsansprache und die Krone." „Vergiss nicht, sie ab jetzt kontinuierlich im Alltag zu tragen.

Sollte sie einmal heruntergefallen sein, dann setze sie schnellstmöglich wieder auf."

Im August nahm sich Lucia wieder eine Woche Ferien. Für acht Tage verabschiedete sie sich von Madame Lefèvre sowie von Theresa und fuhr zu Clara und Oliver. Wie wunderbar, die beiden nach einen Jahr wiederzusehen, außerdem Elisabeth und andere liebe Bekannte. Sie verbrachte eine beschwingte Zeit in ihrer alten Heimat am Meer.
Eines Tages saß sie vor dem kleinen grünen Häuschen und blickte still in die Weite. Da tauchte Angelina auf. „Hallo, meine junge Königin. Es freut mich zu sehen, wie entspannend das Meer auf deinen Körper und deinen Geist wirkt.
Ich möchte dir heute etwas über die Energie einer Königin erzählen, über ihre körperliche und geistige Haltung. Dies mag ich mit einer Übung verbinden. Bist du bereit?" Lucia war schon ganz neugierig: „Ja."

Eine königliche Erscheinung

„Setze dich aufrecht auf den Gartenstuhl ohne dich anzulehnen – er ist jetzt dein Thron. Ich werde dich in den kommenden 15 Minuten auf eine innere Reise durch deinen Körper führen.
Beginnen wir an der Basis, bei deinen Füßen. Spüre wie sie Mutter Erde berühren. Die Erde trägt dich, nährt dich und gibt dir vitale Kraft. Fühle außerdem die ganze Berührungsfläche mit dem Stuhl und dein Becken. Hier ist die stabile Basis, aus der sich die Wirbelsäule aufrichtet. Entlang der Wirbelsäule liegen die sieben Energiezentren des Menschen; es sind Energiewirbel aus farbigem Licht. Jedes von ihnen leuchtet in einer anderen Farbe des Regenbogens.

Das erste, das Wurzelzentrum liegt am unteren Ende der Wirbelsäule. Du kannst dir vorstellen, dass von dort aus eine lange Pfahlwurzel wächst, die dich mit der Erde und ihrer Kraft verbindet. So wie ein Baum gut in der Erde verwurzelt ist, damit sein Stamm hoch hinauf wachsen kann, so richtet sich die Wirbelsäule aus dem Becken in die Senkrechte auf. Sie gibt dir Stabilität. Jedoch sollte sie gleichzeitig auch flexibel sein und leicht schwingen – so wie ein Grashalm oder ein junges Bäumchen im Wind.

Dein Kopf balanciert auf dem obersten Wirbel und am Scheitelpunkt befindet sich das siebte Energiezentrum: das Scheitelzentrum. Stell dir vor, dass sich von dort ein zarter Fühler ausstreckt – nach oben gen Himmel. Das Wurzelzentrum verbindet dich mit der Erde, das Scheitelzentrum mit der geistigen Welt, dem Göttlichen.

Das oberste Energiezentrum zeigt sich als ein trichterförmiger Wirbel von feinem Licht oben an deinem Kopf, wie eine Krone. Spüre jetzt die Krone, die ich dir zu deinem 18. Geburtstag gegeben habe. Ihre Zacken sind ein Symbol für Strahlen des Lichts. Über das Scheitelzentrum entwickelt sich ein Bewusstsein für die Verbindung mit dem Göttlichen, dem Kosmos, der Unendlichkeit, der Welt des Lichts. Alle Menschen tragen den ‚göttlichen Funken' in sich, wie Meister Eckehart es ausdrückt. Du bist ein Wesen aus Licht; deine Heimat ist das Licht. Erinnere dich daran, wenn du deine Krone auf dem Kopf spürst und trage sie mit Würde.

Auf der vertikalen Achse mit den sieben Energiezentren liegt auch das Herzzentrum, dem eine besondere Bedeutung zukommt. Es ist das Bindeglied zur horizontalen Achse, die dich mit den Mitmenschen verbindet. Lege für einen Moment mal beide Hände übereinander auf das Herzzentrum, in die Mitte auf dem Brustbein. Dann stimmst dich auf das Licht und die Liebe in deinem Herzen ein. Dein Atem weht wie ein sanfter Wind um das Herzzentrum herum und bewegt so auch leicht deine Hände. Spüre die atmende Verbindung zwischen ihnen und deinem Herzen.

Nun breite deine Arme zur Seite aus, verbinde dich mit dem Raum rechts und links von dir. Deine Arme und Hände sind die Verlängerung deines Herzens. Sie führen die Impulse aus dem Herzen aus und du trittst handelnd in die Welt. Stell dir für einen Moment vor, du stehst in einem Kreis von Menschen und kannst deinem rechten und linken Nachbarn deine Hände reichen. Senke dazu deine Arme etwas ab. Über die Herz-Hand-Achse bist du mit den Mitmenschen im Königreich deines Lebens verbunden. Lass aus dem Herzzentrum liebevolle Freundlichkeit, Wärme und Mitgefühl zu ihnen strömen – und leg Hand an, wenn sie Unterstützung brauchen.

Jetzt lege deine beiden Hände noch einmal aufs Herzzentrum und atme ganz tief hinein in den Herzraum. In seinem Innersten findest du einen Tempel – dort wohnt deine Seele. Die Seele hat Flügel; sie kann so die irdische Welt von Raum und Zeit verlassen und in ihre Heimat fliegen, in das Reich des Lichts. Breite nun noch einmal deine Arme zur Seite aus und spüre dein Herz mitsamt den Flügeln.

Gleichzeitig kannst dich an das Schubert-Lied ‚Die Mondnacht' erinnern, das du schon oft gesungen hast. In diesem vertonten Gedicht von Josef von Eichendorff heißt es:

"Und meine Seele spannte
weit ihre Flügel aus,
flog durch die stillen Lande,
als flöge sie nach Haus".

Spüre deine ausgebreiteten Schwingen – die letzten kleinen Federn sind bei deinen Fingerspitzen; du bist frei und leicht.

Jetzt kannst du deine Arme wieder herunternehmen und die Hände auf deine Oberschenkel legen. Ist es dir trotzdem noch möglich, deine Flügel weiterhin zu spüren?" „Ja, ohne weiteres."

„Auch die imaginären Flügel gehören zur Erscheinung einer Königin. Wo immer deine Arme sich befinden, was immer du mit ihnen und deinen Händen tust, stell dir gleichzeitig deine Flügel vor und öffne dich in die Breite. Dies schafft Raum im Herzbereich und bildet ein wesentliches Element für eine aufrechte und würdevolle Haltung.

Wenn dein Herz weit ist und ihm Flügel wachsen, dann fühlst du dich leicht, frei wie ein Vogel und beschwingt. Beflügelt gehst du das an, was zu tun ist.

Jetzt zentrierst du dich noch einmal in deinem Herzen und stimmst dich auf sein Licht ein. Lass es strahlen wie eine Sonne. Merkst du, wie sich gleichzeitig dein Gesicht aufhellt und wie von selbst ein Lächeln entsteht? Das Lächeln aus dem Herzen gehört ebenfalls untrennbar zum Sein einer Königin. Schenk der Welt ein strahlendes Lächeln. Du kannst ebenfalls mit den Augen lächeln. Dein Licht darf auch über deine schönen Augen nach draußen strahlen."

Angelina mache eine kleine Pause, sodass Lucia dem Gesagten in Ruhe nachspüren konnte.

"Du hast jetzt eine ganze Weile gesessen und einiges über den Licht- und Energiefluss in deinem Körper gelernt. Nun möchte ich dich bitten, aufzustehen. Wir sind zum Abschluss der Übung bei deinem schönen königlichen Gesicht angekommen. Geh jetzt noch einmal zurück zum Anfang der inneren Reise und spüre deine Füße. Du nimmst deine gesamte Größe von den Füßen bis zum Scheitel wahr und richtest dich würdevoll auf. Lass deinen Körper in der Ruhe leicht über den Füßen schwingen; so vereinst du die Qualitäten Stabilität und Flexibilität.

Nun gehst du ein paar Schritte. Du spürst deine Füße und deine Krone – nimmst gleichzeitig den unteren und oberen Pol wahr. Du fühlst dein Herz mit seinen Flügeln: öffne dich nach rechts und links. Während du durch den Garten schreitest, nimmst du den Raum vor dir wahr, in dem du gehst. Ebenso spürst du auch den Raum hinter dir, aus dem du gerade kommst.

Dehne deine Aufmerksamkeit in alle sechs Richtungen aus. Sei bist du ganz präsent in dem Raum, der dich umgibt. Fühlst du das Fließen von Lebensenergie und Licht in dir, deine königliche Kraft?"

Lucia war so mit dem Spüren beschäftigt, dass sie lediglich nickte. Sie schritt in königlicher Weise eine Weile durch den Garten und dachte dabei plötzlich an ihre Mutter. So hatte auch sie sich durch den Schlosspark bewegt, diese schöne Frau in ihren farbenfrohen Kleidern. Lucia wurde es ganz warm ums Herz. Ja, sie war die Tochter dieser Mutter und wollte ihr königliches Erbe antreten – wenngleich sie auch in einer ganz anderen Welt lebte. Aber Angelina hatte ihr ja erklärt, dass das Lebendigwerden der inneren Königin völlig unabhängig von äußeren Umständen ist. Welch ein Glück! So hatte jede Frau die Möglichkeit, eine Königin zu sein – die Königin über ihr eigenes Leben.

Teil 2: Ausbildung und Beruf

 ## 22. An der Akademie

Im Herbst begann Lucias Studium an der Akademie für soziale Berufe. Sie hatte sich im Fach Pädagogik verschiedene Kurse ausgewählt.

In dem ersten, den sie besuchte, ging es um die verschiedenen Phasen der menschlichen Entwicklung. Da Lucia noch keine eigenen Kinder hatte, war es für sie besonders interessant, etwas über die Entwicklungsstufen zu erfahren: angefangen vom Säugling und Kleinkind bis hin zur Pubertät. Genauso spannend war für Lucia auch die Entwicklung im letzten Drittel des Lebens: von der Menopause bis hin zum Alter und möglichem Siechtum. Auch diese Phase kannte sie ja noch nicht aus eigener Erfahrung. Es blieb bei diesem Kurs nicht bei der Vermittlung von theoretischem Wissen, sondern der pädagogische Umgang mit den einzelnen Altersstufen nahm viel Raum ein. Sie erhielten praktisches Handwerkszeug für den Umgang mit altersspezifischen Problemen.

Der Unterricht wurde überwiegend von Frauen gehalten, die lebendig und praxisnah aus ihrer eigenen Erfahrung berichteten. Zu den Kursen wurden außerdem immer wieder Gäste eingeladen, die ganz spezielle Erfahrungen zu den jeweiligen Themen mitbrachten. Sie standen auch zur Beantwortung von Fragen zur Verfügung.

Das Programm enthielt unter anderem auch ein Grundkurs über Krankheiten bei Kindern, Erwachsenen und älteren Menschen. Lucia staunte, was es da alles gab. Seither schätzte sie ihre Gesundheit noch weitaus mehr als bisher und war jeden Tag erneut dankbar dafür, dass ihr Körper ihr so treu diente.

Dann gab es einen spannenden Kurs über die verschiedenen Temperamente und Charakterstrukturen. Dieses Wissen war interessant; allerdings würde es eine lebenslange Herausforderung sein, in der Praxis jeweils adäquat mit den betreffenden Menschen umzugehen – so vermutete Lucia. Hoffentlich würde sie nicht so bald bei einer Cholerikerin eingesetzt.

Es wurde auch ein umfassender Kurs über zwischenmenschliche Beziehungen und Beziehungsproblematik angeboten. Lucia hörte sich alles an und dachte dann: letztendlich wird mich sicher meine Intuition führen, wenn ich mit sehr herausfordernden Situationen in der Arbeit konfrontiert bin. Ich vertraue auf die Weisheit meines Herzens: wo ein Problem ist, da ist auch eine Lösung.

In einer weiteren Kurseinheit ging es um Ethik und menschliche Werte. In diesem Bereich war und blieb Angelina allerdings Lucias wichtigste Lehrerin. Außerdem gab es Kurse, die soziale und gesellschaftliche Themen behandelten. Rundum – eine umfassende Schulung in Lebenskunde, Herzensbildung und in der Begleitung von Menschen.

In den Kursen sah Lucia nur Frauen, obwohl auch Männer Zugang gehabt hätten. Es waren überwiegend junge Menschen wie sie, aber auch ältere Frauen – ein Kreis von netten Mitstudentinnen, die genauso wie sie von einem sozialen Gedanken beseelt waren. Sie hatten allesamt den Wunsch, sich selbst innerlich weiterzuentwickeln und mit ihrer Arbeit einen Beitrag zum Wohle ihrer Mitmenschen zu leisten. Viele hatten ein großes Herz; das beeindruckte Lucia. Sie fand schnell Freundinnen; sie lernten zusammen, teilten Erfahrungen und diskutierten miteinander.

Die Kurse an der Akademie dauerten ein Jahr. Dann folgte für Lucia eine Art Praktikum. Sechs Monate lang begleitete sie verschiedene Mitarbeiter vom Projekt Sonnenstrahl; so bekam sie einen Eindruck von der Praxis. In kleinem Rahmen durfte sie auch schon selbständig tätig werden. Jetzt wurde es immer spannender.

Als erstes begleitete Lucia eine Kollegin zu einer jungen Mutter, die gerade ihr zweites Kind bekommen hatte. Helene, ihre bereits vierjährige Tochter, hatte während der Geburt nicht genug Sauerstoff bekommen und war deshalb sowohl in seinem körperlichen Sein sowie der geistigen Entwicklung beeinträchtigt. Die kleine Marie brauchte sehr viel Aufmerksamkeit und Hilfe. Diese hatte sie auch seit ihrer Geburt bekommen; aber im Moment fühlte sich Helene mit der Situation überfordert, nachdem sie sich jetzt zusätzlich um ihren Säugling kümmern musste.

Welch ein Segen, dass es das Projekt Sonnenstrahl gab und sie von dort jeden Tag drei Stunden Unterstützung bekam – neben der Hilfe aus der eigenen Familie. Lucia kümmerte sich vor allem um Marie, während ihre Kollegin für den Säugling sorgte und im Haushalt half. So hatte die erschöpfte junge Mutter einmal Zeit, wieder durchzuatmen. Lucia sang Marie vor, spielte und tanzte mit ihr. Das gefiel der Kleinen. Sie konnte nicht sprechen und gab lediglich einige Laute von sich. Lucia kommunizierte mit ihr direkt von Herz zu Herz und das klappte prima.

Die Familie hielt Marie überwiegend daheim versteckt, da die Leute ihr außerhalb des Hauses immer wieder abschätzige Blicke zuwarfen und sie gelegentlich auch „Krüppel" nannten. Sie wollten nicht mit solch einem Schicksal konfrontiert werden. Lucia wusste bereits aus ihrem Unterricht an der Akademie von dieser weit verbreiteten gesellschaftlichen Einstellung, die sie zutiefst traurig machte. Sie war nicht bereit, diese ungeschriebene Regel des Versteckspiels zu unterstützen.

So nahm sie Marie mit in den Park, als wäre es ihr eigenes Kind. Mit königlicher Haltung und ganz selbstverständlich spielte sie dort mit der Kleinen, sang für sie und kuschelte mit ihr. Marie war glücklich und strahlte; die ungewohnte Weite des Parks und Lucias Gegenwart taten ihr gut. Ihr Herz-Licht leuchtete und schien durch ihre äußere Erscheinungs-form hindurch. Keiner der Passanten machte eine abfällige Bemerkung oder schickte missbilligende Blicke. Dies wiederholte sich mehrere Male.

Lucia erzählte Helene von dieser Erfahrung und bat sie, bei solch einem Ausflug doch einmal mitzukommen. Sie war – wenn auch etwas zögerlich – bereit, sich auf dieses Experiment einzulassen. Im Park spielten sie beide fröhlich mit Marie. Helene ließ sich mitnehmen von Lucias Leichtigkeit und Unbefangenheit; zunehmend fühlte auch sie sich frei und unbeschwert, als wäre sie zuhause im eigenen Garten. Von den Passanten kam kein negatives Wort; diese schauten eher überrascht und erstaunt auf das glücklich wirkende Trio. So begannen die Erweiterung von Maries engem Lebensraum und ihr Weg in die Welt.

Als nächstes begleitete Lucia eine Kollegin, die eine alte Dame betreute. Diese war verwitwet und lebte alleine in ihrem Haus, da ihre beiden Kinder ins Ausland gegangen waren. Sie hatte sich vor kurzem den Arm gebrochen und kam gerade nur mühsam alleine zurecht. Deshalb erhielt sie täglich Unterstützung vom Projekt Sonnenstrahl; allerdings konnte sie sich nur sehr schwer helfen lassen und sich ihre momentane Abhängigkeit eingestehen. Lucia handhabte die Situation spielerisch und mit Humor. Im Handumdrehen gewann sie das Herz der alten Dame. Sie hatte sich vorgestellt als „Fräulein Lucia Mano" (mano = Hand auf Spanisch) und sagte: „Ich bin jetzt Ihre dritte Hand. Sagen Sie mir einfach, was sie tun soll."

Parallel begleitete Lucia eine andere Kollegin, welche eine junge Frau betreute, deren Mann gerade gestorben war. Plötzlich stand sie mit ihren fünf kleinen Kindern alleine da. Diese Situation hatte sie in eine tiefe Depression gestürzt. Lucia kümmerte sich um die Kinder, während ihre

Kollegin intensive Gespräche mit der Mutter führte. Gelegentlich tauschte Lucia mit ihr auch die Rolle.

Sie war von tiefem Mitgefühl und Verbundenheit mit der jungen Witwe erfüllt – wusste sie doch aus eigener Erfahrung, welch enormen Schmerz der Verlust eines geliebten Menschen auslösen kann. Sie umhüllte die junge Frau, die Familie und die gesamte Situation immer wieder mit Licht – in dem Wissen, dass die Verarbeitung viel Zeit brauchen würde. Wenn die junge Mutter mit Lucia sprach, spürte sie intuitiv, dass diese ähnliche schmerzliche Erfahrungen durchlebt hatte und dann aus dem Dunkel wieder herausgefunden hatte. Sie fühlte sich in der Tiefe verstanden und vermochte, sich mehr und mehr zu öffnen.

In ihrem Praktikum bekam Lucia Einblick in verschiedene Familien und Problemsituationen. Die Arbeit gefiel ihr und sie kam gut mit den Menschen zurecht. Manchmal war allerdings die Konfrontation mit den Schicksalen nicht einfach zu verdauen. Zum Glück gab es Angelina, mit der sie über alles reden konnte. Diese nahm viele Situationen aus einer übergeordneten Perspektive wahr; ihre erweitere Sichtweise war sehr hilfreich für Lucia.

Die Mitarbeiterinnen im Projekt Sonnenstrahl waren sehr zufrieden mit ihr. Alle bescheinigten, dass sie ein Naturtalent im Umgang mit Menschen sei und im wahrsten Sinne einen Sonnenstrahl verkörperte. Nach sechs Monaten wurde sie feierlich und offiziell in das Team aufgenommen. Lucia war stolz: jetzt hatte sie eine richtige Anstellung und monatlich ein festes Gehalt.

Jede Woche bekam sie eine Liste, zu welcher Frau oder Familie sie gehen sollte sowie einen Zeitrahmen für die Betreuung. Einerseits legte sie ganz praktisch Hand an, da wo es nötig war – andererseits führte sie auch Gespräche. Bei jeder Frau richtete sie ihren Blick bewusst auf das Licht im

Inneren. Sie tröstete, machte Mut, stärkte das Selbstwertgefühl und weckte die Lebensfreude. Außerdem sang sie für und mit den Frauen. Alles, was sie bei Angelina gelernt hatte und was sie seit Jahren selbst praktizierte, gab sie nun weiter. Für die herausfordernden Alltagssituationen, in denen sich die verschiedenen Frauen befanden, bot sie ihnen gezielte Übungen und Impulse an.

Lucia war ganz in ihrem Element. Sie brachte Licht in die jeweiligen Häuser und sorgte liebevoll für die Menschen im Königreich ihres Lebens.

 ## 23. Ein Gartenhäuschen für Lucia

Lucia hatte nun bereits mehrere Jahre in dem kleinen Dachzimmer bei Dorothee und Christoph gewohnt. Für diese Möglichkeit war sie sehr dankbar. In der letzten Zeit fühlte sie allerdings eine zunehmende Sehnsucht nach mehr Platz, eigenen Möbeln und einer Küche; rundum nach einem eigenen Zuhause. Sie hatte bereits mehreren Leuten von ihrem Wunsch erzählt. Jetzt, wo sie beim Projekt Sonnenstrahl regelmäßig Geld verdiente, war das Mieten einer kleinen, bescheidenen Wohnung im Bereich des Möglichen.

Eines Tages kam ihr zu Ohren, dass ein Gartenhäuschen leer stand, das am Rande eines Grundstücks mit einem Herrenhaus stand. Der alte Gärtner war gestorben; der neue wohnte schon viele Jahre mit seiner fünf-köpfigen Familie in einem größeren Haus – nicht weit entfernt von seiner jetzigen Arbeitsstelle. Lucia machte sich sofort auf, um dieser Möglichkeit nachzugehen.

Das Grundstück befand sich am Rande der Stadt, sehr ruhig gelegen und eingebettet in viel Grün. Sie klopfte an die Tür des Haupthauses. Eine Bedienstete öffnete ihr und Lucia erzählte von ihrem Anliegen. Daraufhin wurde sie in den Salon geführt, wo der Hausherr saß, der gerade von seiner Arbeit heimgekommen war: ein stattlicher Mann mittleren Alters, der ihr freundlich seine Hand entgegenstreckte. Lucia begrüßte ihn und wurde plötzlich etwas unsicher und schüchtern.

Auf einmal kam ihr in den Sinn, dass es vermutlich etwas unüblich war, einfach bei fremden Leuten zu klopfen und zu fragen, ob das Häuschen, das eigentlich für einen Bediensteten der Familie gebaut war, zu mieten sei. Aber jetzt gab es kein Zurück mehr. Das einzige, das sie tun konnte, war: ihre Krone zurecht zu rücken und mutig voran zu schreiten. Zum Glück hatte sie eine gute Stimmbildung bei Señora Bernadetti genossen, sodass ihre Stimme fest, klar und souverän klang, als sie ihr Anliegen vortrug.

Herr Blum war beeindruckt von Lucias Auftreten und stellte ihr einige Fragen bezüglich ihrer beruflichen und persönlichen Situation. Als sie von ihrem Studium am Konservatorium berichtete, fiel es ihm wie Schuppen von den Augen: Er hatte Lucia bereits bei einem Konzert gehört. Schon damals war ihm ihre besondere Ausstrahlung aufgefallen.

Herr Blum hatte nicht im Traum daran gedacht, das alte Gartenhäuschen zu vermieten, aber Lucia hatte gerade einen Stein ins Rollen gebracht. Er mochte diese junge spontane Frau. Wenn er ihr einen Gefallen tun konnte – warum nicht. Er spürte: Sie war ehrlich und hatte ein großes Herz. Dies öffnete auch die Tore seines Herzens.

Er bat eine seiner Bediensteten, Lucia das Gartenhäuschen zu zeigen. Sie war augenblicklich verliebt in das Kleinod, welches sie zu sehen bekam. Im Erdgeschoss befanden sich eine Stube und die Küche. Oben unter dem Dach war ein kleines Schlafzimmer. Perfekt – mehr brauchte sie nicht. Vor dem Häuschen standen ein Tisch und zwei Stühle, sodass sie auch draußen sitzen konnte. Das Ganze war eingebettet in einen riesigen wundervollen Garten mit alten Bäumen und herrlichen Blumenbeeten.

Die Bedienstete führte sie zurück ins Haus zu Herrn Blum. Lucia bemühte sich, ihre Aufregung und kindliche Begeisterung zu zügeln. „Würden Sie dieses hübsche Häuschen an mich vermieten?" fragte sie. „Es gefällt mir ausnehmend gut und wäre maßgeschneidert für mich."

Herr Blum dachte still bei sich: ‚Wie unterschiedlich die Vorstellungen vom idealen Wohnen doch sein können. Ich würde dieser schönen und begabten Frau ganz andere Räume wünschen. Nun ja, sie findet hoffentlich in der Zukunft einen betuchten Mann, der ihr anderes bieten kann. Das Gartenhäuschen ist im Moment vielleicht ein guter Start für sie.'

Dann sagte er laut zu Lucia: „Wenn du das kleine Häuschen so magst und wenn du es gut pflegst, dann kannst du darin wohnen." Sie wäre Herrn Blum am liebsten um den Hals gefallen. Aus diplomatischen Gründen entschied sie sich allerdings dafür, spontan eine Dankesarie zu improvisieren. Der Hausherr war sehr berührt. Lucia war wirklich eine besondere Frau und er schätzte sich glücklich, sie auf seinem Grund beherbergen zu dürfen.

Als sie ihn zum Abschluss nach dem Mietpreis fragte, nannte er eine minimale Summe, denn er hatte keine Mieteinnahmen nötig. Lucia war sprachlos und vergewisserte sich, ob sie wirklich richtig gehört hatte. Herr Blum nickte freundlich. Sie lächelte ihn überglücklich an und verabschiedete sich. Es gab im Leben doch immer wieder Wunder. Wie wunderbar!

Als die Haustür hinter ihr ins Schloss gefallen war, begann Lucia vor Freude den Weg entlang zu hüpfen. Sie wollte schnell zu Dorothee und Christoph, um ihnen von der fantastischen Neuigkeit zu berichten.

Eine Woche nach dem Gespräch mit Herrn Blum begann Lucia, das Häuschen für sich herzurichten. Es war bereits leer geräumt – nur der

Ofen in der Stube und ein Herd waren dort geblieben. Am Wochenende weißelte sie gemeinsam mit zwei Freunden die kleinen Räume.

Aus Lucias Bekanntenkreis kam schnell die Grundeinrichtung zusammen: ein Tisch mit Stühlen, ein Sofa und ein Schrank fürs Wohnzimmer; ein Bett und ein Kleiderschrank fürs Schlafzimmer; ein Tisch, etwas Geschirr und ein paar Töpfe für die Küche. Alles fügte sich fantastisch. Lucia nähte Gardinen aus einem Stoff, den sie geschenkt bekommen hatte. Ein paar Tage nach den Malerarbeiten sah es schon recht wohnlich aus.

Sie brachte ihre Sachen aus dem Zimmerchen bei Dorothee und Christoph in ihr neues Domizil. Dann schlief sie die erste Nacht im eigenen Haus und im eigenen Bett. Welch königliches Gefühl. Lucia war von tiefer Dankbarkeit erfüllt. Natürlich zog auch Angelina mit ihr um und es war etwas ganz Besonderes, sich heute vor dem Einschlafen mit ihr in dem neuen Raum zu treffen.

Lucia sagte: „Ich fühle mich wie ein überglückliches Kind." Angelina erwiderte: „So sehe ich dich gerne." „Aber muss ich nicht wie eine Königin sein?" fragte Lucia. Die Antwort beruhigte sie: „Das eine schließt das andere nicht aus. Beide gehören zusammen: deine innere Königin ist nur wirklich glücklich, wenn sich auch das innere Kind lebendig und glücklich fühlt." Lucia fiel selig in den Schlaf und wachte erst spät am folgenden Sonntagmorgen auf.

In den kommenden Tagen widmete sie sich jeweils am Feierabend den Feinheiten der Inneneinrichtung. Sie dekorierte die Räume mit einfachen Mitteln, stellte Blumen in die Zimmer und malte Bilder für die Wände. Nach kurzer Zeit sah es äußerst gemütlich und farbenfroh aus. Lucia fühlte sich reich beschenkt und hatte das Empfinden, in einem Königs-schloss zu sein. Ein freistehendes Haus war für sie ideal: So konnte sie – ohne irgendjemanden zu stören – nach Herzenslust singen und unter

Umständen auch nachts eine Arie einstudieren. Als Geschenk an Herrn Blum plante sie für den Herbst ein Hauskonzert bei ihm.

An einem warmen Sommerabend gab sie ein Einweihungsfest und bedankte sich noch einmal herzlich bei allen, die ihr geholfen und etwas für ihr neues Heim spendiert hatten. Herr Blum hatte ihr erlaubt, einen Teil des Gartens für das Fest zu benutzen. Lucia hatte ein köstliches Essen bereitet. Es wurde viel gelacht, gesungen und getanzt. Sie befand sich zum ersten Mal in ihrem Leben in der Rolle der Gastgeberin in eigenen Räumen. Dies fühlte sich wunderbar an. Alle Gäste hatte viel Spaß bei diesem bunten Fest – und Lucia genoss es, dies zu sehen und zu fühlen. Es beglückte sie, das Leben mit einem Abend wie diesem zu feiern.

 24. Erdkraft und Leuchtkraft

Lucias erster selbständiger Einsatz im Projekt Sonnenstrahl war bei Michaela, einer Frau von Mitte Vierzig. Diese hatte in den vergangenen drei Jahren ihre schwer kranke Mutter bis zum Tode zu Hause gepflegt. Innerhalb dieser Periode war ebenfalls ihr Schwiegervater eine Zeitlang erkrankt und Michaela hatte sich auch um ihn gekümmert.

Nach dem Tod ihrer Mutter war Michaela erschöpft in sich zusammen gesunken. Ihre drei Kinder waren inzwischen aus dem Haus und tagsüber war sie überwiegend alleine, bis ihr Mann von der Arbeit zurückkam. Seit Monaten fühlte sie sich leer, schwach und impulslos. Michaela hatte sich verausgabt und kam einfach nicht wieder auf die Füße.

Lucia ging dreimal in der Woche zu ihr, half ihr im Haushalt und gab ihr aufbauende Impulse, um sich Schritt für Schritt wieder zu stabilisieren. Michaela war dankbar für die Unterstützung und sehr offen. Wenn Lucia auf ihren Körper schaute, hatte sie das Empfinden, eine Glühlampe zu sehen, in der das Licht fast erloschen war. Sie massierte ihr ab und zu ganz intuitiv die Füße und überlegte sich, was für eine Übung sie Michaela anbieten sollte, damit diese selbständig täglich etwas für den Aufbau ihrer Kräfte tun könne. Es kam ihr eine Idee.

Die Rose

„Stell dir vor, du bist eine Rose. Wie sieht diese im Moment aus? Ist ihre Blüte eine Knospe oder bereits geöffnet – welche Farbe hat sie? Schau dir genau den Stängel mit seinen Blättern und Dornen an. Wie trocken oder saftig, zart oder kräftig ist dieser Teil der Pflanze? Und jetzt wendest du dich den Wurzeln der Rose zu. Wie sieht das Erdreich aus, in dem sie steht; wie tief ist sie darin verwurzelt? Tritt nun noch einmal einen Schritt zurück und lass die Rose als Ganzes auf dich wirken. Wie ist der Gesamteindruck, den du von ihr hast?"

Michaela war erschrocken von dem, was sie sah. „Die Rose ist sehr verkümmert: der Boden ist trocken, der Stängel hat wenig Saft, die Blätter hängen, die Blütenknospe ist dabei, zu verwelken. Diese arme Rose!" Lucia erwiderte: „Ja, sie braucht Zuwendung. Du hast dich in der letzten Zeit kaum um sie gekümmert, sondern vor allem um andere Menschen, das heißt um andere Blumen. Es ist gut, dass du den Zustand deiner Rose so klar wahrnimmst. Du kannst dich jetzt entscheiden, als innere Gärtnerin für sie zu sorgen und sie wieder aufzupäppeln." Michaela, die selbst einen kleinen Garten mit einigen Rosen darin hatte, war neugierig. „Wie mache ich das?"
„Das zeige ich dir jetzt. Setz dich aufrecht und bequem auf deinen Stuhl und schließe deine Augen. Mithilfe deiner Vorstellungskraft wird deine innere Gärtnerin jetzt Hand anlegen. Schau dir mal an, ob das Erdreich förderlich für deine Rose ist. Gibt es da vielleicht Unkraut zu jäten oder einige Steine wegzuräumen?" „Oh, ja –

beides. Ich will auch die Erde umgraben und meine Rose ordentlich gießen. Außerdem werde ich guten Humus aus dem Kompost holen und ihr diesen als Dünger geben."

Lucia war zufrieden. „Mit dieser Fürsorge bekommt deine Rose Kraft und Stabilität, um sich wieder zu erholen. Und jetzt stell dir bitte vor, wie du die Rose aus dem Raum vor dir in deinen Körper hinein holst. Der Bereich der Wurzeln befindet sich in deinem Becken. Spüre den gewässerten und gedüngten Boden, in dem sich diese jetzt besser verankern und verzweigen können. Sie nehmen Nahrung aus der Erde auf.

So wie sich deine Wirbelsäule aus dem Becken aufrichtet, so wächst auch der Stängel deiner Rose nach oben. Sieh vor deinem inneren Auge, wie er saftig und stabil ist, Blätter wachsen zur Seite und auch die Dornen entwickeln sich. Du kannst dabei an den Satz denken:

*   ‚Getragen von Mutter Erde, verwurzelt in der Liebe,*

*   wachse ich ins Licht und entfalte mich'.*

Auf der Höhe deines Herzens befindet sich die Blüte der Rose. Sie bekommt Saft und Kraft von unten. Stell dir vor, wie sie langsam beginnt, sich in der Sonne zu öffnen." Michaela war begeistert: „Ich kann der Rose beim Erblühen zusehen."

Lucia fuhr fort: „Fantastisch. Jetzt spürst du auch den Raum um sie herum und den Himmel über ihr. Die Sonne scheint und schenkt deiner Rose ihr Licht und ihre Wärme. Diese saugt die Lichtenergie in ihre Blütenblätter auf, die dann von innen zu leuchten beginnen. Die Blüte in deinem Herzbereich vermag sich nun noch weiter zu öffnen. Beobachte, wie die Rose sich mehr und mehr in ihrer vollen Schönheit entfaltet."

Lucia bemerkte ein glückliches Lächeln auf Michaelas Gesicht und fragte sie: „Wie fühlst du dich jetzt – wie geht es deinem Körper?" Die Antwort kam spontan: „Es ist wundersam, ich fühle mich körperlich viel kräftiger und diese schöne Blüte in meinem Herzen macht mich ganz heiter." Lucia sagte: „Nicht wahr, es ist fantastisch, dass wir nicht nur Gärtnerinnen für Pflanzen im Außen sein können, sondern auch eine innere Blume gedeiht, wenn wir ihr Aufmerksamkeit und Fürsorge zukommen lassen.

Ich schlage dir vor, die Übung, die du heute gelernt hast, in den kommenden zwei Wochen täglich zu machen. Schenk deiner Rose Zeit, Aufmerksamkeit, Licht, Wasser und Dünger; wenn du magst, kannst du auch mit ihr reden.

Spüre während der nächsten Übungseinheit auch mal hin, in welchem Umfeld deine Rose am liebsten stehen mag: zwischen anderen Blumen in einem Beet oder alleine? Fühlt es sich gut an, wenn ein Baum oder ein Bach in der Nähe ist? Schaffe dir die geeignete Umgebung, in der deine Rose am besten gedeihen kann und am glücklichsten ist." Michaela nahm die Anregung gleich auf: „Ja, ich sehe es schon vor mir: in der Nähe des Blumenbeetes stehen eine große Sonnenblume und eine Birke, es plätschert ein Bächlein ..."

Lucia erwiderte: „Ich merke, du hast schon Feuer gefangen und hast Spaß am inneren Gärtnern. Die Rose ist die Königin der Blumen. Gib deiner Rose täglich Aufmerksamkeit und Liebe. Dann wird sie wieder in leuchtender Farbe erblühen sowie ihren Duft verströmen – und mit ihrer Schönheit dich selbst und deine Welt bereichern." Michaela war zutiefst dankbar für alles, was sie gerade von Lucia gelernt hatte. Dies war eine fantastische „Medizin": einfach und effektiv, direkt aus der Hausapotheke.

Sie praktizierte die Übung täglich. Lucia vermittelte ihr tiefes Vertrauen, dass sie wieder zu Kräften kommen würde und Michaela begann nun auch, das Licht am Ende des Tunnels zu sehen. Sie fing an, zunehmend daran zu glauben, dass es nach den harten und mageren Jahren wieder sonnige Zeiten in ihrem Leben geben würde.

Nach zwei Wochen fragte Lucia: „Wie geht es deiner Rose?" Michaela berichtete stolz: „Sie wird täglich kräftiger und beginnt sich zunehmend zu öffnen. Sie genießt meine Aufmerksamkeit und Pflege und fühlt sich gut aufgehoben in der Mitte des runden Beetes mit anderen rosa blühenden Blumen."

Lucia unterstrich noch einmal einen Aspekt der Übung: „Die Rose bekommt sowohl Energie von Mutter Erde als auch von Vater Sonne. Sie nimmt über die Wurzeln Nahrung aus dem Boden auf, gleichzeitig absorbiert sie das Sonnenlicht von oben. Lass dich als Rose vom Licht warm umhüllen. Du bist eingebettet in die Kräfte der Natur; sie sorgt für dich. Dein Beitrag besteht jetzt primär in Folgendem: empfänglich zu sein, dich zu öffnen und die nährenden Kräfte einströmen zu lassen. Lass dich beschenken und lade dich auf – so wirst du wieder zu einer Rose mit leuchtenden Blütenblättern sowie mit zartem Duft. Und dann wird auch dein äußeres Leben wieder neu zum Erblühen kommen. Mach dir bei der Übung bewusst, welch edle Blume eine Rose ist; sie repräsentiert dein Innerstes, das sich strahlend schön in der Welt manifestieren will."
Michaela hörte aufmerksam zu und dachte: Welch wunderbare Zukunftsvision! Sie fuhr mit der Rosenübung fort; parallel arbeite sie jetzt auch öfters wieder in ihrem Garten rund ums Haus und sorgte für die Blumen draußen. Es machte ihr Spaß, Gärtnerin zu sein.

Lucia führte mit Michaela eine Reihe von fruchtbaren Gesprächen. Sie erklärte ihr die Farbübung, die sie von Angelina gelernt hatte (s. Seite 55) und inspirierte sie, mit Rot, Orange und Grün zu üben, um sich energetisch zu stabilisieren.
Außerdem stellt sie ihr folgende Fragen bezüglich ihres momentanen Alltags sowie ihres künftiges Lebens: „Wann fängt dein Herz an, vor

Freude zu hüpfen, beginnen deine Augen zu leuchten? Wodurch wird deine Begeisterung wach?" Michaela trug diese Fragen in ihrem Inneren mit sich und erspürte zunehmend, welche Tätigkeiten, Menschen und Orte ihr gut taten und ihre Energie wieder zum Fließen brachten.

Immer wieder klangen Lucias Worte in ihrem Ohr: „Du hast deine Pflichten getan; du bist frei. Jetzt beginnt ein neuer Abschnitt in deinem Leben und du darfst tun, was dir Spaß macht. Erlaube dir, dorthin zu gehen, wo dein inneres Licht zu leuchten beginnt. Nutze die Flügel deiner Fantasie, um ein Umfeld zu finden, wo deine Rose am schönsten blüht und du glücklich bist." Michaela dachte: ‚Welch eine Chance, mein Leben neu zu gestalten!'

Lucias weitere Worte hatten sie sehr berührt: „Als deine Mutter gestorben ist, wärst du beinahe Stück für Stück mit gestorben. Deine Mutter hat ein neues Leben in der anderen Welt begonnen und du erhältst jetzt die Möglichkeit, in diesem Leben noch einmal ein ganz neues Kapitel zu beginnen. Es wird auch deine Mutter glücklich stimmen, wenn sie sieht, wie du etwas Schönes aus deiner zweiten Lebenshälfte machst – mit all deinen Gaben, die du mitbekommen hast."

Durch Lucias Begleitung voll Licht und Liebe kamen zunehmend neue Kraft und neuer Schwung in Michaelas Leben. Es entstanden wertvolle Impulse für neue Inhalte und Aktivitäten in ihrem Alltag. Nach drei Monaten vermochte sie, wieder alleine weiterzugehen und die Projekt-Leitung beschloss, dass Lucias Besuche nun zu einem Ende kommen sollten. Diese freute sich sehr, zu sehen, wie Michaela wieder aufgeblüht war. Einige Tage nach ihrem letzten Treffen kam Michaela abends zu Lucias Haus und übergab ihr strahlend einen großen Strauß roter Rosen.

 ## 25. Königin im Reich der Gefühle sein

Seit einem Jahr hatte Lucia einen Liebhaber. Georg hatte sie kennengelernt, als sie bei einem Konzert aufgetreten war. Seither hatten sie immer wieder gemeinsam Zeit verbracht. Er hatte sie in Konzerte mit hervorragenden Musikern und in die Oper eingeladen. Sie machten Ausflüge, in denen Georg ihr schöne und romantische Plätze im Umland gezeigt hatte. Für Lucia eröffnete sich viel Neues und Spannendes.

Sie verbrachten gemütliche Abende am Kamin in seinem Haus. So lernten sie sich stets besser kennen. Lucia fühlte sich wohl in Georgs Gegenwart. Sie genoss ihre Weiblichkeit. Auch im Alltag fühlte sie sich beschwingter als bisher. Zwischen den beiden begann ganz langsam etwas Kostbares zu wachsen.

Doch dann kam wie ein Donnerschlag das jähe Ende dieser Romanze. Georg hatte sich in eine andere Frau verliebt – und zwar nicht in irgendeine, sondern ausgerechnet in eine gute Freundin von Lucia. Dies traf sie wie ein Messer ins Herz. In ihr schlugen die Gefühle hohe Wellen: Schmerz, Enttäuschung, Wut, Traurigkeit. Welch ein Tumult!

Wie gut, dass es Angelina gab, die immer treu an ihrer Seite war, was immer sich auch in ihrem Leben ereignete. Sie rief: „Angelina, meine geliebte Angelina, tröste mich bitte!" Umgehend fühlte sie ihre Energie, die sie sanft wie eine rosa Wolke umgab – voll Mitgefühl, Verständnis und Liebe. Lucia ließ sich in diese Wolke hinein sinken und weinte bitterliche Tränen. Angelina hielt sie einfach still und sagte: „Meine Liebe, ich bin bei dir. Auch wenn Georg dich verlassen hat, du bist nicht allein. Ich bin an deiner Seite. Atme jetzt bitte eine Weile tief und langsam und gib all deine Emotionen in den Fluss des Atems hinein. Es ist okay, dass sie da sind. Sie dürfen sich in dir bewegen. Richte insbesondere deine Aufmerksamkeit auf den Strom der Ausatmung und lass jeweils an seinem Ende noch ein bisschen mehr los."

Anfangs schnaubte Lucia wie ein Walross. Sie war so wütend und verletzt, dass Georg sie für eine andere verlassen hatte und obendrein noch für eine ihrer Freundinnen. Wie gemein! Es tat gut, all diese heftigen Bewegungen aus dem Emotionsknäuel in ihrem Inneren über den Atem zu kanalisieren. Aus dem feuerspeienden Vulkan in ihrem Bauch floss die heiße Lava mit ihrem Atem langsam ins Tal. Allmählich beruhigte sich der Vulkan und die Lava begann abzukühlen.

Nachdem die Wut verebbt war, zeigte sich eine neue emotionale Schicht. Lucia fühlte tiefen Schmerz: einen brennenden und stechenden Schmerz im Herzen. Sie schluchzte: „Oh Angelina, es tut sooo weh!" Diese antwortete: „Ja, mein Schatz, ich sehe wie arg es weh tut. Ich bin bei dir. Ich halte deine Hand, ich halte dich in meinen Armen. Hab den Mut, den Schmerz zu fühlen. Erlaube ihm, da zu sein."

Lucia atmete in ihr Herz hinein. Tränen kullerten über ihre Wangen und der Schmerz kullerte in ihren Atem. Über das langsame Atmen kam er ins Fließen und bekam mehr Raum in ihrem Körper. Angelina nahm wahr, dass ein förderlicher Prozess in Gang kam und sie nutzte die Gelegenheit, um Lucia einige weitere Dinge zu erklären.

„Du brauchst keine Angst haben, dass der Schmerz dich überwältigt. Erinnere dich: du bist eine Königin. Der Schmerz hat keine Macht über dich, wenn du ihm deine innere Macht nicht abtrittst und dich mit ihm identifizierst. Was du spürst ist ein Gefühl – und wie ich sehe, ein sehr heftiges. Aber du bist nicht dein Gefühl, du bist größer. Gefühle sind Bewegungen in deinem Inneren, sie tauchen in deinem Königreich auf. Mach dir bitte bewusst: Gefühle kommen und gehen; genauso wie der Atem. Sie bleiben nicht ewig.

Diese inneren Bewegungen wollen vor allem eins: deine Aufmerksamkeit. Sie wollen gesehen und gefühlt werden. Haben sie dieses Ziel erreicht, dann verflüchtigen sie sich allmählich. Folgender Punkt ist dabei entscheidend: Identifiziere dich nicht mit deinen Gefühlen, sonst könnten sie dich im Griff haben. Tritt ihnen als Königin gegenüber und schau ihnen souverän in die Augen.

Du kannst sagen: ‚Hallo Schmerz, ich sehe dich.' Aus dieser Position heraus beginnst du dann, den Schmerz – oder welches Gefühl auch immer – zu fühlen. Erforsche dieses Wesen aus deinem inneren Königreich: Wo sitzt es im Körper, wie ist seine Größe, Form, Farbe, Temperatur, seine Konsistenz? Schau neugierig auf diesen Bürger deines Reiches: ‚Hallo, wer bist du?' Gib ihm Raum, damit du ihn kennenlernen kannst.“

Lucia erzählte von der Erfahrung, die sie durch Angelinas Anleitung gemacht hatte: „Zu Anfang habe ich den Schmerz wie ein spitzes Messer in meinem Herz erlebt, einen stechenden Schmerz. Gleichzeitig war da auch ein Brennen, alles war rot und wund. Durch das intensive Atmen begann sich die rote Energie in meinem ganzen Körper zu verteilen. Als sie mehr Raum bekam, hörte das Stechen im Herzbereich auf.

Wenn ich die Schmerzenergie fühle und sie dabei gleichzeitig aus der Königinnenperspektive beobachte, dann ist diese Erfahrung deutlich leichter zu handhaben. Alles begann mit Schmerz; aber wenn ich jetzt hinspüre, dann ist da eigentlich nur pure Lebensenergie, die in meinem Körper pulsiert. Irgendwie neutral – ganz eigenartig. Und ich fühle mich mir selbst sehr nah.“

Angelina antwortete: „Nun ja, was du erlebt hast, ist gar nicht so eigenartig, sondern verständlich. Dein Prozess begann mit einer heftigen Gefühlsaufwallung. Durch das langsame Atmen hat sich dein Energie-System beruhigt; die emotionale Ladung wurde allmählich weniger und hat sich dann verflüchtigt. Was bleibt, ist pure Energie – Lebendigkeit.“

Lucia ergänzte: „Und ganz viel Dankbarkeit, das du mir wieder so toll geholfen hast." Sie spürte ihre innige Liebe zu Angelina und nach der Begegnung mit Wut und Schmerz huschte wieder ein Lächeln über ihr Gesicht.

Das Verarbeiten des Liebeskummers brauchte seine Zeit; Schmerz und Traurigkeit tauchten in Wellen immer wieder auf. Durch Angelinas Anweisungen war Lucia allerdings ganz gut imstande, alleine damit zurechtzukommen.

Eines Tages wurde der Schmerz allerdings wieder sehr heftig, als Lucia zu Ohren kam, Georg habe sich für ihre Freundin entschieden, weil sie eine ‚bessere Partie' sei. Ob dies der Wahrheit entsprach, wusste sie nicht. Allerdings war es eine Tatsache, dass seine neue Eroberung aus einer vornehmen und begüterten Familie kam. Oh, wie weh es tat in ihrem Herzen. „Angelina, ich brauche dich!" rief sie.

Augenblicklich hörte sie die vertraute Stimme: „Mein liebes Königskind, meine liebe junge Königin, ich bin schon da." Lucia konterte: „Du nennst mich so, aber für Georg bin ich eine Frau vom Land aus bescheidenen Verhältnissen, die ihren Lebensunterhalt durch ihr soziales Engagement verdient sowie ab und zu singt. Ich fühle mich so traurig und gedemütigt".

Angelinas Stimme wurde jetzt fast ein bisschen streng: „Du kannst dich entscheiden, ob du dieser Situation als Opfer oder als Königin begegnen willst. Völlig unabhängig von der äußeren Situation und von jeglicher gesellschaftlicher Position kannst du jederzeit wählen, Königin deines Lebens zu sein. Das bedeutet unter anderem, mit all deinen Gefühlen in königlicher Weise umzugehen: Verantwortung für sie zu übernehmen, sie zu würdigen, zu fühlen und zu integrieren.

Vergiss nicht, wer du in deinem Kern bist: ein lichtvolles Wesen, das auf die Erde gekommen ist, um menschliche Erfahrungen zu machen. Auf diesem Planeten herrscht das Gesetz der Dualität: ihr erlebt Licht und Schatten, es geht auf und ab. So habt ihr die Möglichkeit, die Fülle der menschlichen Gefühlswelt kennenzulernen, alle Farben der gesamten Palette. Ich verstehe, es ist nicht einfach, den dunkleren Nuancen zu begegnen. Das ist eine Herausforderung für die innere Königin und gleichzeitig eine Chance, zu wachsen."

Lucia stöhnte leise; sie hatte so gar keine Lust auf all diese schmerzlichen Erfahrungen des Menschseins. Gleichzeitig war sie Angelina sehr dankbar, dass sie sie über diese Worte wach gerüttelt und daran erinnert hatte, um was es wirklich ging. Sie atmete einmal tief durch, richtete sich auf und setzte ihre Krone wieder auf den Kopf. „So!" sagte sie. Angelina lächelte zufrieden.

„Ändert es etwas an deinem Selbstwert, ob Georg dein Liebhaber ist oder ob er es nicht mehr ist? Ob er dich wählt oder eine andere Frau? Hat dies etwas mit deinem Wert zu tun?" „Natürlich nicht, ich bin und bleibe Lucia." „Gut, dass du dies siehst" erwiderte Angelina.

„Weißt du, in Beziehungen zwischen Mann und Frau gehört das Liebesleid dazu; Beziehungen beginnen, bestehen und lösen sich wieder auf. Das hast du sicher schon in deinem Umfeld beobachtet. Und denk mal an die vielen berührenden Opernarien, in denen der Verlust einer oder eines Geliebten beklagt wird. Beim Singen solcher Arien wirst du fortan in ganz anderer Weise diese Gefühle dem Publikum rüberbringen können. Denn jetzt kennst du sie aus deiner persönlichen Erfahrung.

Wie wäre es, wenn du in den kommenden Tagen mal improvisierst und ein eigenes Lied zum Thema Liebesleid aus dir herausströmen lässt?" Dieser Vorschlag kam gut an. Lucia erwiderte: „Ja, das mache ich. Dann fließt der Atem und dann fließen die Gefühle. Das hilft sicher, um die Situation zu verarbeiten. Und eingebunden in eine Melodie wird alles vermutlich etwas spielerischer und leichter. Ich bin schon neugierig auf dieses Experiment."

 ## 26. Gefühlen begegnen

Angelina fuhr fort: „Ja, nimm das Ganze nicht so schwer und mach vor allem kein Drama daraus. Die Sache mit den Gefühlen kannst du dir folgendermaßen vorstellen: Gefühle sind Träger von Informationen; sie wollen dir etwas zeigen und eine Botschaft rüberbringen. Sie gleichen Tänzern, die auf der inneren Bühne ihren Tanz aufführen – zu einem Thema wie Wut, Freude, Enttäuschung, Eifersucht, Liebe Trauer, Begeisterung, Angst oder Glück. Es ist ein bunter Wechsel möglich.

Nach Beendigung der Darbietung treten die Tänzer wieder von der Bühne ab und geben den Raum für das nächste Gefühl samt einer neuen Szene frei. Die Tänzer und Gefühle wollen gesehen werden, wollen anerkannt werden. Wenn sie von dir, die du im Zuschauerraum sitzt, die gebührende Aufmerksamkeit erhalten, haben sie ihr Ziel erreicht. Dann kommt der Tanz zu einem Ende und die Gefühle verlassen deine innere Bühne.

Wenn du sie allerdings ablehnst, sie nicht sehen und fühlen willst, dann bleiben die Tänzer längere Zeit auf der Bühne. Sie verweilen solange im Scheinwerferlicht, bis du hinguckst, bis du mit ihnen in Beziehung trittst. Somit liegt es an dir und deiner inneren Haltung, wie lange Gefühle präsent sind. Bist du im Widerstand und willst sie nicht fühlen, dann zeigen sie enorme Ausdauer und tanzen weiter und weiter. Sie treten morgen mit derselben Nummer wieder auf, auch übermorgen und so weiter. Sie wollen ans Licht – und nicht wie Kellerkinder weggesperrt werden.

Lass das Licht deines Bewusstseins auf deine Gefühle scheinen, nimm sie wahr und erkenne sie an. Gleichzeitig erlaube dir, sie zu fühlen. Dein Körper ist der Schauplatz für deine Gefühle; erlebe sie dort, ganz konkret mit deiner sinnlichen Wahrnehmung. Begegnest du ihnen auf diese Weise, kann ein Tanz recht kurz ausfallen." Lucia war begeistert von dieser Erklärung und sagte. „Das Bild von der Bühne ist wirklich sehr ansprechend und hilfreich."

Angelina wollte noch ein bisschen weiter auf Lucias Erfahrung mit Georg eingehen und fuhr fort: „Wie ich dir bereits erklärt habe, sind Gefühle Signale. Sie lassen einen sehen, ob eines oder mehrere der essentiellen menschlichen Bedürfnisse erfüllt sind oder nicht. Schmerzliche Gefühle zeigen, dass man etwas nicht bekommt oder bekommen hat, was einem wichtig ist. Welches sind die Werte und Bedürfnisse, die gerade durch die Geschichte mit Georg bei dir in den Vordergrund getreten sind?"
Lucia überlegte und spürte in sich hinein: „Durch den Abschied von Georg, ist mir meine Sehnsucht bewusst geworden: nach Geborgenheit, Nähe, Zweisamkeit, Zärtlichkeit, nach dem Schenken und Empfangen von Liebe. Eine liebevolle Beziehung von Herz zu Herz ist etwas so Kostbares."
Angelina erwiderte: „Ja, es ist ein wesentliches Grundbedürfnis des Menschen, sich in Liebe mit einem anderen zu verbinden; dies weckt Glück und Erfüllung. Es entsteht Kontakt zum eigenen Liebespotential."
Lucia ergänzte: „Es war ein sehr bereicherndes Jahr mit Georg und ich hätte mir gewünscht, wir hätten noch mehr Zeit gehabt, diese Erfahrung zu erweitern und zu vertiefen."
Angelina brachte sie von diesen Wünschen wieder zur Realität: „Aber der Fluss des Lebens hat sich in eine andere Richtung bewegt. Ich kann deinen Schmerz gut verstehen. Es hat sich gezeigt, dass Georg für dich nicht der richtige Partner ist, was eine längerfristige Beziehung oder eine Ehe

betrifft. Meine Liebe, hab Vertrauen, es wird ein anderer Mann in dein Leben kommen, der besser zu dir passt. Hab Geduld – wenn die Zeit reif ist, wird er auftauchen."

„Meinst du wirklich?" fragte Lucia etwas ungläubig. „Ja. Und es ist hilfreich, wenn du dich innerlich auf diese Möglichkeit einstimmst, wenn du offen bist und bereit für eine solche Begegnung. Dann wirst du eines Tages den Mann treffen, der an deine Seite gehört. Stell es dir schon einmal lebendig vor und freue dich auf diesen Moment."

Lucia dachte: ,Welch schöne Zukunftsperspektive. Wenn der momentane Schmerz über die Geschichte mit Georg verebbt ist, wird es Raum für Neues geben. Im Herbst fallen die Blätter und die Bäume werden kahl – im Frühjahr sprießen die Knospen und es wächst neues Grün. Alle Erfahrungen haben ihren Platz im Fluss des Lebens.'

Angelina konnte Lucias Gedanken wahrnehmen und sagte: „Ja, so ist es. Im menschlichen Leben geht es darum, viele verschiedene Erfahrungen zu machen: Erfahrungen vom aufsteigenden Zyklus, von Frühling und Sommer, wo Vorhaben sowie Beziehungen wachsen und erblühen – gleichzeitig auch Erfahrungen vom absteigenden Zyklus, von Herbst und Winter, wo Dinge sowie Menschen sich verabschieden, wo Verlust und Tod erlebt wird.

Der menschliche Verstand hat die Angewohnheit, Gefühle in zwei Schubladen einzuordnen: in positive bzw. angenehme oder in negative bzw. unangenehme. Erfahrungen aus der ersten Gruppe werden willkommen geheißen, Erfahrung aus der zweiten werden häufig abgelehnt.

Wenn du als Königin des Herzens deinen Gefühlen begegnest, erhebst du dich über den urteilenden Verstand und vermagst sie alle zu würdigen und anzunehmen – in ihren vielfältigen Farben, mit denen sie daher getanzt kommen. Denn das Herz ist fähig, sich ohne Wertung mit allem zu verbinden, was auftaucht."

Nach einer Weile des Schweigens sagte Angelina: „Weißt du, mein Schatz: alles Wesentliche im Leben ist Begegnung. Du hast gerade eine intensive Erfahrung gemacht im Kontakt zwischen Mann und Frau. Beim Thema Begegnung geht es allerdings nicht nur um die Beziehung zwischen einem Ich und einem Du, sondern auch um die Begegnung mit dir selbst: mit deinen Körperempfindungen, deinen Gefühlen und Gedanken. Es geht um die Beziehung zu deinem unmittelbaren Umfeld, zur Natur, zum Universum; rundum zu allem, was existiert.

Auf alles, was in deinem Leben auftaucht, kannst du dich in verschiedener Weise beziehen. Du hast die Möglichkeit, es anzuerkennen und es zu würdigen oder es abzuwerten, abzulehnen und in Widerstand zu gehen. Die königliche Haltung bei diesem Thema ist folgende: Eine Königin verbindet sich in Liebe mit allem, was sich zeigt. Sie trägt unendlich viel Liebe in ihrem Herzen und begegnet Menschen sowie Umständen aus dieser Kraft heraus. Gleichzeitig übt sie sich täglich in der Meisterschaft, immer wieder den unterschiedlichsten Gefühlen aus ihrem inneren Reich mit Wohlwollen und Akzeptanz gegenüber zu treten. Sie umhüllt diese mit ihrem Licht und ihrer Liebe; sie erlaubt ihnen, da zu sein.

Souverän sitzt sie auf ihrem Thron und beobachtet voll Verständnis und Mitgefühl, wenn zum Beispiel ein Wesen aus ihrem inneren Königreich gerade einen Tobsuchtsanfall hat, deprimiert ist oder vor Angst schlottert. All diese Facetten haben ihre Daseinsberechtigung. Sie verhält sich nicht wie ein Krieger, kämpft mit ihnen und will sie vertreiben. Aus ihrer weiblichen sanften Kraft heraus, der Kraft zur wahrhaften Verbindung, schaut sie achtsam auf alles – und erfühlt, was sich in ihrem inneren Königreich abspielt. Jedoch identifiziert sie sich nicht damit. Sie ist die Königin, die sich erlaubt, der Fülle aller menschlichen Gefühle Raum zu geben und diese zu erfahren." Lucia war erstaunt und bewegt, welche weiten Kreise das Thema ‚Begegnung' umfasst. Hier gab es viel zu lernen.

Angelina fuhr fort: „Meine liebe junge Königin, du hast mir vorhin erzählt, wie wichtig dir eine liebevolle Beziehung aus dem Herzen heraus ist – zwischen Mann und Frau. Ich möchte dich einladen, eine Liebesbeziehung zum Leben als Ganzes entstehen zu lassen. Richte in nächster Zeit deine Aufmerksamkeit insbesondere auf den Kontakt mit deinen Gefühlen. Wenn du fähig bist, den verschiedenen Energiequalitäten, die aus deinem Inneren auftauchen, mit Wohlwollen zu begegnen und sie als Gäste auf deiner inneren Bühne willkommen zu heißen, dann entwickeln sich gleichzeitig Verständnis und Mitgefühl für deine Mitmenschen, die ähnliche Situationen durchleben. Dies gibt dir eine wertvolle Basis, um andere in deiner Arbeit effektiv unterstützen zu können.

Wenn du eine konstruktive Beziehung zu deinen Gefühlen hast und liebevoll in deinem inneren Reich regierst, dann entstehen auch im äußeren Königreich deines Lebens Beziehungen voll Respekt, Wertschätzung und liebevoller Freundlichkeit. Dies ist der Königsweg."

Lucia ließ die Worte in sich wirken und sagte dann: „Ganz schön anspruchsvoll." Angelina lächelte: „Ja, wenn man als Königskind geboren wird und zu einer souveränen strahlenden Königin werden will, dann hat man Verantwortung. Es gilt, Verantwortung zu übernehmen für das gesamte innere Reich, für alle Gefühle und Gedanken und dafür zu sorgen, dass Frieden herrscht; kein Kampf oder Krieg gegen innere Bewegungen, die man nicht haben oder loswerden will. Aus innerer Gelassenheit und Souveränität heraus vermagst du dann auch das äußere Königreich deines Lebens verantwortungsvoll zu gestalten und zu regieren.

Natürlich ist es innere Arbeit, sich immer wieder in die hohe Schwingung der Liebe zu bringen. Aber vergiss nicht: Es macht enorm Spaß, im Flow von Souveränität und Licht zu sein und dem Leben aus dieser edlen, königlichen Energie heraus zu begegnen."

Lucia erwiderte: „Ja, das stimmt. Das Leben ist so spannend, so abwechslungsreich. Es gibt immer wieder Überraschungen und Wunder. Ich liebe das Leben. Nach dem Hören deiner Worte erscheint mir eine Liebesbeziehung zum Leben als Ganzes wichtiger als eine Beziehung zu einem Mann – sie ist nur ein Teil von meiner Liebesgeschichte mit dem Leben selbst. Ich bin so dankbar, dass du an meiner Seite bist und mir immer wieder die Augen öffnest, um was es wirklich geht. Du bist meine wichtigste königliche Beraterin." Angelina lächelte und tauchte Lucia noch einmal in eine große Welle von Licht.

Nach einigen Tagen, als Lucia wieder ein Rendezvous mit Angelina hatte, sagte diese: „Der Umgang mit Gefühlen, insbesondere mit heftigen, ist für die meisten Menschen eine Herausforderung. In deiner Arbeit beim Projekt Sonnenstrahl wird es noch des Öfteren notwendig sein, dass du Frauen diesbezüglich eine Hilfestellung gibst. Deshalb möchte ich dir jetzt ein inneres Handwerkszeug zeigen, das den Umgang mit Gefühlen erleichtert. Bist du bereit?" Lucia antwortete: „Ja, und schon äußerst neugierig."

Die „Gefühlskinder"

„Du hast sicher schon einmal miterlebt, dass ein Kind heulend mit einem blutenden Knie zu seiner Mutter gelaufen ist. Meist nimmt sie es dann in den Arm und hält es fest, schenkt ihm viel liebevolle Zuwendung sowie Mitgefühl – bis es wieder in Balance ist und mit seinem Spiel fortfährt. Stell dir deine Gefühle einmal als deine inneren Kinder vor und begegne ihnen als liebende Mutter.

Ich schlage dir vor, dich zur Einstimmung mit deinem Herzen zu verbinden und über dein Herz ein und aus zu atmen. So kommst du in Kontakt mit dem inneren Raum, in dem Verständnis, Mitgefühl und Liebe wohnen. Lass nun ein Gefühl auftauchen, das du noch nicht ganz verarbeitet hast, welches immer noch innere Spannung und Stress erzeugt.

Dieses Gefühl ist eins deiner Kinder. Wo befindet es sich in deinem Körper? Ist es in Ordnung, dass es da ist? Du öffnest dich für dieses Wesen und wendest dich ihm zu. Spüre und höre: Wie geht es ihm? Was sagt es dir?

Vielleicht hast du den Impuls, dein Gefühlskind zu berühren, es auf deinen Schoß zu nehmen oder es zu umarmen. Du kannst ihm sagen: ‚Hallo, mein Liebes. Ich höre und sehe dich. Du bist nicht alleine. Ich bin bei dir.' Lass eine atmende Verbindung zwischen euch entstehen. Erlaube ihm da zu sein – so wie es ist. Du lässt in deinem Herzen die innere Sonne scheinen und umhüllst dein Gefühlskind mit dieser Wärme und diesem Licht.

Dann fragst du es: ‚Was brauchst du jetzt? Was möchtest du erleben?' Du schlüpfst in die Rolle des Kindes und beantwortest die Frage aus seiner Sicht. Es kann ihm um deine Aufmerksamkeit, um Verständnis, Mitgefühl, Trost oder Liebe gehen; um die Erfahrung, gehört, gesehen und angenommen zu werden. Dies sind nur einige Beispiele.

Alles, was das Gefühlskind braucht, ist in dir. Verbinde dich mit der Kraft und der Fülle in deinem Herzen und schenke deinem Kind großzügig das, was es gerade nötig hat. Es gibt verschiedene Möglichkeiten, ihm die ersehnte Qualität zukommen zu lassen. Du kannst es in eine kuschelige Decke der Liebe hüllen, ihm Aner-kennung als einen süßen Nektar einflößen oder es darin baden lassen, du streichelst es zärtlich und hältst es im Arm. Versichere deinem Kind noch einmal: ‚Du bist nicht alleine, mein Schatz. Ich bin an deiner Seite. Ich sorge für dich.'

*Wenn die emotionale Ladung allmählich abnimmt, fragst du es:
‚Wie fühlst du dich, wenn du bekommst, wonach du dich sehnst?'
Schlüpfe wieder in die Rolle des Kindes und nimm wahr, welche
Energie jetzt in ihm präsent ist. Vielleicht fühlt es sich nun wohlig
warm, ruhig, entspannt, sicher und geborgen, erleichtert, lebendig,
offen oder kraftvoll?*
*Bleib noch eine Weile in der Herzensverbindung zu deinem Kind,
um den Prozess ausklingen zu lassen. Vergewissere ihm, dass du
jederzeit für es da bist und ihr euch zu einem neuen Rendezvous
treffen könnt, wenn es dich braucht."*

Lucia war sehr angetan von dieser Übung. Sie notierte sich ein paar
Punkte und sagte: „Welch ein schönes Szenario. Ich werde die Übung
gleich ausprobieren, wenn ich bemerke, dass eines meiner Gefühlskinder
meine Zuwendung braucht."

Angelina ergänzte noch ein paar Aspekte: „Je nach Intensität des Gefühls
nimmt der obige Prozess mehr oder weniger Zeit in Anspruch. Manchmal
sind auch mehrere Verabredungen mit einem Gefühlskind nötig, bis die
emotionale Ladung wirklich verebbt ist bzw. bis man es voll ins Herz
schließen und integrieren kann.

Die liebevolle Kraft des Herzens kann man sich in Form von verschiedenen Personen vergegenwärtigen. Sollte jemand wenig Zugang zum
Bild der Mutter haben, können auch eine liebevolle Schwester, eine
verständnisvolle Großmutter oder eine alte weise Frau dem Gefühlskind
begegnen. Wichtig ist, dass es ein starkes, führendes Gegenüber erfährt.

Gefühle sind keine Monster, sie gleichen oft eher einem hungrigen
Säugling, der schreit. Wenn dieser Anteil im Inneren ausreichend
‚gefüttert' wird und bekommt, was er braucht, dann verwandelt er sich.

Aus einem Schreihals wird dann ein gesättigter, zufriedener Säugling. Durch solch einen Prozess kann viel gebundene Energie frei werden; es entstehen Lebendigkeit und Kraft.

Mach dir bitte Folgendes klar: Im Leben geht es nicht darum, Probleme zu lösen; sondern darum, Gefühlsknoten und innerliche Verstrickungen zu lösen. Wenn du bereit bist, deinen Gefühlen zu begegnen und sie bis in die Tiefe zu durchfühlen, dann fließen sie durch dich hindurch und die emotionale Ladung verlässt dein Energiesystem. Die Probleme lösen sich danach oft ganz von allein – oder du siehst nach solch einem Prozess plötzlich klar, welche konkreten Schritte momentan in deinem Leben anstehen."

Lucia bedankte sich bei Angelina: „Ich habe heute wieder so viel gelernt. Du verkörperst für mich einfach alles in einem: die liebevolle Schwester, Mutter und Großmutter sowie die weise alte Frau. Danke, dass es dich gibt."

 ## 27. Ein Lichtblick

Das Projekt Sonnenstrahl war inzwischen zweieinhalb Jahre alt. Viele Frauen und Familien hatten bereits seine Dienste in Anspruch genommen und in schwierigen Zeiten wertvolle Unterstützung erfahren. Die Anzahl der Förderer war gewachsen und so konnte auch der Kreis der Mitarbeiterinnen vom Team Sonnenstrahl erweitert werden. Das Projekt wurde mehr und mehr bekannt.

Bisher gab es keinen eigenen Raum als Büro oder als Versammlungsort für die Mitarbeiterinnen. Sie trafen sich im Wohnzimmer bei Beatrice, der Gründerin. Alle sehnten sich nach einem eigenen Platz, sozusagen einem Sonnen-Zentrum, von dem aus die Teammitglieder wie Sonnenstrahlen in die verschiedenen Richtungen zu den einzelnen Frauen und Familien gehen konnten.

Nachdem im Laufe der Zeit immer mehr Anfragen kamen und es bereits eine Warteliste gab, hatte Lucia eine neue Idee geboren. Sie wollte Gruppen für Frauen anbieten: hauptsächlich für diejenigen, die in erster Linie innere Unterstützung brauchten und wo es nicht um praktische Hilfestellung im Haus ging. Auf diese Weise würde die Arbeit des Projekts viel mehr Frauen erreichen können. Der Vorschlag stieß auf große Begeisterung bei ihrer Kolleginnen. Aber wo sollten derartige Gruppen stattfinden? Noch hatte sich der Traum von eigenen Räumlichkeiten nicht realisiert; allerdings existierte das Sonnen-Zentrum bereits lebendig in den Köpfen und Herzen aller Teammitglieder.

Während einer Versammlung mit den Förderern trug Lucia ihre Idee von einem Angebot für Gruppen vor. Auch hier stieß sie auf positive Resonanz. Auf dieser Basis sprach sie erneut vorsichtig das Thema eines eigenen Raumes für das Projekt Sonnenstrahl an. Die Förderer wussten bereits von diesem Wunsch, aber bisher hatte sich diesbezüglich noch keine Tür geöffnet. Heute allerdings meldete sich Herr Adam zu Wort. Er war ein sehr wohlhabender Geschäftsmann, der viele Häuser in der Stadt besaß.

„Ich habe ein Grundstück mit einem alten Haus und einem großen, etwas verwildertem Garten; dort wohnen drei Familien. Das untere Stockwerk hat seit Jahrzehnten ein Goldschmied gemietet. Den großen Schuppen neben dem Haus hat er sich als Werkstatt ausgebaut. Dieser Herr ist inzwischen alt und sein Augenlicht ist schlecht geworden. Deshalb hat er vor zwei Monaten seine Arbeit aufgegeben und alles Material aus seiner Werkstatt seinem Neffen geschenkt. Dieser wohnt am anderen Ende der Stadt und ist dabei, sich eine Existenz als Goldschmied aufzubauen, damit er eine Familie gründen kann.

Das Gebäude neben meinem Haus steht deshalb zur Zeit leer. Vielleicht wäre es etwas Passendes für das Projekt Sonnenstrahl. Der Garten ist riesig; ich würde zusätzlich auch einen Teil davon zur Verfügung stellen. Wollt ihr euch den Platz mal anschauen?" Lucias Herz schlug höher: „Das klingt traumhaft. Wann dürfen wir zur Besichtigung kommen?" Es wurde vereinbart, dass Beatrice, Lucia und eine weitere Kollegin sich am folgenden Tag mit Herrn Adam dort treffen würden.

In der Nacht schlief Lucia nur wenig; ihre Gedanken kreisten um den Raum. Am nächsten Tag nach der Arbeit trafen sich die drei neugierigen Frauen und warteten auf Herrn Adam vor seinem Haus. Dies war alt und etwas renovierungsbedürftig. In einigem Abstand davon befand sich die ehemalige Werkstatt. Herr Adam öffnete die Tür und die drei traten ein. Der Raum war circa 40 Quadratmeter groß und hatte Fenster nach Osten, Süden und Westen. Ein Goldschmied braucht gutes Licht für seine Arbeit.

Lucia war begeistert von dem hellen Raum, in den gerade die Abendsonne schien. Zu allen Seiten schaute man ins Grüne. Dieser Platz war wie gemacht für das Projekt Sonnenstrahl. Alle drei waren äußerst angetan. Beatrice vergewisserte sich noch einmal: „Und diesen wunderschönen Raum würden sie unserem Projekt zur Verfügung stellen?" Herr Adam erwiderte: „Ja, wenn er euch gefällt, dann tue ich dies mit Vergnügen". Die drei Frauen begannen innerlich zu jubeln.

Herr Adam war ein liebenswerter Mann mit großem sozialem Engagement. Er schätzte die Arbeit vom Projekt Sonnenstrahl und unterstützte es großzügig seit seinem Beginn. Eine entfernte Nichte von ihm gehörte seit kurzem auch zum Team. Bis auf weiteres würde hier jetzt die Zentrale sein. Sie vereinbarten, dass sie den Raum nach eigenen Vorstellungen streichen, einrichten und gestalten könnten. Herr Adam übergab Beatrice den Schlüssel und verabschiedete sich. Alles ging sehr schnell und übertraf sämtliche Vorstellungen, die sich Lucia gemacht hatte. Die drei Frauen tanzten vor Freude und noch am selben Abend verbreitete sich die frohe Nachricht wie ein Lauffeuer bei allen Projektmitgliedern.

Vor dem Schlafengehen traf sich eine überglückliche Lucia mit Angelina zum üblichen Rendezvous: „Oooh, ich bin so dankbar, dass unser Traum jetzt auf diese Weise Wirklichkeit wird. Ich staune und staune. Welch ein Wunder!" Angelina erwiderte: „Nun ja, du kannst es ein Wunder nennen. Das sogenannte Wunder hat allerdings auch seine Vorgeschichte – und an dieser hast du einen wesentlichen Anteil.

Weißt du, es gibt bestimmte Gesetzmäßigkeiten im Universum. Die Fügung, die ihr gerade erlebt habt, beruht auf dem Gesetz der Anziehung. Du und das gesamte Team vom Projekt Sonnenstrahl, ihr habt euch seit längerer Zeit auf der geistigen Ebene auf das Finden eines geeigneten Raumes für eure Arbeit ausgerichtet. Ihr habt die Idee geboren und euch für diese Möglichkeit geöffnet. So habt ihr mit dem Magneten eures Herzens die jetzigen Umstände angezogen.

Ich gebe dir mal ein Bild, damit du diesen wundervollen Prozess besser verstehen kannst. Stell dir einen großen Apfelbaum vor, der voll Früchte hängt. Von innen heraus weißt du genau, welchen Apfel du gerne haben möchtest: den oben auf der linken Seite des Baumes, er ist gelb und hat rechts ein rotes und links ein rosarotes Bäckchen; er ist groß und hat zwei Blätter neben dem Stiel. Jeden Tag schaust du ihn an und fühlst: diesen Apfel werde ich irgendwann in meinen Händen halten. Du kannst auch mit ihm reden und ihm sagen, wie sehr du dich freust, dass er zu dir kommt. Täglich bist du von deinem Herzen aus für einige Minuten in Kontakt mit deinem auserwählten Apfel.

Eines Tages ist es dann soweit: Du schaust zu ihm hinauf und plötzlich fällt er vom Baum – direkt vor deine Füße. Welch ein Wunder, welch ein Zu-Fall. Er fällt dir zu, nachdem du bereits über eine längere Zeit eine innige Verbindung mit ihm aufgebaut hast. Du hebst ihn auf und hältst ihn glücklich in deinen Händen. Jetzt ist auf der materiellen Ebene Wirklichkeit geworden, was schon lange Zeit zuvor auf der seelisch-geistigen Ebene in dir lebendig war."

Lucia lächelte und nickte: Sie verstand, welche Kraft die menschlichen Gedanken und Gefühle haben. Dann sagte sie: „Allerdings hat es ziemlich lange gedauert, bis der Apfel reif war. Die Idee war ja vor längerer Zeit schon geboren." Angelina erklärte ihr: „Den Zeitpunkt muss man dem Universum überlassen. Wenn sich die richtigen Mitspieler und die geeigneten Mittel gefunden haben, dann fügt sich alles zusammen – und dann ist die Zeit reif, sodass sich eine Vision wie bei eurem Projekt zu manifestieren beginnt." Lucia begann, etwas zu ahnen von diesen geheimnisvollen Vorgängen, die sich im Raum des Unsichtbaren abspielen, bevor es zu handfesten sicht- und fühlbaren Ereignissen kommt. Nach dem erlebnisreichen Tag war sie sehr müde und schlief voll Glück über den frisch geernteten Apfel ein.

 ## 28. Die Casa del Sole

Für das folgende Wochenende wurde eine gemeinsame Aktion geplant, um den Raum herzurichten. Einige Frauen aus dem Team vom Projekt weißelten die Wände. Eine Anzahl Ehemänner von Lucias Kolleginnen hatten sich bereit erklärt, sich um die Fenster, den Holzboden sowie den Außenanstrich zu kümmern. Am Sonntagabend sah das Gebäude wie ausgewechselt aus.

In allen Familien, in denen die Mitarbeiterinnen vom Projekt Sonnenstrahl gerade arbeiteten, wurde die gute Neuigkeit verkündet und angefragt, ob sie einige gebrauchte Möbel zur Verfügung stellen könnten.

Zur Einrichtung des Raumes waren ein Schrank, vier Tische sowie viele Stühle nötig. Im Laufe der Woche fand sich alles ein. Am Samstagabend wurden die verschiedenen Stuhlmodelle einheitlich mit grüner Farbe gestrichen.

Am Sonntag durften alle Frauen, die im Projekt mitarbeiteten sowie diejenigen, die Unterstützung erhielten, Bilder für die Gestaltung der Wände mitbringen. Eine Kerngruppe aus dem Team besah sich die große Auswahl und beschloss, was aufgehängt werden würde. Die Wahl fiel auf einige selbstgemachte Blumengemälde und einen großen Wandteppich. Auf die Nordseite des Raumes, die keine Fenster hatte, malte eine künstlerisch begabte Frau eine leuchtende Sonne direkt auf die Wand mit vielen großen und kleinen Sonnenstrahlen.

Lucia war überrascht von dem Tempo, mit dem das Sonnen-Zentrum Gestalt annahm. Es war ein Vergnügen, diesen Prozess zu beobachten. Als sie am Abend mit Angelina sprach, sagte sie: „Das Finden eines Raumes hat längere Zeit gedauert und jetzt geht plötzlich alles so schnell."

Angelina erwiderte: „Der Apfel war voll ausgereift – darum vollziehen sich die Folgeschritte jetzt recht rasch. Aber ihr musstet halt warten, bis der Goldschmied aufhörte zu arbeiten, seine Werkstatt leer geräumt war und er Herrn Adam über die Veränderung informiert hatte; und dann erst konntet ihr in den Raum einziehen, den das Leben für euch vorgesehen hatte."

Lucia fuhr fort: „Es ist beeindruckend, wie viele Geschenke wir gerade bekommen: Menschen geben uns Einrichtungsgegenstände, ihre Zeit und Arbeitskraft, andere kochen für diejenigen, die arbeiten usw. Alles gleicht einer wundervollen Inszenierung." Angelina machte sie mit einer weiteren Gesetzmäßigkeit des Lebens bekannt: „Franz von Assisi hat gesagt: ‚Wer da gibt, empfängt'. Das Projekt Sonnenstrahl setzt sich für das Wohl der Allgemeinheit ein, ihr leistet wertvolle Arbeit und gebt viel. Das Leben segnet dieses Projekt und unterstützt es. Darum ist jetzt alles so gut im Fluss. Wer aus seinem inneren Reichtum gibt, dem fließt auch Fülle zu."

Bereits zwei Wochen nach dem Besichtigungstermin war der Raum bezugsfertig und das Team vom Projekt Sonnenstrahl fand sich zu einer ersten Arbeitsbesprechung dort zusammen. Sie saßen im Kreis auf den neugestrichenen grünen Stühlen. Lucia schlug vor, zu Beginn eine gemeinsame Übung zu machen, um den Raum energetisch einzuweihen. Die offizielle Einweihungsfeier mit verschiedenen Gästen war erst für einen Monat später geplant. Ihre Kolleginnen begrüßten diese Idee, denn sie kannten bereits einige ihrer schönen und kraftvollen Übungen.

Lucia holte eine Kerze aus dem Schrank, stellt sie in die Mitte des Kreises und zündete sie an. Dann bat sie alle, aufzustehen.

Die Gruppen-Sonne

„Legt bitte beide Hände auf den Herzbereich und beginnt mit eurem Herzen zu atmen. Ihr spürt das Licht in eurem Inneren und stellt euch euer Herz als eine Sonne vor (s. Seite 31). Mit jedem Atemzug leuchtet sie intensiver und das Licht erfüllt euren gesamten Körper.

Jetzt gebt ihr eurer rechten und linken Nachbarin die Hände. Neben diesem Berührkontakt verbinden wir uns auch innerlich im Kreis. Macht euch bewusst: in jedem von uns scheint eine Herzenssonne. Spürt nun hin zum Herzen eurer linken Nachbarin – und dann weiter zur Nachbarin links von ihr. Auf diese Weise nehmt ihr im Uhrzeigersinn zu allen Mitgliedern im Kreis Kontakt auf, bis hin zu derjenigen, die rechts von euch steht. Unsere Herzen gleichen den Perlen einer Kette.

Nun schicken wir Licht und Liebe durch unseren Kreis. Ihr sendet die Energie von eurem Herzen über eure linke Hand aus; mit eurer rechten Hand empfangt ihr sie von eurer rechten Nachbarin. So lassen wir das Licht in unserem Kreis zirkulieren. Als nächstes tun wir dies auch rechts herum, d.h. gegen den Uhrzeigersinn. Wir sind ein starkes Team – Licht und Liebe verbinden uns. Wir füllen den gesamten Raum mit dieser Energie. Möge hier eine segensreiche Arbeit geschehen!

Jetzt öffnet ihr eure Augen und schaut auf die Kerze in der Mitte des Kreises. Sie symbolisiert unser gemeinsames Ziel: wir wollen Frauen unterstützen, sodass ihr Leben leichter und lichter wird. Verbindet euch innerlich mit diesem Ziel und der Vision vom Projekt Sonnenstrahl.

Unser Kreis gleicht einem großen, leuchtenden Sonnenball. Von diesem Zentrum schicken wir jetzt Sonnenstrahlen zu den Frauen in unserer Stadt – in alle Himmelsrichtungen. Das Licht berührt ihre Herzen, erreicht ihre Kinder, ihre Familien.

Möge das Wirken unseres Projekts immer weitere Kreise ziehen, sodass viele Menschen davon profitieren können."

Lucia stimmte ein Lied an, das das Team zum Abschluss der Übung gemeinsam sang. Nach der Arbeitsbesprechung ließen die Frauen ihr Treffen im Garten bei Tee, Kaffee und Keksen ausklingen. Alle waren bestens gelaunt und strahlten vor Glück über den neuen Platz.

Plötzlich tauchte die Frage auf: Wie sollen wir dieses Haus denn nennen, in dem das Projekt Sonnenstrahl jetzt wirken darf? Es kamen verschiedene Vorschläge aus der Runde. Letztlich fiel die Wahl auf den von Lucia. Da sie mit Señora Bernadetti am Konservatorium verschiedene italienische

Arien einstudiert hatte, war ihr folgender Name eingefallen: Casa del Sole (Haus Sonne).

Der Mann einer Kollegin war Schreiner und sie wollte ihn fragen, ob er ein Türschild mit diesem Namen schnitzen würde. Alle stellten sich schon vor, wie es über der Eingangstür prangen würde, wenn die Gäste zur offiziellen Einweihungsfeier einträfen.

Diese fand einen Monat später statt. Eingeladen waren alle, die im Moment vom Projekt Sonnenstrahl betreut wurden, alle Förderer sowie die Bewohner des Hauses auf demselben Grundstück – und natürlich die Familien der Teammitglieder. Zu Beginn hielt Beatrice, die Gründerin, eine kurze Rede über die Ziele und die Arbeit vom Projekt Sonnenstrahl. Lucia hatte vom Konservatorium ein junges Kammermusik-Ensemble angeheuert, das die Gäste für eine halbe Stunde mit einem klassischen Programm verwöhnte.

Gefeiert wurde dann in dem neuen Raum sowie im Garten mit Kuchen und anderen Leckerein. Es ergaben sich viele interessante Gespräche und neue Kontakte wurden geknüpft. In und um die Casa del Sole pulsierte das Leben. Alle waren zufrieden: auch der Goldschmied war sehr glücklich, dass seine einstige Werkstatt solch eine wunderbare neue Bestimmung gefunden hatte. Es entstanden hier keine goldenen Ringe mehr, aber die Arbeit, die fortan in diesem Raum stattfinden würde, war Gold wert – davon war er überzeugt.

 29. Königliche Macht über die eigenen Gedanken

In ihrer Arbeit bei den Hausbesuchen sah Lucia viel Leid und begegnete Menschen in herausfordernden körperlichen, emotionalen, sozialen und finanziellen Situationen. Da war Katharina mit ihrem Kind, das schwere körperliche Einschränkungen hatte; da war die Familie von Sophia, deren Haus abgebrannt war; da war Veronika, die mit dem geringen Lohn ihres Mannes nur mühsam ihre vier Kinder ernähren konnte.

So schwierig die Gegebenheiten auch sein mochten, Lucia bemerkte, dass es noch einen weiteren Faktor gab, der die Situationen erschwerte: die Gedanken der Betroffenen. Es passierte manchmal, dass selbst Lucias Energie von den negativen Gedankenmustern, die im Raum hingen, beeinflusst und gedämpft wurde.

Sie hatte sich angewöhnt, diese Gedankenformen zu personalisieren; denn sie kamen ihr vor wie Schauspieler, die einen bestimmten Text gelernt hatten und diesen immer wiederholten. Es gab da begrenzende Standard-sätze wie: Ich kann das nicht. – Ich schaffe das nicht. – Hilfe, ich komme zu kurz. – Das Leben ist schwer. – Ich bin nicht liebenswert. – Ich habe nichts Besseres verdient. In den Gesprächen begegneten Lucia immer wieder Wellen von Mangeldenken und Sorgen, die wiederum Gefühle auslösten wie Angst, Traurigkeit, Enttäuschung, Ratlosigkeit, Ohnmacht, Mutlosigkeit oder Verzweiflung.

Lucia beschloss, mit Angelina über das Phänomen der Gedankenkraft zu sprechen. Diese sagte: „Ich bin froh, dass du dieses Thema aufgreifst. Es hat wesentliche Bedeutung im menschlichen Leben. Eure Gedanken sind wie eine Brille, durch die ihr Ereignisse wahrnehmt. Zwei Personen können dasselbe Glas mit Wasser anschauen; die eine denkt und sagt: ‚Das Glas ist halb leer', die andere findet: ‚Das Glas ist halb voll.'

Erinnerst du dich, wie oft du das Lied über die Gedanken gesungen hast?

‚Die Gedanken sind frei, wer kann sie erraten,
sie fliehen vorbei wie nächtliche Schatten.
Kein Mensch kann sie wissen, kein Jäger erschießen.
Es bleibet dabei: Die Gedanken sind frei.'

Sie sind sehr flüchtig, rasen und fliegen vorbei – und deshalb bleiben sie meist unbewusst, anstatt dass man sie anschaut und genau untersucht."

Angelina fuhr fort „Mach dir ein paar grundlegende Dinge klar: Gedanken sind Geschehnisse in deinem Kopf. Sie sind keine Tatsachen, sondern sind Meinungen, Interpretationen, Annahmen oder Analysen. Deine Gedanken zeigen dir, durch welche Brille du die Welt gerade wahrnimmst. Häufig identifizieren sich Menschen mit ihren Gedanken. Dann kann es schwierig werden.

Aber du bist nicht dein Denken, du bist größer als deine Gedanken; denn du hast die Fähigkeit, sie wahrzunehmen. Und darum geht es: Abstand von ihnen zu nehmen, sie klar zu sehen und zu benennen. Wenn du ihnen in die Augen schaust und ihnen bewusst begegnest, dann kannst du wählen, ob du ihnen folgen willst – oder nicht."

Lucia hatte aufmerksam zugehört und bemerkte: „Aha, Gedanken sind keine Tatsachen. Das ist ein wichtiger Satz; denn oft stellen sie sich dermaßen überzeugend dar, als wäre die Welt so, wie sie es sagen."

Angelina nahm diesen Faden auf: „Ja, das ist das Verführerische an der Sache. Wenn du nicht wach bist, hältst du deine Gedanken allesamt für wahr – und dann bestimmen unter Umständen nicht förderliche Glaubenssätze dein Leben. Mach dir folgendes bewusst, meine liebe Lucia: Du bist keinesfalls deinen Gedanken ausgeliefert. Du bist die Königin im Reich deiner Gedanken; sie sind deine Untertanen. Du sagst ihnen, wo es lang geht – nicht umgekehrt.

Dazu ist allerdings eines nötig. Du musst als Königin dein strahlendes Licht wie einen Scheinwerfer auf sie richten. So findest du in die Rolle des Beobachters und kannst sie kritisch betrachten.

Folgende Fragen können beim Untersuchen der Gedanken hilfreich sein:
- Ist das die Wahrheit?
- Fühlt es sich gut an, wenn ich dies glaube?
- Will ich nach diesem Gedankenmuster leben?
- Will ich in diesen Gedanken Energie investieren und ihn nähren – oder nicht?

Um Antworten auf obige Fragen zu erhalten, ist es ratsam, sich an dein Herz zu wenden. Denn der Kopf denkt – und das Herz weiß. Manchmal ist es allerdings nicht ganz leicht, seine Stimme zu hören; insbesondere in einer emotionalen Situation, wenn die Gedanken gerade wild im Kopf herumtollen – unter Umständen auch düstere, negative, lebensfeindliche Gedanken.

Deshalb zeige ich dir jetzt eine Übung, mit der du ‚umschalten' kannst vom Kopf zum Herzen. Probiere sie in deinem Alltag aus und danach kannst du sie in deinem Beruf selbst anleiten." Wie immer, war Lucia schon äußerst neugierig auf das, was jetzt kommen würde.

Die Kerzenflamme

„Setze dich bequem hin, stell eine Kerze auf einem Tisch vor dir auf und zünde sie an.

Du schließt für die Einstimmung auf diese Übung deine Augen und legst die Fingerspitzen deiner Hände auf die Stirn; sie zeigen in Richtung Haaransatz. Stell dir nun vor, dass von deinem Kopf aus eine Treppe hinunter zu deinem Herzen führt. Wenn du dich in die Mitte des Kopfes begibst, siehst du die steilen Stufen. Sie gehen direkt vom Oberstübchen ins Stockwerk, in dem deine Herzenergie wohnt.

Du stellst dich an den Treppenabsatz und triffst die klare Entscheidung, dass du jetzt in den Raum deines Herzens willst. Dann läufst du die Treppe hinunter; währenddessen atmest du langsam aus und streichst mit deinen Händen sanft über Nase, Mund, Kinn und Hals nach unten zum Herzbereich. Dort bleiben beide Hände liegen. Du bist angekommen.

Verbinde dich nun mit deinem Herzen. Kannst du spüren, wie es schlägt? Bemerkst du, wie sich deine Hände durch den Atem leicht bewegen? Lass ihre Wärme in den Herzbereich eindringen und beginne, mit dem Herzen ein und aus zu atmen. Deine ganze Aufmerksamkeit ist jetzt bei deinem Herzen; du kannst mit ihm fühlen, sehen und denken.

Als nächstes öffnest du deine Augen wieder und schaust auf die Kerze vor dir, deren Flamme ruhig brennt. Ihr Licht vermag das Dunkel zu vertreiben. Viele andere Kerzen können an ihr angezündet werden, ohne dass sie etwas von ihrem Licht verliert. Die Kerzenflamme ist ein Symbol für das göttliche, ewige Licht.

Schau mit den Augen deines Herzens auf die Kerze und atme ihr Licht in dein Herz hinein. Es erhellt deinen inneren Raum. Dann stellst du dir vor, dass eine Flamme in der Mitte deiner Brust direkt in deinem Herzen brennt. Spüre das warme Licht – seine Intensität wächst mit jedem Atemzug. Alle Gedanken, Gefühle und Impulse werden von dem Licht erfasst und umhüllt. Jegliche Negativität kann in der Flamme verbrennen, jegliche Dunkelheit muss dem Licht weichen.

Erlaube diesem Licht, sich in deinem ganzen Körper auszubreiten. Überall wird es hell: im Brust- und Bauchbereich, in deinen Beinen und Armen, ebenso in deinem Kopf. Auch um deinen Körper herum wird es licht.

Wenn es aus praktischen Gründen nicht möglich sein sollte, eine Kerze anzuzünden, dann stelle dir zum Üben einfach eine vor."

Lucia bemerkte: „Diese Übung ähnelt der allerersten, die du mir gegeben hast – die mit der Sonne im Herzen."

Angelina erwiderte: „Ja, aber die obige geht anders weiter."

 ## 30. Einschränkende Gedanken verwandeln

Sie ließ ihr einen Moment Zeit, um die Übung nachwirken zu lassen. Dann fuhr sie mit dem zweiten Teil fort.

Die Stimme des Herzens

Angelina forderte Lucia auf, sich einen ihrer begrenzenden Glaubenssätze vorzunehmen und ihn aufzuschreiben. Sie wählte diesen: ‚Ich muss immer stark sein'.

Angelina sagte: „Zentriere dich wieder mit deiner Aufmerksamkeit im Raum deines Herzens und spüre die Kerzenflamme dort. Du verbindest dich mit dem Licht und der Liebe in diesem Raum. Dann fragst du dein Herz:

♥ *Was denkst und fühlst du zu obigem Thema?*

♥ *Wie siehst du die Situation?*

Atme ruhig über dein Herz ein und aus und lausche auf die Botschaften, die auftauchen. Lass dir Zeit für diesen Prozess. Die Flamme in deinem Herzen vermag alles zu verbrennen, was nicht der Wahrheit entspricht; sie kann dich Situationen in neuem Licht sehen lassen.

Notiere die Sichtweise, die aus der Weisheit deines Herzens entspringt und erspüre die energetische Schwingung, die diese Worte begleiten. Wie ist es für dich, wenn du der neuen Perspektive Glauben schenkst?"

Lucia erzählte Angelina ganz bewegt, was sie bei der Übung erfahren hatte. Die Weisheit des Herzens ließ sie wissen. „Du musst nicht immer stark sein; erlaub dir, ehrlich zu fühlen, was gerade in dir präsent ist. Vielleicht bist du müde, unruhig, bedrückt, unsicher, besorgt oder erschöpft – okay, auch dies darf sein. Es ist gut, deine Grenzen wahrzunehmen und auch einmal ‚Nein' zu sagen. Wenn du die Identifikation mit der Rolle der Starken ablegst, dich in deiner ganzen Menschlichkeit und Verletzlichkeit zeigst, hat dies nichts mit Schwäche zu tun. Es ist ein Zeichen wahrer Stärke; sie hat es nicht nötig, sich zu schützen oder etwas zu verbergen. Erlaube dir die Fülle all deiner Facetten zu fühlen – und liebe sie allesamt."

Angelina lächelte und sagte: „Welch hilfreiche Botschaft. So hätte ich auch auf deine Frage reagiert. Aber wie du siehst, brauchst du mich dazu gar nicht – du trägst die Antwort in dir selbst. Die Weisheit deines Herzens zeigt dir den Weg.

Sollte bei der obigen Übung nicht gleich eine Antwort auftauchen, wiederhole sie einfach einige Male. Trage die Frage in deinem Herzen und vielleicht kommt dann irgendwann im Laufe des Tages oder auch während der Nacht unverhofft eine Botschaft. Du kannst die Frage in deine Meditation mitnehmen oder deine Träume bitten, dir eine neue Sichtweise zu zeigen.

Es ist interessant, zum Abschluss obiger Übung noch einmal den Satz des Kopfes und die Aussage des Herzens nebeneinander zu stellen. Wie fühlt sich die erste Botschaft in deinem Körper an – und wie die zweite?"

Lucia nahm sich Zeit, um nachzuspüren. „Du musst immer stark sein – das fühlt sich anstrengend im Körper an und macht mich eng. Der Satz ist streng und hart; er macht mein Herz zu und schneidet mich von meiner weiblichen Seite ab. Die Botschaft des Herzens dagegen wirkt befreiend. Es wird weit im Inneren, ich kann gut durchatmen. Die Erlaubnis, mich in meiner ganzen Menschlichkeit zeigen zu dürfen, freut die sanfte und zarte Seite in mir."

Angelina war angetan, dies zu hören „Dein Herz zeigt dir wie ein Seismograph, was für dich förderlich ist – in deinem Denken und Verhalten. Du kannst jederzeit folgenden kleinen Test machen, wenn du einem Gedanken anschaust oder eine Alternative von Handlungsmöglichkeiten: Spüre zu deinem Herzen hin und bemerke, wie es reagiert. Geht es auf oder zu?

Erinnerst du dich an die zweite Strophe des Liedes ‚Die Gedanken sind frei'? Sie beginnt mit dem Satz:

‚Ich denke, was ich will
und was mich beglücket …'

Meine liebe Königin, du hast die Macht über die Welt deiner Gedanken – du bist einflussreich. Du hast die Freiheit der Wahl, deine Gedanken so auszurichten, dass sie förderlich für dich sind; das bedeutet, dass sie sich gut anfühlen im Körper sowie eine gute Stimmung in dir auslösen. Es ist deine königliche Aufgabe, dich immer wieder neu im Alltag für Gedanken zu entscheiden, die dich in eine hohe energetische Schwingung bringen.

Manchmal ist dies nicht schwierig, wenn du dich vielleicht gerade über das Wetter beklagst oder ein abwertender Gedanke über einen

Mitmenschen vorbeihuscht. Dann lässt du diesen Gedanken, der deine Energie tendenziell herunterzieht, einfach wie eine Wolke am Himmel weiterziehen und gibst ihm keine weitere Aufmerksamkeit. Du entscheidest dich bewusst, stattdessen einen anderen Gedanken zu denken: einen positiven, lebensbejahenden, der deine energetische Frequenz wieder anhebt.

Gelegentlich gibt es allerdings auch hartnäckige Gedankenschleifen, die immer wieder auftauchen. Diese sind – in einem Bild gesprochen – wie Unkraut im Garten, das du ausrupfen und auf den Kompost werfen musst. Dort verrottet es und durchläuft einen Prozess der Umwandlung. Nach einiger Zeit entsteht frischer Humus, der sehr förderlich für deinen Garten ist.

Ähnliche Transformationsprozesse finden in deinem Herzen statt. Du hast es gerade selbst erlebt. Verdrehtes und einschränkendes Denken sowie Gedankenformen, die auf Unwissenheit beruhen, verbrennen im Feuer der Wahrheit. Anschließend vermögen lebensfördernde, aufbauende Gedanken aus der Weisheit des Herzens aufzutauchen. Die Liebe besitzt verwandelnde Kraft. Nutze diese gezielt, um immer wieder Reinigungs- und Heilungsprozesse in deiner Gedankenwelt geschehen zu lassen."

Lucia warf ein: „Solche Gedankenmuster zu verwandeln ist richtige Arbeit, nicht wahr?" Angelina erwiderte: „Ja, dies erfordert deine innere Kraft. Es braucht große Wachheit, um die ‚kleinen Teufelchen' zu bemerken. Du musst deine mentalen Muskeln gut trainieren, damit du ihnen Einhalt gebieten und sie ins Feuer des Herzens schicken kannst.

So wie sich im alchemistischen Prozess Blei in Gold verwandelt, vermögen begrenzende und lebensfeindliche Gedanken in deinem Herzen eine Transformation zu erfahren. Und vergiss nicht: Du kannst dabei jederzeit die geistige Welt um Unterstützung bitten. Sie vermag mit ihrem Licht, alles Dunkle zu erleuchten. Du weißt aus Erfahrung: ich bin immer bei dir, wenn du mich rufst."

Lucia atmete erleichtert durch. Angelina sagte beruhigend: „Meine Liebe, du hast schon vieles im Laufe deines Lebens ausgemistet, was dir nicht dienlich war. Bei dir steht es jetzt an, für andere ein Leuchtturm zu sein und sie bei obigen Prozessen zu unterstützen."

Lucia zweifelte: „Ob ich das kann?" Kaum hatte sie den Satz ausgesprochen, begann ein kleines rotes Licht in ihrem Inneren zu blinken. Angelina schmunzelte: „Und schon sind wir mitten in der Praxis. Willst du diesem Gedanken Energie geben und ihm folgen – oder nicht?"

„Nein, ich würde lieber etwas anderes denken." „Und was?" fragte Angelina. „Lass mir doch bitte erstmal einen Moment Zeit, in mein Herz zu spüren" erwiderte Lucia. Sie begann, mit ihrem Herzen zu atmen und sich tief mit ihrem inneren Kern zu verbinden. „Liebes Herz, zeig mir bitte, wie ich anders auf meine neue Aufgabe schauen kann."

Nach einer Weile tauchte die Antwort auf; plötzlich hörte, fühlte und wusste sie die Botschaft: „Wenn du mitten in deinem Licht stehst, hast du die Fähigkeit und die Kraft dazu. Folge deiner Intuition und lass dich führen. Mit Angelina an deiner Seite schaffst du es." Lucia jubelte. Sie fühlte: Dies war die Wahrheit.

Angelina lächelte zufrieden und sagte: „Sei sehr wachsam, wenn dieses innere rote Lämpchen zu blinken beginnt. Dies deutet auf eine ‚Bedrohung' in deinem Königreich hin und fordert dich auf, einzuschreiten. Wie du gerade gesehen hast, kann die Sache manchmal sehr schnell bereinigt werden." Lucia war wirklich überrascht, in welchem Tempo sich ihr inneres Szenario verändert hatte. Das Herz besaß schon eine sehr geheimnisvolle Kraft.

31. Gedanken der Fülle

Zum Thema ‚Denken auf königliche Art' gab Angelina ihr noch ein paar weitere Hinweise: „Meine Liebe, eine Königin ist großmütig und großzügig. Sie hat einen weiten Horizont und richtet sich auf Fülle aus. Beobachte immer wieder deine Gedanken und deine Sprache, ob sie Fülle widerspiegeln.

Ist dir schon mal aufgefallen, wie viele Adjektive es in eurer Sprache gibt, die mit der Silbe -*voll* enden:

freudvoll, liebevoll, kraftvoll, stilvoll, schwungvoll, humorvoll, taktvoll, gefühlvoll, respektvoll, fantasievoll, verständnisvoll, rücksichtsvoll, würdevoll, wertvoll, verantwortungsvoll, temperamentvoll, lichtvoll …

Ebenfalls gibt es eine Reihe von Worten mit der Endsilbe -*reich*:

einfallsreich, hilfreich, geistreich, abwechslungsreich, einflussreich, erfolgreich …

Lucia warf ein: „Oh, wie aufschlussreich und lehrreich!" Angelina schmunzelte: wie äußerst wach Lucia doch war.

„Stimme dich immer wieder auf das Reich der Fülle ein. Das bedeutet: königlich zu denken, zu fühlen und zu sein. So hältst du deine energetische Schwingung hoch – auf der Frequenz von Licht und Liebe. Dies ist deine Lebensaufgabe, Lucia. Und daraus ergibt sich auch deine berufliche Aufgabe: anderen Menschen eine Vorbild zu sein und sie auf ihrem inneren Weg zu unterstützen.

Weißt du, es gibt zwei Ebenen in der Arbeit mit dem inneren Licht. Die eine ist die spirituelle. Hier geht es darum, Zugang zum eigenen Wesenskern und zur Quelle des Lichts im Inneren zu finden. Die zweite Ebene betrifft die psychische Entwicklung eines Menschen und seine Lernprozesse. Ich drücke es mal in einem Bild aus: Manchmal klemmen die Türen oder Fensterläden eines Hauses und gehen nur schwer auf, sodass das Licht nicht wahrhaft nach außen scheinen kann. Dann müssen sie geölt oder repariert werden. Solch eine Blockade hat überwiegend mit einschränkenden Glaubens- und Verhaltensmustern zu tun. Auf beiden Ebenen kannst du in deinem Beruf einen wertvollen Beitrag leisten."

Lucia nahm sich vor, in Zukunft stärker die Wahrnehmung des eigenen Denkens in ihre Arbeit mit den Frauen einzubeziehen. Da die Gedanken ihr wie Wolken erschienen, bereitete sie zwei unterschiedliche Blätter vor. Auf eines malte sie einen Himmel mit grauen Wolken; in jede davon sollten die Frauen einen ihrer negativen und düsteren Gedanken hinein schreiben. Auf das zweite Blatt malte sie einen blauen Himmel mit hellen Kumuluswolken; hier gab es Raum, um die lichtvollen und aufbauenden Gedanken des Herzens zu notieren.

Lucia war begeistert, wie gut die Frauen auf die Übung mit der Kerzenflamme ansprachen und welche Botschaften aus ihren Herzen auftauchten. Zum Beispiel bei Veronika, bei der immer wieder dasselbe lieblose Programm auftauchte: ‚Ich bin nicht gut genug.' Sie schrieb den Satz in eine dunkle graue Wolke. Lucia machte eine ausführliche Meditation mit ihr und umhüllte sie mit Licht und Liebe.

Voll Verwunderung hörte sie dann zu, welche Worte aus Veronikas Herzen kamen: „Du bist ein göttliches Wesen, du bist liebenswert und wirst geliebt. Du hast wunderbare Fähigkeiten und Talente und du wächst mit jeder Aufgabe. Gib dein Bestes aus deinem Herzen heraus – das ist genug. Lass alle Mangelgedanken und destruktive Selbstkritik los. Du bist goldrichtig, so wie du bist. Du bist ein Geschenk für deine Mitmenschen und leistest deinen ureigenen Beitrag für das Ganze. Denke nur das Beste über dich; so bringst du das Beste und Tiefste in dir zum leben." Das ganze

Blatt mit den Kumuluswolken, welches Lucia mitgebracht hatte, füllte sich mit diesen nährenden und aufbauenden Sätzen.

Auch bei Lydia zeigte sich eine eindrucksvolle Veränderung in ihrem Denken, welches seit Jahren von dem Satz geprägt war: ‚Ich schaffe das nicht'. Nach einer intensiven Einstimmung kam sie in tiefen Kontakt mit ihrem Herzen, das folgende Botschaft für sie hatte: „Du wirst geliebt und geführt. Das Leben ist an deiner Seite, egal was passiert. Öffne dich für die Fähigkeiten und Schätze in deinem Inneren – und tu einen Schritt nach dem anderen. Unterstütze dich selbst, indem du dir selbst vertraust. Wenn nötig, wirst du für deine Aufgaben auch Unterstützung von außen erhalten. Gib dir die Erlaubnis, dass du es schaffst – dann schaffst du es auch. Du bist ein wunderbares, kraftvolles Wesen. Lass die Kraft des Lebens selbst durch dich hindurchfließen; sie trägt dich."

Lydia war sehr berührt von den Worten aus ihrem Inneren. Sie schrieb alle Sätze auf, jeden einzelnen in ein gemaltes Herz hinein. Diese würde sie täglich in den kommenden Wochen und Monaten lesen – und sie in ihrem Alltag beherzigen.

Angelina hatte Lucia bei ihrer Arbeit beobachtet und war mit ihr äußerst zufrieden. „Es gefällt mir, wie liebevoll und kreativ du die Frauen im Projekt Sonnstrahl begleitest. Du entwickelst dich zu einem sehr guten Katalysator für ihre inneren Prozesse."

Lucia beobachtete die Frauen, die sie begleitete, sehr genau, um heraus zu finden, mit welchen ungesunden, einschränkenden Gedankenmustern und Verhaltensweisen sie sich das Leben unnötig schwer machten. Ihr war aufgefallen, dass viele Mühe hatten, Grenzen zu setzen. Auch dies gehört zur Fülle des Lebens dazu; gelegentlich war es nötig, kraftvoll für sich selbst einzutreten und ein klares ‚Nein' auszusprechen. Aber hier gab es bei vielen Frauen eine Blockade. Sie lebten wie kleine Mädchen noch nach der Devise: Sei brav, gehorsam und pass dich an – damit die anderen dich lieb haben. Lucia war es ein Anliegen, den Menschen neben der verbindenden und sanften weiblichen Kraft des Herzens auch seinen klaren und entschiedenen männlichen Aspekt nahezubringen. Das Herz kann und darf auch ,Nein' sagen.

Sie begleitete gerade Franziska, eine Frau Mitte Dreißig, die seit Jahren Köchin in einem herrschaftlichen Haus war. Sie hatte jeweils in der ersten Augustwoche Ferien gehabt und so war es auch für dieses Jahr mit dem Hausherrn vereinbart. Ihr Ehemann hatte ebenfalls zu besagter Zeit seinen jährlichen Urlaub genommen und seit mehreren Monaten war bereits eine Reise zu ihrer Schwester geplant – gemeinsam mit ihren drei Kindern, die dann Schulferien hatten. Aber die kostbaren und sorgfältig koordinierten Pläne für die Familienferien wurden plötzlich durchkreuzt. Der Hausherr eröffnete Franziska Mitte Juli: „In diesem Jahr kannst du nicht im Sommer in Ferien; vielleicht später im Laufe des Jahres. Im August bleibst du hier."

Sie war wie vom Donnerschlag gerührt. Was war in ihn gefahren? Schon seit einiger Zeit verlangte er öfters von ihr, dass sie mehr und länger arbeitete als bisher – entgegen den einst bei ihrer Anstellung getroffenen Vereinbarungen. In Tränen aufgelöst kam sie zu Lucia: „Was soll ich tun?" Auch Lucia begann innerlich leicht zu kochen, als sie die Geschichte hörte und bekam den Eindruck, dass hier ein königliches Machtwort angebracht war. So nicht! „Du redest mit dem Herrn und sagst ihm, dass du wie ursprünglich mit ihm abgesprochen in der ersten Augustwoche deinen wohlverdienten Urlaub nimmst und mit deiner Familie wegfährst."

Franziska schluchzte: „Dann wird er mir kündigen. Wenn ich meine Anstellung verliere, ist nicht genug Geld da, um die fünfköpfige Familie zu ernähren." Lucia erwiderte: „Er weiß ganz genau, welche Perle du bist und dass solch eine Köchin, die fast zur Familie gehört und die Lieblingsgerichte aller Familienmitglieder immer wieder auf den Tisch zaubert, ein großer Verlust für alle wäre." Das wusste auch Franziska, wenn sie ganz tief in sich hineinspürte. „Aber wie soll ich es ihm sagen?" Lucia beruhigte sie: „Das werden wir zusammen einüben. Es ist wichtig, dass du dem Hausherrn das ,Ja' hinter deinem ,Nein' verständlich machst. Du hast schließlich triftige Gründe für deinen Schritt. Lass uns mal sammeln: Welche wesentlichen Bedürfnisse in dir führen zu diesem Nein?"

Sie machten zusammen eine Liste. Da war zuerst der Aspekt der eigenen Gesundheit. Franziska hatte dringend eine Pause nötig, nachdem sie seit einem Jahr keine Ferien mehr gehabt hatte. Ihr Rücken tat seit Wochen stets mehr weh und signalisierte, dass er ebenso wie sie Ruhe und Entspannung nötig hatte. Zum zweiten sehnte sich Franziska danach, endlich ausgiebig Zeit für ihre Familie zu haben. Der Kontakt zu ihren Liebsten lag ihr am Herzen; sie freute sich auf Raum für Spiel und Spaß mit ihnen. Außerdem war es ihr wichtig, sich auf gemachte Absprachen verlassen zu können. Die Ferienwoche war schließlich seit Jahresbeginn mit dem Hausherrn vereinbart. Vertrauen war für sie eine wesentliche Basis in menschlichen Beziehungen – ob privat oder in der Arbeit.

Lucia sagte: „All diesen Punkten gilt dein ,Ja', das zu dem ,Nein' führt. Man hat Verpflichtungen gegenüber demjenigen, bei dem man arbeitet. Gleichzeitig bist du allerdings auch dir selbst gegenüber verpflichtet. Vergiss das nicht. Es gehört zu deiner Aufgabe im Leben, gut für dich selbst zu sorgen." All diese Aspekte, die Lucia gerade ans Licht gebracht hatte, waren neu für Franziska. Sie leuchteten ihr ein. Sie fühlte sich zunehmend wieder besser und leichter.

Allerdings hatte sie immer noch keine Ahnung, wie sie ihrem Herrn die Botschaft überbringen sollte. Lucia schlug vor, dass Ganze mit einem Rollenspiel vorzubereiten. Sie würde in die Rolle des Hausherrn schlüpfen und Franziska konnte so ihren ,Auftritt' üben. Sie gab ihr noch ein paar

Instruktionen für den Einstieg in das Gespräch: „Du darfst nicht gleich mit deinem ‚Nein' herausplatzen. Das kann Widerstand und eine schlechte Stimmung erzeugen. Äußere erstmal ein ‚Ja' vor dem ‚Nein'. Du kannst deinem Herrn sagen, mit wie viel Freude du in seinem Hause arbeitest und über all die Jahre gearbeitet hast. Das stimmt doch, oder?" Franziska nickte.

„Prima. Dann formuliere zu Beginn diesbezüglich zwei wertschätzende Sätze. Das öffnet innere Türen. Auf diese Vorspeise lässt du dann das Hauptgericht folgen. Nach den positiven Worten über die Arbeitsstelle bei ihm, fährst du fort mit: „und gleichzeitig ist mir Folgendes wichtig …" Nun nennst du all die Punkte, die wir eben besprochen haben. Du formulierst dein ‚Ja' zu deinen Grundbedürfnissen sowie zu dir selbst. Daraus ergibt sich logischerweise das ‚Nein' zu seiner neuen Forderung." Franziska war beeindruckt von dieser Strategie. So gesehen, war das Ganze schon ein bisschen einfacher.

Aber sie würde einige Proben dieser Szene brauchen. Lucia nahm in der Rolle des Hausherrn hinter einem Tisch Platz, als wäre es ein großer Sekretär und setzte eine ernste Miene auf. Franziska musste innerlich lachen; das entspannte sie etwas. Dann begann sie, ihr Anliegen vorzubringen. Lucia machte das Theaterspielen viel Spaß; sie hatte beim Einstudieren von Opernszenen bereits Erfahrungen damit gesammelt. Franziska allerdings erlebte die Probe als eine große Herausforderung. „Nimm das Ganze nicht zu ernst, sondern geh spielerisch heran" sagte Lucia. „Stell dir einfach vor, du spielst lediglich eine Rolle in dem Stück: *Der Patriarch und die mutige Köchin*." Der Humor half Franziska.

Nach mehreren Durchläufen wurde die Szene immer glaubwürdiger. Lucia zeigte Franziska noch einige Übungen aus der Stimmbildung, sodass ihre Worte überzeugend aus dem Bauch herauskamen. Außerdem gab sie ihr die Anweisung, ihrem Gegenüber klar in die Augen zu schauen. Dann nahte der Zeitpunkt der Generalprobe und die Konfrontation mit dem echten Hausherrn. Lucia hatte Franziska instruiert, die Szene in ihrem Geist immer wieder durchzuspielen und sich ein Bild von einem positiven Ausgang des Gesprächs vor ihrem inneren Auge zu vergegenwärtigen. Zusätzlich sollte sie sich gefühlsmäßig auf folgendes Erleben einstimmen: ‚Ich werde mit meinem Anliegen gehört und gesehen. Ich erfahre Verständnis. Alles entwickelt sich zu meinem Besten.'

Und so kam es dann auch. Der Hausherr war außerordentlich überrascht von ihrem Auftritt. So kannte er seine langjährige Köchin gar nicht. Sie wusste Speisen gekonnt mit Pfeffer oder Chili die richtige Würze zu geben. Jetzt erlebte er, wie viel Mut und Pfeffer sie selbst hatte und er war beeindruckt, welch kraftvolle, entschiedene Person in seinem Dienst stand. Ihm wurde klar, dass er mit Franziska keine Machtspielchen spielen konnte. Er schätzte sie sehr – seit heute sogar noch mehr; er wollte sie nicht verlieren. Und so gestand er schließlich Franziska Anfang August ihre Urlaubswoche doch zu. In gegenseitiger Wertschätzung gingen sie auseinander.

Franziska war zutiefst erleichtert und unendlich dankbar für Lucias exzellente Begleitung. Diese war sehr stolz, als sie von der gelungenen Premiere hörte und sagte: „Fantastisch! Du hast einen entscheidenden Schritt in eine neue Richtung gemacht. Hab weiterhin den Mut, offen und authentisch zu sein. Wenn du dich selbst in vollem Umfang ernst nimmst, werden auch andere dich und deine Anliegen ernst nehmen."

 32. Ein strahlendes Lächeln

Lucia hatte bereits begonnen, mit einer ersten Gruppe in der Casa del Sole zu arbeiten; jeden Donnerstagvormittag trafen sich dort neun Frauen. Sie bot ihnen einen Raum für Gespräche und Übungen, um die Herausforderungen des Alltags leichter zu meistern. Es war ihr ein Anliegen, den Teilnehmerinnen inneres Werkzeug an die Hand zu geben, sodass diese mehr und mehr in ihre eigene Mitte finden konnten; im Mittelpunkt standen Themen wie Selbstwertschätzung, Selbstliebe, Selbstvertrauen und Selbstfürsorge.

Lucia dachte zurück an die ersten Übungen, die sie von Angelina in ihrer Kindheit kennengelernt hatte. In der Gruppe begann sie systematisch, diese kostbaren Impulse für den Alltag weiterzugeben. Sie hatte die Frauen bereits mit der „Sonne im Herzen" (s. Seite 31) vertraut gemacht. Heute würde das innere Lächeln das zentrale Thema der Zusammenkunft sein.

Lächeln mit dem ganzen Körper

„Erinnere dich an eine Situation, in der dir das Herz aufging, dein Gesicht offen wurde und ein sanftes Lächeln entstand: zum Beispiel beim Anblick eines Babys, eines spielenden Kätzchens, eines wunderschönen Sonnenuntergangs oder beim Hören deiner Lieblingsmusik. Spüre erneut das warme Gefühl, das du damals erlebt hast und lass es dein Herz erfüllen.

Normalerweise geht unser Lächeln nach draußen: zu unseren Mitmenschen, zu unserer Umwelt. Ich möchte dich einladen, heute einmal dir selbst ein liebevolles Lächeln zu schenken. Auch du hast eines verdient. Lenke jetzt deine Aufmerksamkeit in den Bereich deines Herzens und spüre wie die Bewegung des Atems gleich einem sanften Wind um dein Herz weht. Lächle ihm zu und sprich mit ihm: ‚Hallo, liebes Herz, ich grüße dich. Es ist wunderbar, dass es dich gibt.' Wie reagiert dein Herz darauf?

Dann schickst du ein warmes Lächeln in deine Magengegend und weiter hinunter bis in dein Becken. Lass den Atem in dein Becken strömen, sodass alle Organe dort eine sanfte Massage erhalten. Du begrüßt deine Bauchorgane und lässt sie lächelnd wissen, wie sehr du sie schätzt. Es wird weit und hell in deinem gesamten Beckenraum. Als nächstes begrüßt du deine Beine sowie deine Füße und sagst ihnen lächelnd: ‚Hallo, ihr Lieben, ich danke euch, dass ihr mich durchs Leben tragt.' Dein Lächeln wirkt wie ein Sonnenstrahl; es wird überall hell dort, wo es ankommt.

Ebenso schickst du liebevolle Aufmerksamkeit zu deinen Armen und Händen und lächelst auch ihnen freundlich zu: ‚Hallo, meine lieben Hände. Ich danke euch für alles, was ihr täglich tut. Ich bin froh, dass es euch gibt und ich über euch die Impulse meines Herzens handelnd in der Welt umsetzen kann.' Als nächstes schickst du ein warmes Lächeln zu deinem Kopf, damit sich das Licht auch hier ausbreitet. Wende dich deinen Augen, den Ohren, Mund und Kehle zu; lass sie über dein Lächeln fühlen, wie dankbar du bist, dass du sehen, hören und sprechen kannst.

So schickst du deine liebevolle Aufmerksamkeit und ein lichtvolles Lächeln in deinen gesamten Körper. Es wird überall warm und hell. Du verströmst mit deinem Lächeln Sanftheit, Heiterkeit und Zärtlichkeit. Deine Zellen lieben diese Art der Zuwendung. Auch sie beginnen zu lächeln – jede einzelne. Weißt du, dass der Mensch rund 60 Billionen Zellen hat? Eine Billion hat 12 Nullen! Stell dir vor, welch ein Strahlen sich ergibt, wenn sie alle glücklich lächeln.

Kehre jetzt noch einmal zu deinem Herzen zurück. Mit einem innigen Lächeln schaust du dich an und sagst zu dir selbst: ‚Ich mag dich.' Sprich dich mit deinen Vornamen an und wiederhole den Satz noch einmal: ‚Lucia (bzw. ...), ich mag dich. Ich liebe dich. Ich verbringe gerne mein Leben mit dir. Lass uns etwas Schönes daraus machen und es mit allen Sinnen genießen.' Nimm dir Zeit zu spüren, was diese Sätze in dir auslösen. Von innen streichelst du *sanft dein Herz und wiegst es lächelnd beim ein- und ausatmen. Auch dein Herz beginnt zu lächeln – es lächelt dich an.*

Nach einer Weile wendet sich dein Herz auch nach außen. Es lächelt die Blumen an, die in der Mitte unseres Kreises stehen oder die anderen Frauen in der Gruppe.
Das Lächeln von innen heraus erfasst ebenfalls deine Augen: Die Mundwinkel heben sich leicht; diese Bewegung setzt sich bis zu den Schläfen fort und es entstehen feine Lachfältchen. Du schaust und lächelst mit deinen Augen in die Welt. Sie sind die Fenster der Seele. Lass Licht, Heiterkeit und liebevolle Freundlichkeit aus dem Herzen über deinen Blick in dein Umfeld strahlen. Du kannst Menschen, Tiere, Pflanzen und Dinge mit diesem energetischen Lächeln regelrecht berühren.
Wenn du stehst und gehst, können deine Füße freundlich den Boden anlächeln. Du aktivierst das Lächeln in deinen Händen, während du mit ihnen etwas berührst. Erlaube all deinen Poren zu lächeln, wenn du nach Beendigung der Übung wieder in deinen Alltag gehst. So schaffst du eine freundliche Verbindung zu allem, was dich umgibt."

Alle Frauen waren sehr berührt von der Übung. Sie lächelten sich untereinander an. Lucia dachte: Wie verändert ihr Aussehen im Vergleich zum Beginn der Zusammenkunft ist; alle wirken entspannter, jünger und schöner. Die Sonne war in ihren Gesichtern aufgegangen.
Dann fuhr sie fort: „Erinnert euch, wie oft Babys lächeln. Sie lächeln alles an, was ihnen begegnet, denn sie sind offen, neugierig und ganz dem Leben zugewandt. Deshalb mögen wir sie auch so gerne. Und jetzt vergegenwärtigt euch einmal: Wie oft lächelt ihr heute als Erwachsene?"
Alle Frauen schauten etwas betreten nach unten.

Lucia fuhr fort: „Manchmal vergeht uns im Erwachsenenleben das Lachen – und auch das Lächeln, wenn wir mit herausfordernden Lebensumständen konfrontiert sind. Allerdings können wir umgekehrt auch mit einem energetischen Lächeln unsere Stimmung und unsere Gefühle positiv beeinflussen. Dies habt ihr gerade erlebt.

Das Lächeln setzt in unserem Körper Stoffe frei, die uns glücklich machen. Die alten Chinesen sprachen bereits davon, dass abhängig von unseren Gefühlen und unserer inneren Atmosphäre entweder ‚Gift' oder ‚Nektar' in unserem Körper produziert werden. Angst, Traurigkeit oder Ärger erzeugen ein giftiges Milieu. Dankbarkeit, Freude oder ein Lächeln aus dem Herzen lassen ‚süßen Nektar' entstehen. Es ist erstaunlich: das Lächeln vermag unser Wohlbefinden und unsere Gesundheit zu beeinflussen. Und außerdem macht es schön!" Die Frauen hörten aufmerksam zu und waren erstaunt über die Weisheit der alten Chinesen. Wieso hatten sie in der Schule nichts von solchen Zusammenhängen gehört?

Lucia fuhr fort: „Gelegentlich sehnen wir uns nach einem liebevollen Blick, einem Lächeln oder einem freundlichen Wort. Wenn wir diese Geschenke gerade von außen nicht bekommen, können wir uns solche Zuneigung und Wärme auch selbst geben. Das innere Lächeln ist ein wertvolles Handwerkszeug, um eine liebevolle Beziehung zu sich auf zu bauen. Lächeln macht lebendig und erfrischt. Es öffnet die Seele.

Das Lächeln ist übrigens auch die kürzeste Verbindung zwischen zwei Menschen. Ein strahlendes Lächeln, das aus dem gesamten Körper kommt, kann jemand in ähnlicher Weise berühren, als würden wir ihm die Hand geben.

Ich empfehle euch, eine neue gute Angewohnheit in euren Alltag zu bringen und immer wieder bewusst ein sanftes Lächeln in euch entstehen zu lassen. Es wirkt unterstützend, um entspannt und weit zu bleiben und gleichzeitig erleichtert es den Kontakt mit unseren Mitmenschen."

Zum Abschluss sang Lucia gemeinsam mit allen Frauen. Der Raum füllte sich während ihrer Zusammenkunft mit Licht, Liebe und Lebensfreude. In der Gruppe entstand eine tragende Kraft.

Die Frauen waren sehr dankbar für die Anregungen und Übungen, die sie aus dem Kreis mit nach Hause nahmen. Alle waren leicht in den Alltag zu integrieren und brachten sie Schritt für Schritt in Verbindung mit ihrer inneren Kraft. Lucia war ihnen ein leuchtendes Vorbild und sie praktizierten das Gelernte täglich. Jeweils beim folgenden Gruppentreffen eine Woche später tauschten sie ihre Erfahrungen untereinander aus. Lucia war immer wieder berührt, was bei den Frauen und ihren Familien in Bewegung kam.

Sie animierte die Gruppenmitglieder, im Alltag etwas mit dem Lächeln und seiner Wirkung zu spielen. „Ist es möglich, andere mit eurem Lächeln anzustecken und sie einzuladen, zurückzulächeln? Sollte einmal kein Lächeln in euch aufkommen, weil ihr mal mit dem linken Fuß aus dem Bett gestiegen seid oder euch eine Laus über die Leber gelaufen ist, dann schaut hin zu den Menschen in eurem Umfeld. Lächelt einer von ihnen? Wer hat das schönste Lächeln? Vielleicht gelingt es, dass ihr über das Lächeln eines Erwachsenen oder eines Kindes euer eigenes wiederfinden könnt. Lächeln kostet nichts – und gleichzeitig ist es ein kostbares Geschenk, das wir großzügig den Menschen in unserem Umfeld zukommen lassen sollten."

Lucia besprach sich regelmäßig mit Angelina, welche Themen sie am besten in der Gruppe anbieten sollte und in welcher Form. So begann sie zu lehren und lernte gleichzeitig weiter. Dies war für sie etwas sehr Erfüllendes.

 ## 33. Die innere Schönheit

Während der Gruppenstunde über das innere Lächeln war Lucia aufgefallen, wie die Frauen aufgehorcht hatten, als der Zusammenhang
zwischen dieser Übung und der weiblichen Schönheit angesprochen
wurde. Dieses Thema war offensichtlich allen wichtig. Lucia lag es am
Herzen, ihnen den Zusammenhang zwischen dem inneren Sein und der
äußeren Erscheinung noch weiter bewusst zu machen. Sie wollte die
Frauen Schritt für Schritt mit dem ihnen innewohnenden Licht und ihrer
inneren Schönheit in Kontakt bringen. Für die nächste Zusammenkunft
hatte sie sich das Thema „Ausstrahlung" gewählt.
Nach dem Erfahrungsaustausch in der Gruppe, einem gemeinsamen Lied
und einer einführenden Atemübung begann Lucia mit dem Hauptteil.

Ausstrahlung

*„Atme über dein Herz langsam ein und aus. Stelle es dir wie eine
Sonne vor (s. Seite 31), so wie du es bereits kennst. Ihre Lichtstrahlen
erreichen alle Bereiche deines Körpers: deinen Rumpf, deine Beine,
deine Arme, deinen Kopf. In jeder einzelnen Zelle pulsiert Licht und
sie strahlen dies zu den benachbarten Zellen hin. So findet über ein
subtiles Netzwerk ein ständiger Austausch von Licht statt.*
*Deine Zellen und die Organe in deinem Körper gleichen einem
großen Orchester: Sie alle senden Lichtimpulse aus, jeweils mit ihrer
ganz eigenen Stimme. Und sie hören aufeinander. Im Zusammen-
spiel entsteht eine wundervolle Symphonie aus Licht. Spüre, wie dein
Gewebe leuchtet, wie das Licht durch dich hindurchtanzt.*

Für die Weiterführung der Übung stehe jetzt bitte auf. Das Licht reicht nicht nur bis zu deiner Haut, sondern über die Poren strahlt es auch nach außen in das Feld um dich herum. Es umgibt dich wie ein leuchtendes Ei. Besonders in schwierigen Situationen kannst du dir dies vergegenwärtigen und dich gleich einem schützenden Mantel von goldenem Licht umhüllen lassen. Das Licht stärkt dich und hält dich.

Erspüre einmal, wie weit du die Ausdehnung deiner Aura nach außen wahrnehmen kannst. Du lässt jetzt bewusst das Licht aus deinem Inneren in den Raum strömen. Je weiter du dich energetisch ausdehnst, umso kräftiger muss das Lichtzentrum im Inneren sein. Lege deshalb mal beide Hände übereinander auf dein Herz und zentriere dich dort im Kern deiner Sonne. Dann öffnest du kurzzeitig deine Arme zur Seite, gleich zwei Sonnenstrahlen, die nach rechts und links scheinen – maximal so weit, dass du aus den Augenwinkeln beide Hände noch sehen kannst. Am Ende der Bewegung dehnst du die Fingerspitzen jeder Hand bewusst in den Raum und lässt so gezielt zehn weitere Strahlen in dein Umfeld leuchten. Spüre auch den Fluss des Lichts durch deine Beine zum Boden hin. Durch zwei Lichtwurzeln bist du mit der Erde verbunden.

Du bist ein Wesen aus Licht. Du lässt die Energie aus der Sonne in deinem Herzen in alle Richtungen fließen: nach rechts und links, nach vorne und hinten, nach unten und oben. Schenke deinem Umfeld dein strahlendes Lächeln und das Leuchten aus deinen Augen. So erhellst du den gesamten Raum mit deinem Licht. Genieße jetzt noch eine Weile den Tanz des Lichts innen wie außen."

Lucia begann mit ihrer Stimme zu improvisieren und den Raum mit einem Meer von zarten und lichten Tönen zu erfüllen.

Es war erstaunlich, wie sich die Schwingung im Raum durch die Übung verändert hatte. Lucia sagte nach einer Weile: „Wenn es jetzt dunkel wäre, bräuchten wir hier keine Lampen, denn ihr leuchtet alle so strahlend von innen."

Dann gab sie an die Frauen etwas weiter, was ihr Angelina erklärt hatte, als sie den Ablauf der heutigen Gruppenübung mit ihr besprochen hatte. Diese hatte gesagt: „Weißt du, dass die Sache mit der Bewegung des Lichts nicht lediglich eine Vorstellung, sondern Wirklichkeit ist? Es besteht ein schwaches Licht in all eueren Zellen. Sie schicken Lichtsignale zu den Nachbarzellen und geben auf diese Weise Informationen weiter. Alle Zellen können senden sowie empfangen – und kommunizieren so über ein wunderbares Netz aus Licht miteinander. In der Zukunft werden diese Prozesse von Wissenschaftlern auf der Erde erforscht werden und man wird von ‚Biophotonen' sprechen, die im Labor nachgewiesen werden können."

Die Frauen waren beeindruckt. Das Phänomen ‚Licht' begann sie in ähnlicher Weise zu faszinieren wie Lucia. Diese sagte: „Der Mond reflektiert das Licht der Sonne; und ebenso reflektiert ihr das göttliche Licht und die göttliche Schönheit. In eurem Kern seid ihr alle wunderbare Wesen aus Licht. Wenn ihr euren Blick bewusst auf das Schöne im Leben richtet – auf die vielen kleinen Geschenke – dann weckt dies Dankbarkeit, Freude oder Begeisterung und euer Licht leuchtet hell. Manchmal ist euer Hauptaugenmerk jedoch auf Probleme und Dramen gerichtet, ihr sorgt und ärgert euch, leidet und klagt. Dann erlischt, bildlich gesprochen, das Licht in eurem Gesicht und die Schönheit beginnt zu verblassen."

Dies konnten alle aus eigener Beobachtung nachvollziehen. Lucia bat die Teilnehmerinnen, bis zur nächsten Zusammenkunft bewusst wahrzunehmen, mit welchen Gedanken, Gefühlen und Verhaltensmustern sie ihr inneres Licht dimmten oder es heller strahlen ließen.

Dann ging sie noch etwas näher auf das Thema der inneren Schönheit ein. Sie fragte: „Wann sind Frauen eurer Erfahrung nach am schönsten?" Alle waren sich einig: wenn sie verliebt sind. Lucia sagte: „Das Gefühl des Verliebtseins muss allerdings nicht beschränkt sein auf den Moment, in dem ein wunderbarer Mann uns zu seiner Geliebten auserkoren hat. Wir können auch einfach verliebt sein in das Leben und seine kostbaren Momente genießen, wie den Kuss des Geliebten: zum Beispiel das Gezwitscher der Vögel, die farbenfrohe Blütenpracht eines Gartens, die Schönheit eines Sonnenuntergangs oder das Lächeln eines Babys, das Spiel eines jungen Kätzchens oder das Funkeln der Sterne.

Verliebtsein hat etwas mit unserer inneren Haltung zu tun. Sind wir offen und empfänglich, um uns vom Leben berühren zu lassen – nehmen wir uns Zeit, die kleinen köstlichen Momente des Alltags mit allen Sinnen zu genießen? Bringt euch immer wieder in Resonanz mit der Schönheit um euch herum und atmet sie ein. Die Natur zum Beispiel gleicht einem wunderbaren Liebhaber: warme Sonnenstrahlen können mich zärtlich berühren und liebkosen, ein zarter Wind streichelt meine Haut oder eine Rose schenkt mir ihren wunderbaren Duft. Seid offen für die Süße des Seins – für den Kuss der Schöpfung.

Das Leben liebt mich, es liebt uns alle; und ich kann mich entscheiden, verliebt aus meinem Herzen auf seine Gesten zu reagieren. Dann beginnt ein köstlicher Nektar durch meinen Körper zu fließen; Freude, Glück und Anmut tanzen durch die Zellen. Dies weckt Schönheit von innen heraus. Unsere Beziehung zu uns selbst und zum Leben als Ganzes ist ein entscheidender Faktor für unsere Ausstrahlung und für unsere Schönheit. Lächelt das Leben in all seinen Erscheinungsformen an und es wird zurücklächeln, euch einen Kuss geben, mit euch tanzen. Je mehr unsere grundsätzliche Beziehung zum Leben einer Liebesgeschichte gleicht, umso besser fühlen wir uns – dies spiegelt sich in unserer äußeren Erscheinung."

Die Frauen waren beeindruckt von dieser neuen Sichtweise. Lucia war für sie ein lebendiges Beispiel für ein Leben, das auf dem Grundtenor des Verliebtseins basierte. Eine Frau, die sie schon lange kannte, sagte: „Ich habe bei dir beobachtet, dass du die seltene Fähigkeit hast, dich in all die Menschen zu verlieben, mit denen du arbeitest." Lucia lächelte: „Ja, ihr seid alle so wunderbare Geschöpfe. Es macht Freude, mit euch zusammen zu sein; es bereichert mich." Aus der Gruppe kam die Reaktion: „Und du bereicherst uns und unser Leben in hohem Maße." Alle lächelten erfüllt und glücklich. Lucia begann zu singen und alle stimmten in dieses Loblied auf die Schönheit der Schöpfung ein.

 ## 34. Ein farbenfroher Alltag

Eines Tages, als sich Lucia mal wieder mit Angelina traf, sagte diese: „Ich möchte dir noch etwas mehr über das Licht und seine Wirkung erzählen; sie reicht hinein bis in ganz bodenständige Bereiche eures Alltags – bis hin zu eurer Ernährung." Lucia horchte erstaunt auf und erfuhr Folgendes:

„Licht ist die Essenz des Lebens. Wenn der göttliche Funke in euch ist, dann strahlt ihr auch Licht aus. Ihr leuchtet gleich einer Glühbirne, solange die Lebensenergie in euch pulsiert. Dies gilt für alle lebenden Organismen: für Menschen, Tiere und Pflanzen. Ihr seid wie Lichtquellen in verschiedenen Formen, Größen und Farben.

Licht ist in all euren Zellen: sie nehmen Licht auf, speichern es und geben es ab. Kranke Zellen strahlen weniger Licht ab als gesunde; sie sind sozusagen lichtarm. Wenn ihr sterbt, dann erlischt auch das Licht in eurem Organismus. Für eure Gesundheit ist es wichtig, dass ihr ausreichend Sonnenlicht aufnehmt. Dies geschieht über die Haut, über die

Augen und über die Nahrung – insbesondere über das Essen von frischem Obst und Gemüse aus dem Garten.

Auch die Pflanzen nehmen Sonnenlicht auf. In all ihren Zellen ist Licht vorhanden, in jedem Apfel und jedem Weizenkorn. Oft kann man förmlich bei einem saftigen Pfirsich oder einer strahlend roten Tomate das zelluläre Leuchten mit bloßem Auge sehen. Grüne Lebensmittel enthalten chlorophyllreichen Pflanzensaft, einen der energiereichsten Nährstoffe. Chlorophyll wird mit Hilfe von Sonnenlicht, von Kohlendioxid aus der Luft und dem Wasser in allem Blattgrün gebildet. Es speichert enorme Mengen an Lichtenergie.

Wenn ihr nun diese Licht durchtränkte Nahrung aufnehmt, führt ihr auf diese Weise eurem Organismus Sonnenlicht und Lebenskraft zu. Deshalb ist es wichtig, bei der Ernährung darauf zu achten, dass ihr hochwertige Produkte mit vielen sogenannten Biophotonen zu euch nehmt."

Lucia war begeistert von dem, was sie gerade gehört hatte. Dies war ein perfektes Thema für ihr nächstes Treffen in der Frauengruppe. Sie gab die beeindruckenden Informationen, die sie von Angelina erhalten hatte, in großen Zügen weiter und sagte: „Es ist wichtig, gezielt Lebensmittel – und dies meine ich ganz wörtlich – zu Hause auf den Tisch zu bringen, die uns mit Licht und Lebenskraft versorgen. Sorgt für eine bunte Vielfalt auf eurem Speiseplan."

Die Frauen begannen gemeinsam, eine Liste von Gemüse und Früchten in den verschieden Regenbogenfarben zusammenzustellen.

Rot: Rote Beete, Tomaten
         Kirschen, Erdbeeren, Himbeeren, Johannisbeeren
Orange: Karotten, Kürbis
         Apfelsinen, Aprikosen, Pfirsiche

Gelb: Kartoffeln, gelbe Rüben

Zitronen, Quitten, Bananen

Grün: Grüne Salate, Bohnen, Grünkohl, Spinat, Zucchini, Kräuter

Stachelbeeren, grüne Apfelsorten, Weintrauben

Blau: Blaubeeren, Brombeeren, Pflaumen, blaue Trauben

Lucia war begeistert von all dem, was sie zusammengetragen hatten. Sie schlug vor, die nächste Zusammenkunft mit einem farbenfrohen Essen in der Casa del Sole ausklingen zu lassen. Jede der Frauen sollte dazu etwas mitbringen.

Es wurde ein wahres Festessen. Die Frauen hatten sich viel Mühe gegeben und es war deutlich: Das Auge isst mit. Lucia stimmte ein Danklied in der Gruppe an und dann segnete sie die Mahlzeit. Alle speisten mit viel Vergnügen in dem Bewusstsein, dass sie sich gerade mit Sonnenlicht und Lebenskraft aus der Natur aufluden.

Lucia weitete in der Gruppe das Thema Farben noch etwas aus und bot unter anderem die Übung „Farbiges Licht einatmen" an (s. Seite 55), die ihr Angelina in ihrer Pubertät gezeigt hatte.

Sie lud die Frauen ein, auf allen Ebenen Farbe in ihr Leben zu bringen; egal ob dies ihre Kleidung, ihr Haus oder ihren Lebensstil betraf. Es konnten kleine Dinge sein: ein buntes Tuch, Blumen auf dem Tisch, ein paar bunte Servietten oder Kissen, ein farbenfrohes Bild an der Wand.

Sie erklärte den Frauen, dass jede Farbe eine andere Frequenz des Lichts darstellt und eine spezielle energetische Wirkung hat. Dann gab sie folgende Anregung: „Fragt euch im Alltag immer mal wieder, welche Farbe euch gerade gut tut und euch stärkt.

Brauchst du im Moment

- mehr Rot: Kraft, Lebendigkeit und Lebensfreude
- oder Blau: mehr Ruhiges und Beruhigendes

- mehr Gelb: Wärmendes und Sonniges
- oder Orange: mehr Lebenssaft und Genuss
- oder mehr Lebensenergie, Zartheit und Zärtlichkeit
- vielleicht Lila: mehr geistige und spirituelle Impulse
- oder Weiß: Reinheit, Unschuld, Purheit?

Die Frauen waren von all den spannenden Informationen angetan, die sie erhielten und hatten Lust, in der Praxis damit zu spielen. Lucia ergänzte: „Manche Menschen reagieren sehr stark auf Farben und können ihre energetische Schwingung sowie Stimmung damit deutlich anheben. Experimentiert auch damit, welche Farbkombinationen euch ansprechen und habt Mut zu Gewagtem. Die Natur kann diesbezüglich eine gute Lehrerin sein mit ihrer reichen Farbpalette, die sie uns in der Flora und Fauna präsentiert."

Zum Schluss der Zusammenkunft legte Lucia ein großes Blatt Papier über drei Tische und stellte Farbstifte, Pinsel sowie Farbtöpfe zur Verfügung. Die gesamte Gruppe malte gemeinsam spontan ein leuchtendes Bild – es spiegelte die Fülle des Lebens wider. Sobald die Farbe getrocknet war, wurde es umgehend an einer Wand der Casa del Sole aufgehängt.

Als Anregung für die kommende Woche bat Lucia jede Frau, einen neuen Farbtupfer in ihrem Leben zu setzen. Manchmal hatten ihre ‚Hausaufgaben' weitgehende Konsequenzen, wie folgende Geschichte zeigt.

Rosemarie war eine etwas schüchterne junge Frau. Sie lebte noch bei ihren Eltern und arbeitete als Dienstmädchen bei Herrschaften, die in der Stadt ein großes Haus hatten. Die Lichtübungen, die Lucia mit ihnen in der Gruppe gemacht hatte, hatten bei ihr viel in Bewegung gebracht. Sie spürte mehr und mehr: Ich muss in meinem Leben etwas ändern, ich darf mein Licht nicht weiter wie bisher unter den Scheffel stellen. Während der

Imagination von der Biene in der roten Tulpe hatte sie bemerkt, wie viel Lebendigkeit und Lebensfreude die Farbe Rot in ihr weckte. Und sie beschloss, einen roten Stoff zu kaufen, um sich daraus ein Kleid zu nähen. Dies war ein echter Farbtupfer in ihrer sonstigen Garderobe, die bislang aus sehr zurückhaltenden Farben bestand – genau wie sie selbst.

Schon beim Nähen spürte Rosemarie, wie die rote Energie in all ihre Zellen drang und sie belebte. Vorläufig zog sie das neue Kleid erstmal nur zuhause an, um sich langsam an ihr verändertes Aussehen zu gewöhnen – war es doch ein beachtlicher innerer Schritt, plötzlich Farbe zu bekennen.

Schon bald bot sich eine passende Gelegenheit, das rote Kleid aus-zuführen. Rosemarie hatte sich mit einer jungen Lehrerin aus Lucias Gruppe angefreundet. Als diese anlässlich eines runden Geburtstags ein Fest gab, war auch sie eingeladen. Sie freute sich sehr, denn sie lebte recht zurückgezogen und hatte zunehmend das Empfinden, dass sie mehr auf die Bühne des Lebens treten sollte. Die Einladung ihrer Freundin kam ihr wie ein Zeichen vor, dass das Leben sie zum Tanz aufforderte. Es waren viele Leute bei diesem Fest und Rosemarie hielt sich erstmal etwas am Rande. Sie fühlte sich wohl in ihrem roten Kleid; sie ließ ihre Herzens-sonne leuchten und sendete innerlich die Botschaft aus: „Hier bin ich. Ich bin bereit."

Später am Abend, als die Musik spielte, bat sie ein Cousin ihrer Freundin auf die Tanzfläche. Die zarte junge Frau mit dem feschen roten Kleid war ihm aufgefallen. Dieser Tanz wurde zu einem Meilenstein in Rosemaries Leben. Die Chemie zwischen den beiden war großartig. Sie tanzten und unterhielten sich für den gesamten Rest des Abends. So begann ihre Liebesgeschichte; ein Jahr später wurde besagter Cousin ihr Ehemann.

Rosemarie hatte im Laufe mehrerer Monate mit Lucias Hilfe eine gute Beziehung zu sich selbst entwickelt. Nachdem sich Blockaden in ihrem Inneren gelöst hatten, vermochte das Leben sie in neuer Weise zu berühren und sie abzuholen. Rosemarie war Lucia unendlich dankbar; sie war der entscheidende Katalysator für ihre innere Entwicklung gewesen und die daraus entstehenden Veränderungen im Außen.

Lucia wandte sich in der Gruppe als nächstes dem Thema Kommunikation zu. Sie hatte die Teilnehmerinnen bereits mit der Übung „Der Sonnenstrahl" (s. Seite 39) vertraut gemacht. Danach hatten diese in der Gruppe berichtet, wie eifrig sie seither Sonnenstrahlen in den Kreis ihrer Familien und Freunde geschickt hatten. Heute wollte Lucia ihnen noch eine Erweiterung dieser Übung zeigen, um eine atmende Herzensverbindung zu anderen aufzubauen.

Das Licht-Netz

„Erinnere dich an einen Moment, in dem es dir warm ums Herz geworden ist und deine Herzenssonne zu strahlen begann. Atme eine Weile über dein Herz ein und aus. Jetzt beginnst du, zu summen – auf einer Tonhöhe, die für dich angenehm ist. Mit einem mühelosen weichen Ton schickst du Licht in deinen ganzen Körper, sodass es sich überall ausbreiten kann: in deinem Bauch, deinen Beinen und Füßen, den Händen, deinem Kopf. Es tanzt durch deinen ganzen Körper.
Jetzt lässt du es auch nach draußen tanzen und schickst aus deinem Herzen einen Sonnenstrahl zu einer Frau im Kreis. Mit einem Summton fließt es von deinem Herzen aus in den Raum und berührt das ihre. Über das Licht kannst du Wertschätzung, Herzenswärme, liebevolle Freundlichkeit oder Liebe zu ihr strömen lassen. Nach einer Weile verabschiedest du dich wieder von ihr und wählst eine andere Frau aus dem Kreis, der du summend eine Herzenspost

schickst. Finde deinen Rhythmus für solch eine Sonnenstrahlen-Begegnung und suche dir dann noch eine Frau – und noch eine weitere aus.

Jetzt schickst du das Licht mit deinem Summton in die gesamte Gruppe. Spürst du die vielen Lichtstrahlen, durch die wir miteinander verbunden sind? Mit jedem Atemzug sendest du deinen Ton aus und gleichzeitig empfängst du lichte Summtöne von anderen Frauen. Öffne all deine Poren und nimm die Klang- und Lichtwellen in deinen Körper auf. Gemeinsam erschaffen wir ein atmendes Lichter-Netz. Wie fühlst du dich als Teil dieses Ganzen?

Von unserem Kreis lassen wir nun Licht in den ganzen Raum fließen und dann über die Wände hinaus nach draußen. Wir schicken summend das Licht in alle Häuser dieser Straße, in das ganze Stadtviertel – zu allen Frauen, die hier leben. Jetzt erweitern wir unseren Lichtkreis noch mehr und beziehen die gesamte Stadt mit ein; allen Frauen schicken wir Wohlwollen, Herzenswärme, Licht und Liebe.

Unser Lichtkreis gleicht einem großen Sonnenball und begleitet von unseren Summtönen senden wir nun die Lichtstrahlen noch weiter hinaus zu allen Frauen in unserem Land. Es entsteht ein funkelndes, klingendes Lichternetz. Wir sind alle miteinander verbunden; allesamt senden und empfangen wir Lichtimpulse. Ist das nicht wunderbar?

Spüre diesem Pulsieren des Lichts noch eine Weile nach. Du bist gehalten und geborgen in einem Meer von Licht – wie immer deine momentane persönliche Situation auch sein mag."

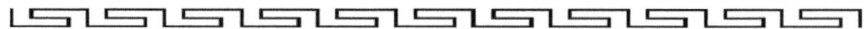

Lucia erklärte, dass man das Licht natürlich auch zu Kindern, Männern, Kranken oder älteren Menschen schicken könne – zu allen Menschen im Lande und auch darüber hinaus in die ganze Welt. Zum Einstieg in diese Art der Lichtmeditation hatte sie heute bewusst das Knüpfen eines Lichternetzes unter Frauen angeregt, um die weiblichen Kräfte zu stärken.

Teil 3: Innere und äußere Fülle

 ## 35. Schwäche und wahre Stärke

Lucia war in der kommenden Woche für einen neuen Hausbesuch eingeteilt worden. Sylvia hatte einen schweren Unfall mit einem Pferdewagen gehabt. An ihren vielfältigen Verletzungen wäre sie beinahe verblutet. Sie hatte ihr Bewusstsein verloren und ein Nahtod-Erlebnis gehabt. Die junge Frau war bereits an der Schwelle zum Jenseits gewesen, aber sie war wieder zurückgekommen.

Anschließend hatte sie längere Zeit im Krankenhaus verbracht und danach war sie mehrere Wochen bei ihrer Mutter in der Nachbarstadt, die sie pflegte, bis ihre Knochenbrüche größtenteils geheilt waren. Sylvia sehnte sich allmählich wieder nach ihrem eigenen Zuhause und war jetzt seit einer Woche wieder bei ihrem Mann.

Sie hatte noch erhebliche Schwierigkeiten, wieder in ihr Alltagsleben zurückzufinden. Im Haushalt bekam sie Hilfe von einer Putzfee und von ihrer Schwägerin. Lucia würde demnächst zweimal in der Woche am Nachmittag kommen, um sie primär auf der seelischen Ebene zu begleiten. Sylvia war noch immer schwach und musste sich öfters tagsüber hinlegen. Durch ihre Knochenbrüche hatte sie noch einige Bewegungseinschränkungen und an manchen Tagen ziemliche Schmerzen.

Sie freute sich schon auf Lucia, die sie bereits früher bei einem Konzert kennengelernt hatte und sie spürte, dass diese lichtvolle Frau genau die Richtige sein würde, um sie auf ihrem Weg zurück ins normale Leben zu unterstützen.

Die beiden verstanden sich gleich beim ersten Treffen hervorragend. Sylvia erzählte Lucia ein wenig von ihrem Leben vor dem Unfall – und von diesem Tag des Schreckens, der ihr Leben total verändert hatte. Lucia hörte aufmerksam zu und fragte etwas genauer nach, was sie erlebt hatte, nachdem sie ohnmächtig geworden war. Sylvia hatte noch niemandem davon berichtet. Sie vermutete, dass Lucia ihre Erfahrung verstehen würde und öffnete sich jetzt.

„Weißt du, ich habe in diesem Moment etwas Außergewöhnliches erlebt. Plötzlich war ich außerhalb meines Körpers und ich sah alles von oben: den Pferdewagen im Graben, meinen reglosen Körper, die anderen Menschen. Ich spürte eine Kraft, die mich weiter nach oben zog und bewegte mich wie durch einen Tunnel auf ein immens helles Licht zu. Dies war kein Traum, sondern ganz real.

Ich wurde hineingezogen in dieses strahlende Licht. Seine Leuchtkraft übertraf alles, was ich von der Erde kannte. Ich war umhüllt von Licht und bedingungsloser Liebe und schwebte in einem unendlich weiten, leuchtenden Raum. Es war ein überwältigendes Erlebnis. Ich habe in Sanftheit, Zartheit sowie grenzenloser Liebe gebadet und fühlte mich eins mit allem um mich herum.

Was ich dort erfahren habe, ist mit keinem Superlativ der menschlichen Sprache wiederzugeben. Ich wollte für immer in dieser Sphäre bleiben, aber da war etwas, das mich aufforderte, zur Erde zurückzukehren und mich wissen ließ: ‚Deine Zeit ist noch nicht gekommen; es warten noch Aufgaben und bereichernde Erfahrungen für dich auf dem Planeten Erde.'

Und dann befand ich mich plötzlich wieder in meinem Körper. Oh Schreck, überall tat es weh. Ich war im Krankenhaus und begann wahr zu nehmen, wie ein Arzt und eine Krankenschwester besänftigend auf mich einredeten. Ich fühlte mich eingesperrt im Gefängnis des Körpers, spürte die Schwere der Materie; es war furchtbar. Die andere Welt war sooo viel schöner." Lucia nickte verständnisvoll: „Ja, die Welt des Lichts ist wunderbar – eine Sphäre voll Liebe, Harmonie und strahlender Schönheit. Dort kommen wir her und dorthin kehren wir zurück. In der Lichtwelt ist die Heimat unserer Seele."

Sylvia war erfreut, dass Lucia offensichtlich recht genau wusste, wovon sie gesprochen hatte. Sie fühlte sich gesehen und verstanden. „Warum durfte ich denn nicht dort bleiben?" fragte sie. „Weil deine Zeit hier auf der Erde noch nicht abgelaufen ist." „Und wieso habe ich diesen ‚Ausflug' dann überhaupt gemacht?" fragte Sylvia.

Lucia drückte ihre Vermutung so aus: „Vielleicht war es ein Geschenk, um dich zu erinnern, wer du wirklich bist: ein Lichtwesen. Wenn wir auf die Erde kommen und hier einen menschlichen Körper bewohnen, dann vergessen wir dies im Allgemeinen und identifizieren uns vollständig mit unserem irdischen Sein. Es gibt verschiedene Ereignisse im Leben von Menschen, die zum Aufwachen aus dem Traum dienen können: zum Beispiel ein tiefer Schock, eine schwere Krankheit oder ein Unfall. Hier kann sich gelegentlich eine Tür zur unsichtbaren Welt öffnen und uns die Wahrheit über unser Selbst erkennen lassen. Viele, die schon einmal an der Schwelle zum Tod waren und zurückgekehrt sind, berichten wie du von dem Tunnel und dem gigantischen Licht an seinem Ende. Meist kehrt ein Mensch nach solch einem Erlebnis als ein anderer in die irdische Welt zurück."

Lucia hoffte, dass Sylvia ihre Worte verstehen würde. So gut sie konnte, hatte sie die Informationen, die ihr Angelina einst gegeben hatte, jetzt in ihrer eigenen Sprache formuliert. Sylvia sagte: „Ja, das stimmt, diese Erfahrung hat mich verwandelt. Seither habe ich ein anderes Lebensgefühl; ich fühle mich stärker verbunden mit etwas Größerem und von dort gehalten. Ich denke auch heute noch öfters an dieses immense Licht.

Lucia sagte: „Ist das nicht eine äußerst kostbare Erfahrung, die deinen inneren Horizont radikal erweitert hat?" Sylvia nickte.

„In deinem Kern bist du ein strahlendes Wesen aus Licht. Vergegenwärtige dir dies immer wieder, während du hier auf der Erde herumspazierst und menschliche Erfahrungen in der Welt der Dualität machst – wie zum Beispiel die Erfahrung mit einem Körper, der nach dem Unfall noch öfters schmerzt und noch geschwächt ist. Du bewohnst diesen Körper, aber du bist viel mehr als dein Körper. Dies hast du durch den Unfall sehr deutlich erfahren dürfen und dein lichtvolles Selbst spüren können." Sylvia verstand, was Lucia meinte. Sie hätte es selbst nicht so formulieren können, doch sie spürte von innen die Wahrheit dieser Worte.

Lucia fuhr fort: „Die innere Verbindung mit der Kraft deiner Seele ist etwas sehr Wichtiges für deinen Heilungsprozess. Von dort vermagst du deinen Körper mit heilsamen Bildern und Informationen zu steuern. Stell dir vor, du bist eine strahlende Königin und herrschst über dein Leben. Du besitzt die Fähigkeit, deine Körperempfindungen, Gefühle und Gedanken wesentlich zu beeinflussen – du regierst sie."

Sylvia war beeindruckt. „Und das zeigst du mir?" fragte sie erwartungsvoll.

„Ja, wenn du magst" erwiderte Lucia. „Mit der Rolle der inneren Königin ist allerdings gleichzeitig viel Verantwortung verbunden." Sylvia war zu allem bereit; sie war enorm neugierig auf das Abenteuer mit Lucia.

Diese sagte: „Wir hatten jetzt ein intensives Gespräch und deshalb halte ich für heute den praktischen Teil erstmal recht klein. Ich schlage dir folgendes vor: Verbinde dich jeden Tag ein- bis zweimal mit diesem immensen Licht, in das du nach deinem Unfall eingetaucht bist. Wenn schwierigen Situationen und Emotionen auftauchen, die mit deinem Unfall zusammenhängen, umhülle sie allesamt mit diesem heilenden

Licht. Beobachte achtsam, ob sich dann dein Erleben davon verändert."
Sylvia war hoch motiviert und tief dankbar für diese erste Begegnung.

Täglich erinnerte sie sich an die lichte Welt, die sie erfahren hatte
und spürte das Licht in allen Fasern ihres Seins. In diesen Minuten konnte
sie sich tief entspannen; plötzlich hatte sie Ferien von allen Problemen
ihres Alltags. Jedes Mal tauchte sie erfrischt und fröhlich nach so einem
kleinen ,Urlaub' wieder auf.

Als Lucia das nächste Mal zu ihr kam, ging es Sylvia gar nicht gut und sie
beschwerte sich über ihren Körper: er war so müde, die Gliedmaßen
waren manchmal noch unbeholfen, die Bewegungen ungeschickt. Lucia
sagte: „Ich schlage dir vor, deinen Körper in einem anderen Licht zu
sehen. Du guckst gerade durch eine eher dunkle Brille und registrierst
primär, was dein Körper noch nicht kann." Sylvia nickte. „Ich habe einen
Vorschlag: du könntest stattdessen die Brille der Dankbarkeit aufsetzen
und mit Freude registrieren, was nach dem Unfall jetzt schon wieder alles
geht. Du hast so viel geschafft und dein lieber Körper hat bereits einen
fantastischen Heilungs- und Regenerationsprozess durchschritten." Sylvia
nickte wieder und erwiderte etwas beschämt: „Ja, das ist wahr, dies sollte
ich mehr würdigen."
Lucia fuhr fort: „Außerdem möchte ich dich zu einem Experiment einladen. Du hast mir vorhin erzählt, dass du heute wieder vermehrt
Schwierigkeiten beim Laufen hast, weil sich dein Knie schwach anfühlt
und du wieder einen Hinke-Gang hast. Versetze dich jetzt einmal in
deiner Vorstellung in die Zeit vor deinem Unfall und vergegenwärtige dir
einen Moment, in dem du leichten Schrittes gegangen bist: zum Beispiel
im Garten oder bei einem Spaziergang. Du siehst und gleichzeitig spürst
du, wie dein Bewegungsablauf harmonisch ist und du dich zügig fort-
bewegst. Gelingt dir das?"

„Ja, es ist wunderbar." „Dann bleibe eine Weile bei dieser gefühlten Erinnerung" sagte Lucia. „Schicke Liebe, Licht und Leichtigkeit in deine Beine. Bitte sie, sich zu erinnern und dich jetzt genauso vorwärts zu tragen, wie in der damaligen Situation. Schenke deinem Knie ein freundliches warmes Lächeln und beginne dann sitzend auf deinem Stuhl in einer Mikrobewegung den Bewegungsablauf vorzubereiten. Nun hüllst du dich ganz in Licht und stellst dir erstmal vor, wie du aufstehst und in flüssiger Bewegung durch den Raum gehst – und dann tust du es wirklich."

Sylvia war überrascht: „Oh, es geht viel besser als heute Vormittag." Nach einer Weile ergänzte sie: „Aber die Bewegung ist noch nicht so flott wie in der Situation im Park, die ich mir vorgestellt hatte." Lucia erwiderte: „Erinnere dich, du bist eine Königin, Sylvia. Königinnen rennen nicht – sie schreiten." Daraufhin schritt sie ein paar Mal durch das große Wohnzimmer und lächelte zufrieden.

An einem anderen Tag sagte Sylvia, als Lucia kam: „Ich bin gerade so frustriert; heute kann ich mich wieder nur so langsam wie eine Schildkröte bewegen." Lucia schmunzelte: „Aber du bist keine Schildkröte, du bist eine Königin. Wenn die Bewegung heute nicht zügig ist, dann ist sie eben königlich (!) langsam. Das Wichtigste ist, dass du königlich denkst und fühlst – dann entsteht Frieden mit der Situation, so wie sie gerade ist. Es liegt an deiner inneren Haltung, ob Unruhen und Krieg oder ob Frieden in deinem Königreich herrscht." Sylvia war immer wieder verwundert: Lucia ließ einfach keine Klagen gelten, sondern sah die Situation aus einem anderen Blickwinkel. Darin hatte sie wirklich eine erstaunliche Begabung.

 36. Licht- und Schattenseiten

Sylvia ging mit Lucia verschiedene Situationen ihres Alltags durch, die für sie herausfordernd waren. Sie sagte: „Weißt du, an manchen Tagen fühle ich mich so schwach. Ich liege auf dem Sofa, mache ein bis zwei deiner schönen Übungen, aber trotzdem komme ich irgendwie nicht in Schwung. Dies passiert besonders oft an grauen und trüben Tagen. Was soll ich dann tun?"

Lucia überlegte: „Der erste Schritt ist es, auch diese Facette in deinem inneren Königreich zuzulassen und zu akzeptieren." „Wirklich? Schlappheit, Schwere, Trübsinnigkeit, Impulslosigkeit?" fragte Sylvia ungläubig. „Ja, auch all diese Qualitäten gehören zum Königreich innerer Fülle dazu." „Mit diesen dunklen Seiten fühle ich mich alles andere als königlich." „Ja, weil du sie ablehnst" erwiderte Lucia. „Erst wenn du dir zutiefst erlaubst, dass auch einmal Schwere präsent sein darf, findest du zu wirklicher Leichtigkeit. Wenn du nicht mehr gegen sie ankämpfst, dich nicht zwanghaft abmühst, leicht zu sein – dann kann sich ein echter Raum voll königlicher Leichtigkeit und Beschwingtheit eröffnen.

Diese Momente, die du eben beschrieben hast, sind eine wunderbare Gelegenheit, dein inneres Königreich auszudehnen. Geh in solchen Situationen ganz tief in dein Herz, an den heilen Ort in deinem Inneren. Du verbindest dich mit deiner inneren Sonne. So wie die Sonne am Himmel nicht wertet, sondern gleichermaßen ihr Licht und ihre Wärme allen Lebewesen schenkt, so lässt auch du deine Herzenssonne auf all deine Empfindungen, Gefühle und Gedanken scheinen und umhüllst sie mit Licht. In deinem Herzen findest du die Kraft, als strahlende Königin von Moment zu Moment alle Erfahrungen in deinem inneren Reich willkommen zu heißen.

Magst du dir einmal die letzte Situation vergegenwärtigen, in der du so wie beschrieben mit einem niedrigen Energiepegel auf dem Sofa lagst und jetzt anders mit deiner Befindlichkeit umgehen?" Sylvia war schon in die Übung eingetaucht. Sie verband sich mit ihrem Herzen und begann von dort aus mit ihrem Körper zu reden: „Mein lieber Körper, ich sehe, wie müde und schwer du gerade bist. Ich spüre deine Schlappheit. Es ist okay, dass all dies jetzt da ist. Ja, es ist in Ordnung – es darf sein. Ich bin bei dir mit meinen Sonnenstrahlen. Ich umhülle dich jetzt sanft mit meinem Licht und meiner Liebe." Sylvia bemerkte, wie wohl es ihrem Körper tat, gesehen und angenommen zu werden; wie sich langsam und ganz von selbst etwas zu verändern begann. Nach einer Weile sagte sie: „Jetzt kommt Energie in Fluss und es ist deutlich heller und freundlicher. Aber ich bin mir nicht sicher, ob ich so schon vom Sofa hochkommen würde."

Lucia überlegte: „An diesem Punkt scheint es mir hilfreich, wenn du dir etwas Schönes vorstellst, was dich motiviert, aufzustehen. Was würde dir gut tun?" Sylvia antwortete: „Ich könnte zum Beispiel Klavier spielen. Meistens ist es für mich in solchen Situation allerdings am besten, raus zu gehen an die frische Luft: zum Beispiel durch den Park mit den schönen Blumen zum Krämerladen zu laufen und dort etwas Leckeres einzukaufen, Menschen zu begegnen und mich von ihrem Schwung anstecken zu lassen oder meine Schwester mit ihren zwei goldigen kleinen Kindern zu besuchen."

Lucia fuhr fort mit ihren Anregungen „Okay, dann stell dir schon einmal vor, wie du gleich unterwegs sein wirst, während du noch auf dem Sofa liegst. Wie bist du gekleidet, wie bewegst du dich? Unterstütze dich mit Farben und einer stimmigen Garderobe. Welche Farbe tut dir heute gut und bringt deine Energie in Schwung? Hol dir etwas Passendes für deine Tagesverfassung aus dem Kleiderschrank. Zieh dich schick an, sodass du dich richtig wohlfühlst als Königin Sylvia. Hol dir noch ein Tuch, eine schöne Kette oder andere Accessoires dazu, die dir das Gefühl geben: Ich bin eine schöne Frau. Wenn du für die äußere Form sorgst, wirst du bemerken, dass dies auch nach innen wirkt.

Erinnerst du dich an die Zeit vor dem Unfall, als Sylvia, die schöne junge Frau, frisch verheiratet und glücklich durch die Welt ging? Knüpfe jetzt an dieses Gefühl an. Du gehst nach draußen, trägst deine Krone und würdigst das Tempo, welches für deinen Körper gerade stimmig ist. Aufrecht und würdevoll bewegst du dich fort. Du genießt die Schönheit der Umgebung und die Menschen um dich herum. Du bist kein Unfallopfer, das sich durch den Tag schleppt, sondern eine Königin, die voll Würde durch alle Situationen ihres Lebens schreitet: durch die hellen und die dunklen, die freudigen und die herausfordernden. Magst du das mal ausprobieren?" Sylvia war dankbar für diese Anregungen. Sie verstand immer mehr, was es bedeutete, Königin im Reich des eigenen Lebens zu sein. Dies war wieder eine Situation, die sich als Bewährungsprobe eignete.

Nach einer Woche berichtete Sylvia angetan: „Letzten Donnerstag habe ich wieder einen mühsamen Morgen erlebt, ich bin wie eine lahme Ente durchs Haus gegangen. Da erinnerte ich mich an deine Worte und dachte: Auch wenn ich mich gerade wie eine lahme Ente fühle, wie eine graue Maus, langsam wie eine Schildkröte – das bin ich nicht. Ich rief: ‚Hallo Königin Sylvia, wo bist du?'

Dann bin ich zu meinem Schrank gegangen und habe mir mein gelbes Kleid heraus geholt. Damit fühlte ich mich gleich ganz anders. Dazu habe ich die schöne Kette, die mir mein Mann zur Hochzeit geschenkt hat, sowie ein farbenfrohes Tuch getragen. Und als nächstes habe ich mir meine Haare elegant hochgesteckt. Als ich mich im Spiegel sah, war ich überrascht und sagte spontan: "Guten Morgen, Königin Sylvia. Sie sehen ja heute gut aus." Ich lächelte sie an und sie lächelte zurück.

In diesem Moment fühlte ich mich von innen her noch nicht so gut wie mein Äußeres es zeigte, aber ich wuchs zunehmend in diese Form hinein, als ich in der Sonne langsam zum Markt ging, um mir eine paar süße Früchte zu holen. Es war erstaunlich: die ‚Verkleidungsaktion' hatte gewirkt und mir geholfen, wieder in Kontakt zu meinem Königinnen-Gefühl zu finden. Nachdem ich mich mit meinem inneren Licht verbunden hatte, leuchtete mein gelbes Kleid noch heller. Und, oh Wunder, es ging mir auch körperlich um vieles besser." Lucia lächelte und freute sich über diese Entwicklung.

Sylvias Leben wurde dank Lucias Unterstützung zusehends wieder leichter und sie regenerierte sich Schritt für Schritt. Allerdings machte es Sylvia zu schaffen, dass sie immer noch relativ wenig tun konnte. Lucia sagte: „Meine Liebe, ich kann verstehen, dass du gerne wieder mehr Dinge selbst in deinem schönen Haus und im Garten erledigen würdest, dass du dich danach sehnst, wieder zunehmend am gesellschaftlichen Leben teil zu nehmen, zu tanzen so wie früher. Dein Heilungsprozess braucht allerdings Zeit und von dir wird noch Geduld verlangt. Für dich ist im Moment ‚Sein' wichtiger als ‚Tun'. Sei einfach da als innere Königin in deinem Reich."

Sylvia fragte nach: „Du meinst damit eine königliche Haltung gegenüber all den Bewegungen in meinem Inneren, nicht wahr?" Lucia erwiderte: „Ja. Und gleichzeitig kannst du dich auch in königlicher Weise mit anderen verbinden, selbst wenn du gerade nicht in konkretem Kontakt mit jemandem stehst. Du kannst zum Beispiel aus deinem Herzen Sonnenstrahlen zu Menschen in deinem Königreich schicken. Oder du sitzt einfach auf deinem Königinnenthron – vielleicht ist es der Sessel im Wohnzimmer, ein Gartenstuhl auf der Terrasse oder eine Bank im Park – und lässt aus deinem Herzen bunte Schmetterlinge in die Welt fliegen.

Oder du bereicherst deine Umwelt mit deinem Lächeln und deinem inneren Strahlen. Auch wenn du äußerlich nicht sehr aktiv bist, so vermagst du doch auf der inneren, energetischen Ebene einen Beitrag zu leisten, um die Welt schöner zu machen." Sylvia nickte. Sie verstand: Es ging primär um die Qualität ihrer Schwingung. So legte sie die Basis für die Zukunft, in der sie wieder mehr Aktivitäten entfalten würde.

Nach einem halben Jahr beendete Lucia ihre wöchentlichen Besuche. Sylvia hatte den Faden in ihrem Leben wieder aufgenommen; es ging ihr körperlich gut und sie hatte zu ihrer früheren Heiterkeit zurück gefunden. Sylvias Ehemann hatte mitbekommen, wie einfühlsam Lucia seine Frau durch ihren Heilungs- und Entwicklungsprozess begleitet hatte. Er wollte sich zum Abschluss mit einem Geschenk bedanken und lud Lucia in die Oper ein. Es sang ein Ensemble mit auserlesenen Sängern und an diesem Abend trat auch der beste Tenor des Landes auf.

Sie besuchten zu dritt die Vorstellung. Für Lucia als Sängerin war dies ein besonderes Fest. Auch für Sylvia war dieser Abend etwas besonders Kostbares: nach ihrem Unfall war sie zum erstmals wieder in der Oper. Und ihr Mann genoss diesen musikalischen Abend ebenfalls in vollen Zügen – verbrachte er ihn doch an der Seite von zwei strahlenden Königinnen.

 ## 37. Opfer oder Königin sein

Bei einem Treffen mit Angelina sagte Lucia: „Ich begegne immer wieder Frauen, die sich als Opfer ihres Lebens betrachten. Was kann ich ihnen anbieten, damit sie aus der Opferrolle herausfinden?" Angelina erläuterte ihr: „Aus einer übergeordneten Perspektive gesehen ist kein Mensch ein

Opfer. Auf irgendeiner Ebene haben alle gewisse Umstände und wichtige Ereignisse in ihrem Leben selbst gewählt. Manchmal handelt es sich um Entscheidungen, die wir bewusst nie treffen würden – sie kommen von einer unbewussten oder überbewussten Ebene und haben mit der Erfüllung unser Seelenaufgabe zu tun. Dies zu sehen, ist oft aus der begrenzten menschlichen Perspektive nicht möglich. Niemand ist ein Opfer; diese Sichtweise sowie die dazugehörigen Gefühle entstehen lediglich aus der eingeengten menschlichen Wahrnehmung." Lucia hörte aufmerksam zu und sagte: „Diese Erklärung ist sehr hilfreich."

Angelina fuhr fort: „Menschen reagieren auf ganz verschiedene Weise auf Herausforderungen und Widrigkeiten des Lebens. Ich nenne dir im Folgenden mal einige davon:

1. Opfer sein

Manche fühlen sich als Opfer und geben dem Leben sowie anderen die Schuld für ihre Situation. Ihre Haltung ist meist leicht gebeugt, der Gesichtsausdruck bedrückt.

2. Kämpfen

Der Gegenpol zum passiv leidenden Opfer ist der Kämpfertyp. Er befindet sich im Widerstand zu den momentanen Gegebenheiten des Lebens und bäumt sich auf. Dabei beißt er die Zähne zusammen und versucht mit all seiner Kraft, die Situation zu verändern.

3. Tapfer ertragen

Ein anderes Reaktionsmuster besteht darin, einzusehen, dass man an einer Situation momentan nichts ändern kann, jedoch gleichzeitig im inneren Widerstand zu verbleiben. Und so bemühen sich manche Menschen dann, die Lebensumstände tapfer zu ertragen. Ihr Gesicht ist oft ernst und hart; sie wirken angestrengt bei dem Versuch, Haltung zu bewahren.

4a. Mit Würde tragen

Auf einer höheren Stufe schauen Menschen schwierigen Umständen ebenfalls ins Auge, wobei sie diese bewusst würdigen und annehmen. Sie tragen die Situation mit Würde und gehen mit erhobenem Haupt hindurch. Sie wissen um ihre Verantwortung und dass sie Königin oder König ihres eigenen Lebens sind. Sie haben sich für Frieden mit dem gegenwärtigen Moment entschieden. Eine Königin ist innerlich stark, gleichzeitig allerdings auch sanft und flexibel – wie Wasser, das sich einen Weg um Felsbrocken bahnt, die im Flussbett liegen.

4b. Genießen

Sie mag in einer schwierigen Situation stecken, aber durch die aufrechte Haltung mit ihrer Krone auf dem Kopf hat sie den Überblick. So vermag sie das Leben in seiner Ganzheit zu sehen: es ist reich und schön. Deshalb nimmt sie die nährenden Dinge am Wegesrand bewusst war und genießt mit allen Sinnen diese ‚kleinen Glücke'. Ein Mensch, der sich im Genuss-Modus befindet, hat oft ein Lächeln auf dem Gesicht.

Schwierige Lebensphasen trägt die innere Königin mit Souveränität und Würde, wobei sie zugleich so oft wie möglich dem Freude-Genuss-Faktor Raum gibt. Im irdischen Leben herrscht die Dualität; sie umhüllt beide Pole menschlichen Erlebens mit ihrem Licht und steht auf diese Weise mitten im Reich der Fülle.

Natürlich gibt es noch wesentlich mehr Möglichkeiten, wie Menschen herausfordernden Ereignissen begegnen können. Obige kleine Skala kann dir und den Frauen, mit denen du arbeitest, als Orientierung dienen, um zu spüren: Wo stehe ich gerade? Wie reagiere ich auf meine Erfahrungen: was erzählt meine Körperhaltung, was mein Gesichtsausdruck? Nach solch einer Standortbestimmung eröffnet sich die Möglichkeit, bewusst zu wählen: Will ich hiermit fortfahren oder meine innere Haltung verändern?"

Lucia ließ das Gesagte nachwirken. Vor ihrem inneren Auge zogen verschiedene Frauen vorbei, die sie gerade begleitete oder die sie in der Vergangenheit begleitet hatte – und sie vermochte die einzelnen Reaktionsmuster zuzuordnen, die Angelina genannt hatte. Dann sagte sie: „Diese Muster können aber auch innerhalb kürzester Zeit wechseln, nicht wahr? Du gehst vielleicht mit deiner Krone auf dem Kopf lächelnd durchs Leben und plötzlich passiert etwas Unangenehmes. Dann kann es sein, dass dir kurz darauf die Krone herunter kullert, die Mundwinkel nach unten zeigen und die Arme wie lahme Flügel herunterhängen. Schwupp-die-wupp bist du in den Opfermodus gerutscht."

Angelina erwiderte: „Ja, das kann vorkommen. Wichtig ist, dass du bemerkst, was da gerade in dir geschieht. Dann kannst du eine andere Sichtweise auf das Ereignis wählen. Du richtest dich auf, übernimmst bewusst die Verantwortung für deine Gefühle sowie Gedanken und richtest sie gezielt neu aus (s. Übungen Seite 129 und Seite 145). Wenig später wird deine Krone dann von oben auf dich herunter schweben und sanft wieder auf deinem Kopf landen. Deine innere und äußere Haltung korrespondieren miteinander."

Lucia nickte: „Ja, diesen Prozess habe ich schon des Öfteren erlebt. Es fühlt sich so gut an, wenn die Krone wieder an ihrem Platz ist. Dann habe ich in der Situation gewonnen." Angelina fuhr fort: „Das hast du schön ausgedrückt. Auf der weltlichen Ebene kann man nicht permanent siegen; zum Spiel des Lebens in der Dualität gehören Gewinn und Verlust, Aufblühen und Vergehen, Erfolg und Misserfolg. Wenn du dich im Königinnen-Modus befindest und eine herausfordernde Situation bewusst und mit Würde gemeistert hast, dann kannst du dich auf der inneren Ebene doch als Gewinnerin fühlen. Du hast die niedrigen Frequenzen von

Opfer, Angst, Mangel oder Minderwertigkeit überwunden und dich in eine hohe, lichte Frequenz eingeschwungen – und so das Spiel gewonnen." Lucia ergänzte: „Dieser Prozess ist allerdings mit einiger innerer Arbeit verbunden."

„Ja, da hast du Recht. Du musst, bildlich gesprochen, auf seelisch-geistiger Ebene deine Muskeln kräftigen und diese dann gezielt einsetzen." (s. Königinnen-Checkliste Seite 234). Lucia war erfreut über das, was sie gerade von Angelina gehört hatte. Sie dachte: Aus dieser Perspektive gesehen, ist es grundsätzlich jedem Menschen möglich, Gewinner(in) zu sein und sich als solche(r) zu fühlen – welche Erfahrung man auch immer gerade macht. Welch gute Botschaft!

Nach einer Weile sagte Angelina: „Zum Abschluss unseres heutigen Zusammenseins möchte ich dir noch eine Übung zeigen. Mit ihr kannst du deinen Körper und seine Energiezentren durchlichten und bewusst hochschwingende Energie von unten bis zu deinem Kopf und deiner Krone aufsteigen lassen. Allerdings will ich dir vorher dazu noch einiges erklären:

So wie das Knochenskelett eine wichtige Struktur auf der materiellen Ebene des Körpers ist, so bestehen parallel auch auf der feinstofflichen Ebene bestimmte Strukturen. Die wesentlichsten Komponenten dieses Gefüges sind die sieben Hauptenergiezentren, die entlang der vertikalen Körperachse liegen. Du kannst dir jedes einzelne wie einen Wirbel aus Licht vorstellen – zusammen bilden sie eine Art Lichterschnur.

Ihre Energie dirigiert alle Lebensbereiche sowie alle anderen Energie-Systeme. Jedes dieser sieben Zentren hat eine bestimmte Aufgabe im körperlichen, emotionalen und geistigen Bereich. Der Zustand der Zentren entscheidet über das eigene Wohlbefinden und über den Vitalitätspegel. Ihre Entfaltung geht Hand in Hand mit Bewusst-werdungsprozessen im Denken, Fühlen und Handeln. Über die

Ansprache der sieben Hauptenergiezentren ist eine tiefe Harmonisierung von Körper, Seele und Geist möglich.

Ich möchte dich jetzt mit diesen Zentren vertraut machen. Du hast bisher schon viele Lichtübungen gemacht; dies ist nun eine für ‚Fortgeschrittene'.

Die Lichterschnur

Setze dich bequem und aufrecht hin. Du verbindest dich mit deinem Atem und lässt ihn achtsam ein- und ausströmen. Der Atem wird allmählich langsamer – du wirst ruhiger – und sinkst mehr und mehr in die Stille.

1. Lenke deine Aufmerksamkeit nun zum unteren Ende der Wirbelsäule, zum Wurzelzentrum. Dann lässt du weißes Licht in dieses Energiezentrum fließen. Du kannst dir vorstellen, dass dort ein Lichtstrahl im Uhrzeigersinn zirkuliert. Er regt den Energiefluss in diesem Zentrum deiner Lebenskraft an. Wenn du magst, kannst du gleichzeitig begleitend auch einen tiefen Summton dorthin schicken. Du vergegenwärtigst dir von innen, wie das Zentrum perfekt arbeitet und voll von Energie ist.

2. Nach einer Weile ziehst du das Licht zum nächst höheren Energiezentrum hinauf, dem Nabelzentrum – tief innen im Unterbauch, 4 cm unterhalb deines Nabels. Lass auch hier den Lichtstrahl kreisen. Wenn du dir vorstellst, das Zifferblatt einer Uhr ist auf deinen Bauch projiziert und du folgst dem Zeiger im Uhrzeigersinn, dann hast du die passende Bewegungsrichtung. Benutze auch hier wieder einen Summton; beim Aufsteigen durch die Energiezentren kann er jedes Mal einen Halbton höher sein.

3. Nachdem du dich eine Weile auf das zweite Energiezentrum konzentriert hast, lässt du den Lichtstrahl zum nächst höheren aufsteigen. Das Solarplexus-Zentrum liegt auf Höhe der Magengegend, im Bereich des Sonnengeflechtes. Nun lässt du den weißen Lichtstrahl hier kreisen, begleitet von deinem Summton. Dieses Energiezentrum kannst du dir wie eine kleine innere Sonne in deiner Körpermitte vorstellen.

4. Als nächstes steigt der Lichtstrahl zu deinem Herzzentrum auf. Du belebst auch dieses mit der zirkulierenden Bewegung des Lichts und dem immer höher werdenden Summton. Dein Herzlicht leuchtet.

5. Nach einigen Atemzügen ziehst du die Lichtenergie hinauf bis zu deinem Kehlzentrum. Sie bewegt sich kreisend und du spürst, wie der Summton deine Kehle vibrieren lässt. Auch dieses Zentrum wird strahlend licht.

6. Dann steigt der Lichtstrom weiter hinauf in dein Stirnzentrum, das zwischen den Augenbrauen liegt. Er bewegt sich in kleinen Kreisen, begleitet von deinem Summton und lässt es in deinem Kopf hell werden.

7. Als letztes lässt du die Energie bis zu deinem Scheitelzentrum aufsteigen. Sanft kreist das Licht auf deiner Schädeldecke um den Scheitelpunkt und belebt das oberste Energiezentrum deines Körpers.

Zum Abschluss verbindest du alle Zentren miteinander, indem du einen Lichtstrahl vom Wurzel- bis zum Scheitelzentrum aufsteigen lässt. Von dort sprüht das Licht wie eine Fontäne nach oben und fließt dann im Energiefeld rings um deinen Körper herum wieder nach unten. Deine gesamte Aura wird strahlend licht. Dies wiederholst du dreimal. Mit dem Einatmen ziehst du die Lichtenergie entlang der Zentren nach oben, beim Ausatmen ergießt sie sich in das Feld, das deinen Körper umgibt.

Bleib noch eine Weile still sitzen und spüre dem Energiefluss nach, der durch die Übung in Gang gekommen ist.
   ‚Ich bin von göttlichem Licht durchflutet.'
   ‚Licht erfüllt und umhüllt mich.'
Auf diese Gedanken kannst du dich zusätzlich innerlich einstimmen."

38. Der innere Diamant

Bei ihren Gruppen in der Casa del Sole hatte Lucia wahrgenommen, dass viele Frauen kein gutes Selbstbewusstsein hatten. Deshalb gab sie bei einer Zusammenkunft folgende Übungsanregung.

Die innere Schatz-Truhe *(Teil 1)*

„Schreib einmal auf, was du gut kannst. Zum Beispiel: gut zuhören, mit Menschen umgehen, organisieren, kochen, tanzen, Geschichten erzählen oder du hast einen grünen Daumen, sodass Blumen und Gemüse in deinem Garten fantastisch gedeihen.
Dann machst du eine Liste mit all deinen wertvollen Eigenschaften. Zum Beispiel: ich bin hilfsbereit und habe ein fröhliches Wesen, ich bin offen, spontan und ehrlich, ich habe viel Humor, ich bin kreativ, großzügig, in mir ist viel Herzenswärme und Liebe, ich bin ordentlich, man kann sich auf dich verlassen, ich bin sensibel und einfühlsam, ich habe Geduld, usw.

Als nächstes vergegenwärtigst du dir Situationen, in denen du deine kostbaren Eigenschaften sowie Talente ins Leben gebracht hast und andere Menschen damit bereichert hast. Gleichzeitig spürst du genau hin, wie du dich in solchen Momenten gefühlt hast.

Vielleicht erlebst du eine gewisse Scheu, all deine Schätze ans Licht zu bringen und sie auf einer Liste zu notieren. Dann kann es helfen, wenn du dich selbst als Gegenüber betrachtest – und sozusagen von außen wahrnimmst, welch wunderbare Frau da vor dir steht.

Wir beginnen jetzt mit dem Aufschreiben und du kannst die Liste im Laufe der kommenden Woche ergänzen, wann immer dir weitere Kostbarkeiten aus deiner inneren Schatz-Truhe bewusst werden."

Nachdem anfangs nur spärlich etwas aufs Papier floss, hatte jede Teilnehmerin am Ende des gemeinsamen Nachmittags schließlich eine ansehnliche Liste vor sich. Lucia bot verschiedene Übungen an, um die Frauen zu unterstützen, ihre inneren Schätze auch selbst wertschätzen zu können.

In den folgenden Wochen sah sie die Früchte ihrer Anregungen. Die Mitglieder der Gruppe tauschten sich über ihre Erfahrungen aus. Sie begannen sich selbst Wertschätzung zu geben und sich auf die eigene Schulter zu klopfen, wenn sie in ihrem Sein und ihrem Tun wieder einen Edelstein aus ihrer inneren Schatz-Truhe zum Funkeln gebracht hatten. Sie übten sich auch darin, anderen Menschen gegenüber ihre Wertschätzung auszudrücken.

Lucia kam noch ein weitere Idee, um das Gefühl für den eigenen Selbstwert zu vertiefen. Einen Monat nach der ersten Übung schlug sie Folgendes vor.

Die innere Schatz-Truhe *(Teil 2)*

„Bittet in der kommenden Woche sieben Personen aus eurem Umfeld, Qualitäten aufzuschreiben, die sie an euch schätzen. Genau dieselbe Übung, die ihr erst für euch selbst gemacht habt, lasst ihr jetzt andere in Bezug auf euch machen.

Ihr ladet sie ein, eure Fähigkeiten, wertvollen Eigenschaften und Talente auf zu schreiben. Eventuell eine konkrete Situation zu notieren, in der sie besondere Wertschätzung für euch gefühlt haben oder auszudrücken, was ihr ihnen bedeutet und was sie euch gegenüber fühlen.

Wendet euch an Menschen aus verschiedenen Lebensbereichen: eine Freundin, ein Mitglied aus eurer Familie (euren Ehemann, eure Schwester, eine Schwägerin oder Cousine), jemanden mit dem ihr zusammenarbeitet und auch Menschen aus eurer Herkunftsfamilie (Eltern sowie deren Geschwister oder eure Großeltern). Wenn der Personenkreis breit gefächert ist, werden auch die Beiträge viele Facetten eures inneren Diamanten berühren.

Sagt bitte allen sieben Personen, sie mögen mir ihre Liste zu-kommen lassen. Wie es dann weitergeht, damit werde ich euch irgendwann überraschen."

Ab jetzt landete jeden Tag ein Briefumschlag voll Wertschätzung für eine der Frauen bei Lucia. Ihr wurde immer ganz warm und weit ums Herz, wenn sie all diese wundervollen Dinge las. Sie nahm für jede Frau ein großes Blatt Papier und notierte nacheinander die wertschätzenden Sätze aller sieben Personen – ohne Namen. Dann verzierte sie das Blatt, indem sie Blumen, Girlanden, Schmetterlinge und Sonnen an den Rand malte.

Jedes wurde ein kleines Kunstwerk. Sie rollte das Papier zusammen und band eine bunte Schleife darum.

Bei einem der Gruppentreffen sagte sie den Teilnehmerinnen, dass sie sich für die nächste Zusammenkunft besonders schön anziehen sollten. Alles Weitere blieb noch geheim. Sie hatte nur zwei Freundinnen und ihre Kolleginnen aus dem Projekt Sonnenschein eingeweiht. Freunde und Bekannte hatte sie gebeten, am Vorabend oder Morgen des besonderen Tages einige Blumen aus dem Garten bei ihr vorbeizubringen. Sie selbst hatte frühmorgens schon Wiesenblumen gepflückt und am Vormittag band sie mit zwei Freundinnen aus der Blütenpracht neun wunderschöne Kränze.

Es war ein strahlender Herbsttag und das geplante Ritual konnte im Garten der Casa del Sole stattfinden. Sie stellten dort einen Kreis von Stühlen auf. Einer hob sich deutlich hervor: er war mit einem großen purpurfarbenen Tuch bedeckt, rechts und links stand je eine Vase mit einem riesigen bunten Blumenstrauß.

Alles war vorbereitet, als die ersten Frauen eintrafen. Jede setzte sich auf einen Stuhl, auch Lucia; der rote Stuhl blieb vorerst noch frei. Bei ihrer Ankunft durfte jede Teilnehmerin eine Rolle aus dem großen Weidenkorb wählen, der ebenfalls mit Blumen geschmückt war. In jeder war ein kleiner Zettel versteckt mit dem Namen derjenigen, für die die wertschätzenden Sätze im Inneren bestimmt waren. Zum Glück hatte niemand die eigene Rolle genommen; Lucia atmete erleichtert auf.

Alle sangen gemeinsam ein fröhliches Lied und dann erklärte Lucia den Ablauf des Rituals. „Diejenige, die links vom purpurfarbenen Stuhl sitzt, öffnet zuerst ihre Rolle und liest den Namen vor, der oben in der ersten Zeile steht. Das genannte Gruppenmitglied geht dann zu dem roten Stuhl und nimmt darauf Platz. Als nächstes wird langsam der Text von der Rolle vorgelesen. Alles weitere seht ihr gleich. Am Ende des Prozesses kehrt die Frau vom roten Stuhl wieder zu ihrem ursprünglichen Platz zurück. Diejenige, die links von der letzten Vorleserin sitzt, nennt nun den nächsten Namen. So kommt ihr nacheinander im Uhrzeigersinn an die Reihe."

Alle waren äußerst neugierig und manche selbst ein bisschen aufgeregt. Die erste Frau nahm auf dem roten Stuhl Platz und Lucia setzte ihr einen Blumenkranz auf den Kopf. Mathilde hörte andächtig zu, was ihre Mitmenschen an Wertschätzendem über sie aufgeschrieben haben. Lucia fragte: „Wie fühlt es sich an, wenn du dich von all diesen Worten berühren lässt? Nimm die Gefühle wahr, die auftauchen und atme sie in deinen gesamten Körper hinein."

Mathilde war völlig sprachlos von dem, was sie da alles hörte. Es war unglaublich – es war wunderbar. Ihr wurde ganz warm, sie war stolz und fühlte sich innerlich stark; es war ihr, als würde sie wachsen. Welch ein kostbarer Moment! Eine von Lucias Freundinnen spielte auf ihrer Geige eine Improvisation für jede Frau. So gab es genügend Zeit zum Spüren und Genießen.

Mathilde saß auf dem ‚Thron' und war sehr überrascht, dass sie ihren Mitmenschen so viel bedeutete. Sie fühlte sich reich und dankbar; sie hatte gerade so viele Geschenke erhalten. Sie schaute in die Runde; alle lächelten sie freundlich an. Der Garten war mit Blumen geschmückt, die Sonne schien. Es war eine bezaubernde Atmosphäre. Sobald das Geigensolo verklungen war, standen alle Frauen auf und riefen im Chor: „Mathilde lebe hoch! Sie lebe hoch! Sie lebe hoooch!" Sie klatschten und jubelten ihr zu.

Anschließend ging jede Frau aus dem Kreis zur ‚frisch gekrönten Königin'; jede sagte ihr etwas ganz Persönliches und Wertschätzendes. Mathilde erlebte noch einmal einen Zufluss von süßem Nektar, von

Wärme und Kraft. Dann umarmten sie sich gegenseitig. So gab es eine Begegnung mit allen Mitgliedern der Gruppe.

Danach kehrten alle auf ihre Plätze zurück, auch Mathilde mit ihrer kostbaren Rolle. Nach einigen Momenten der Stille und einem kurzen Gesang von Lucia durfte das nächste Gruppenmitglied zum roten Stuhl gehen. So kamen nacheinander alle an die Reihe. Es war eine bewegende Zeremonie; manchmal kullerte auch eine Träne vor lauter innerer Berührung.

Die inneren Diamanten waren sichtbar sowie fühlbar geworden und Lucia rief zum Schluss: „Lasst uns funkeln!" Sie machten gemeinsam einen Kreistanz, die Geigerin spielte und Lucia sang.

Dann gab es ein festliches Mahl. Lucias Kolleginnen aus dem Projekt Sonnenstrahl hatten Kuchen gebacken, es gab eine Fülle von Früchten, verschiedene selbstgemachte Obstsäfte, Kaffee und Tee. Die Tafel unter dem großen Apfelbaum war liebevoll dekoriert und auf jedem Teller lag eine wunderbare Blüte. Die Frauen unterhielten sich, lachten und hatten viel Spaß.

Für alle war es ein unvergesslicher Nachmittag. Sie gingen erfüllt nach Hause, jede mit ihrer wertvollen Schriftrolle. Die wunderbaren Sätze daraus lasen sie in den folgenden Wochen immer wieder durch. Dabei wurde erneut die Erinnerung an diesen Tag der Fülle wach und an das besondere Gefühl, das seither in ihren Herzen gegenwärtig war.

Auch Lucia war überglücklich und fühlte sich bereichert: dieses Ritual hatte eine verwandelnde Kraft bei den Frauen in Bewegung gebracht. Sie blühten zusehends auf. In ihr entstand das Empfinden: alle werden von Woche zu Woche schöner, lichtvoller und kraftvoller.

 ## 39. Das Licht im anderen sehen

In einer der folgenden Zusammenkünfte nach dem Ritual sagte Hildegard: „Ich habe in den letzten Wochen gelernt, mit wertschätzendem Blick durchs Leben zu gehen – und mir selbst sowie anderen mehr Wertschätzung zu geben. Das fühlt sich wunderbar an. Allerdings gibt es Menschen, bei denen mir das nicht gelingt. Meine böse Schwiegermutter ist das beste Beispiel dafür." Andere Teilnehmerinnen pflichteten Hildegard bei und berichteten von eigenen herausfordernden Beziehungen.

Lucia griff das Thema auf. Sie erklärte, dass manche Begegnungen wie eine bittere Medizin sind. Sie lösen tiefe Gefühle aus, die angeschaut und geheilt werden wollen. Hildegard sagte: „Ich werde manchmal so wütend auf meine Schwiegermutter." Lucia erwiderte: „Die Wut ist wie ein Kaktus – an der Oberfläche ist er stachelig. Fühl doch jetzt bitte einmal zu seinen Wurzeln. Auf einer tieferen Schicht verbergen sich meist Gefühle wie Frustration, Traurigkeit, Angst, Mutlosigkeit, Verzweiflung oder Ohnmacht. Könnte das auch bei dir der Fall sein?"

Hildegard schloss ihre Augen und spürte in sich hinein. „Ich bin total frustriert, dass ich ihr nie etwas recht machen kann. Manchmal bin ich auch verzweifelt, wenn sie mich aus dem Nichts wieder so angiftet und ich einfach nicht weiß, wie ich mit ihr umgehen soll. Es ist mir ein Anliegen, dass Frieden in der Familie herrscht; aber wenn wir beide zusammentreffen, dann kommt es unweigerlich zu Spannungen und Ausbrüchen. Ich fühle mich so ohnmächtig und überfordert in dieser Beziehung – ich sehe keinen gangbaren Weg."

Lucia ging empathisch auf das Gesagte ein und fragte dann: „Magst du, dass ich dir einen Weg zeige?" Hildegard nickte und sie ging daraufhin mit ihr durch einen Klärungsprozess. Lucia lud sie ein, all den Gefühlen, die die Schwiegermutter durch ihr Verhalten auslöste in die Augen zu schauen und Verantwortung dafür zu übernehmen. Lucia hatte den Frauen in der Gruppe bereits die Übung „Einem Gefühlskind begegnen" gezeigt (s. Seite 129) und nutze diese Vorgehensweise jetzt, um alle aufgetauchten inneren Bewegungen zu würdigen sowie mit Licht und Liebe zu umhüllen. Hildegard sagte nach einer Weile: „Ich kann meine Gefühle verstehen und ihnen liebevoll begegnen. Wie gerne würde ich auch meine Schwiegermutter verstehen und eine positive Verbindung zu ihr aufbauen."

Lucia erwiderte: „Das ist der zweite Schritt. Dazu kommen wir jetzt." Sie ließ sich etwas vom Leben der Schwiegermutter erzählen und erfuhr Folgendes: Diese Frau hatte früh ihre eigene Mutter verloren. Nach ihrer Heirat bekam sie eine Tochter, die allerdings kurz nach der schweren Geburt starb. Beide Eltern waren tieftraurig. Drei Jahre später gebar sie dann einen Sohn. Er war nun Hildegards Ehemann. Lucia fasste zusammen: „Deine Schwiegermutter hat ein schweres Schicksal hinter sich und viel Schmerz erfahren. Sie hat ihre Mutter früh verloren, ihr kleines Töchterchen – und jetzt ‚verliert' sie ihren Sohn an dich."

Hildegard ging ein Licht auf: „Sie schaut mich manchmal so an, dass ich denke: wenn Blicke töten könnten. Vermutlich wäre es ihr lieber, wenn es mich nicht an der Seite ihres Sohnes gäbe und sie weiterhin die wichtigste weibliche Person in seinem Leben wäre." Lucia erwiderte: „Ja, so ist es vermutlich. Sie ist eifersüchtig und erfährt deine Präsenz als schmerzvoll. Allerdings konfrontiert sie sich nicht bewusst mit ihren Emotionen, sondern leitet die inneren Spannungen über dich – wie über einen Blitzableiter – ab." Hildegard nickte: „Jetzt beginne ich zu verstehen, was da abläuft."

„Verständnis und Empathie sind die ersten Schritte, um eine konstruktive innere Verbindung zu einem anderen Menschen aufzubauen. Wenn du die Mutter deines Ehemannes als böse Schwiegermutter bezeichnest, dann beziehst du dich damit vermutlich auf ein zeitweises Verhalten und einen Aspekt ihrer Persönlichkeit. Sie hat auch andere Seiten, oder?" Hildegard nickte: „Ja, sie ist meistens recht freundlich zu meinem Mann sowie zu anderen Familienmitgliedern. Und sie erweist sich als warmherzige Oma im Kontakt mit unserem Töchterchen."

Lucia erklärte nun anhand von Hildegards Beispiel etwas, das sie von Angelina gelernt hatte: „Ich möchte dir mal ein Bild geben, sodass du vielleicht besser mit der familiären Situation umgehen kannst. Du weißt, dass der Mond das Licht der Sonne reflektiert. Stell dir bitte den Menschen einmal als Mond vor, der das göttliche Licht reflektiert. Manchmal bringt er sein göttliches Potential und seine innere Fülle voll zum Leben, dann ist Vollmond: er ist rund und leuchtend zu sehen. In anderen Zeiten erscheint vielleicht nur eine schmale Mondsichel am Himmel; dann kommt gerade nur ein Teil des inneren Potentials zum Tragen.

Wie du weißt, ändert sich das Erscheinungsbild des Mondes ständig: zunehmender Mond, Vollmond, abnehmender Mond, Neumond. In ähnlicher Weise erlebst du auch einen Menschen, je nach seiner momentanen inneren Verfassung.

Ein Punkt ist bei diesem Bild sehr interessant. Erinnerst du dich an ein nächtliches Szenario, als du einmal eine schmale Mondsichel am Himmel gesehen hast und gleichzeitig auch ganz zart den Vollmond erkennen konntest? Im Sein jedes Menschen ist der Vollmond angelegt. Wenn er sich mit seinem inneren Licht und seiner inneren Fülle verbindet, strahlt die göttliche Energie in ihm und durch ihn. Dies ist seine tiefste Wirklichkeit. Jeder Mensch ist ein Kind Gottes und ein Repräsentant des universellen Lichts. Auch du – auch deine Schwiegermutter.

Von der Persönlichkeitsebene her gesehen, kann der Mond gelegentlich zu großen Teilen hinter einer Wolke verschwinden oder es ist mal nur eine dünne Mondsichel zu erkennen. Von der Seelenebene aus betrachtet, ist der Mond immer rund, leuchtend und schön.

Hab bei dir selbst und bei anderen immer wieder den inneren Vollmond im Blick. So hilfst du dir und deinen Mitmenschen, die innere strahlende Ganzheit zum Leben zu bringen."

Alle Gruppenmitglieder samt Hildegard hatten aufmerksam zugehört. Diese sagte: „Wenn ich unter diesem Aspekt zu meiner Schwiegermutter schaue, verändert sich die Situation gravierend. Welch eine Erleichterung!" Lucia sagte: „Es ist wichtig, zwischen dem Wesenskern eines Menschen und seinem Verhalten zu unterscheiden. Wenn du ihm mit Verständnis und Empathie begegnest, bedeutet dies nicht, dass du in jedem Fall mit seinem Verhalten einverstanden bist. Auf der praktischen Ebene muss man manchmal auch klare Grenzen setzen." Hildegard wurde plötzlich vieles klar.

Lucia fragte sie: „Du hast vorhin recht abwertend von deiner ‚bösen' Schwiegermutter gesprochen. Nimmst du sie nach unserem Gespräch jetzt anders wahr?" „Ja, mir kommt ein Bild: von einer Frau mit einem großen hellen Kronleuchter in ihrem Inneren – der gelegentlich einen Kurzschluss hat, sobald ich in der Nähe bin."

Zum Abschluss dieser Zusammenkunft machte Lucia noch eine Übung für die gesamte Gruppe. Sie gab jeder Teilnehmerin ein Blatt Papier sowie einen Bleistift und legte weitere bunte Stifte in die Mitte auf den Tisch. Dann begann sie mit ihrer Anleitung.

Der lichte Kern

„Im Leben einer jeden von euch gibt es vermutlich einen Menschen, zu dem ihr eine schwierige Beziehung habt, die eine Herausforderung darstellt. Vergegenwärtige dir bitte jetzt diese Person. Ich lade dich ein, gleich eine Zeichnung zu ihr zu machen.

Als Vorbereitung darauf verbindest du dich mit deinem Herzen. Du kannst eine Hand auf den Herzbereich legen und eine Weile mit deinem Herzen ein- und ausatmen. Komm in Kontakt mit der Wärme, der Mildheit und der Liebe, die dort wohnt. Dann beginnst du mit den Augen deines Herzens auf den Menschen zu schauen, den du dir ausgewählt hast.

Lenke deine Aufmerksamkeit zu seinem Kern, der hinter allen Verhaltensmustern der Persönlichkeit liegt. Vielleicht erinnerst du dich an eine Situation, in der dieser für dich gut sichtbar geworden ist. Der göttliche Funke ist in jedem von uns. Stimm dich auf dieses Zentrum ein.

Taucht eine bestimmte Farbe auf, wenn du an das Innerste dieses Menschen denkst? Gib es bestimmte Formen oder Symbole, die vor deinem inneren Auge erscheinen? Du zeichnest jetzt mit dem Bleistift einen Kreis in die Mitte deines Blattes und malst all die Dinge hinein, die spontan in dir auftauchen.

Als zweiten Schritt lässt du jetzt in dir Farben, Formen und Symbole auftauchen, welche Verhaltensmuster dieses Menschen ausdrücken, die du im Alltag erfahren hast und erfährst. Lass dein Unbewusstes sprechen und es deinen Stift führen. Wenn du fertig bist, schaust du dir mit etwas Abstand noch mal das gesamte Bild an. Ist die Sache rund für dich oder fehlt noch etwas?

Dein Bild kann dir eine Hilfe sein, wenn du in Kontakt mit diesem Menschen trittst. Du kannst dich dann fragen: Auf welchen Teil will

ich meine Aufmerksamkeit in der kommenden Begegnung richten?
Auf den heilen lichten Kern – oder auf die Peripherie, auf die
Verhaltensmuster der Persönlichkeit? Du hast die Wahl.
Durch welche Brille magst du schauen? Du kannst deine Aufmerk-
samkeit schwerpunktmäßig auf dasjenige lenken, was euch
verbindet – oder auf das, was euch trennt. Selbst wenn du mit einer
Situation konfrontiert wirst, in der sich Verhaltensmuster zeigen, die
du im peripheren Bereich gezeichnet hast, kann doch eine innere
Verbindung zum Kern bestehen bleiben. Bei einer herausfordernden
Begegnung vermag oft auch die Frage zu helfen: Wie würde die
Liebe auf diesen Menschen schauen? Wie würde sie jetzt reagieren?

Wenn du bereit und fähig bist, im Kontakt von deinem
Herzen eine Brücke zum Herzen des anderen zu bauen, wird euer
Kontakt auf die Dauer eine andere Qualität bekommen. Meist sind
herausfordernde Beziehungen eine Chance, die eigene Sichtweise
und die innere Liebesfähigkeit zu erweitern."

Es entstanden sehr kontrastreiche Bilder und die Teilnehmerinnen waren tief beeindruckt.

Einige Zeit nach dieser Zusammenkunft erzählte Hildegard Folgendes: „Die Beziehung zu meiner Schwiegermutter hat sich deutlich verbessert. Seit ich sie in einem anderen Licht sehe, ist sie umgänglicher geworden. Wenn sie ab und zu noch Gift und Galle spuckt, nehme ich das nicht mehr so persönlich wie früher. Ich versuche, solch eine Szene dann eher wie ein Zuschauer eines Theaterstücks zu betrachten. Manchmal muss ich fast lachen, weil die Situation auch etwas Komisches hat, wenn sie durch einen winzigen Anlass plötzlich mit ihrer Nummer loslegt.

Ich habe mir seit unserem damaligen Gespräch angewöhnt, meine Schwiegermutter besonders intensiv in Situationen wahrzunehmen, in denen sie mit unserem Töchterchen zusammen ist und mit ihr spielt. Dann kommt ihre weiche Seite durch und in diesen Momenten fällt es mir am leichtesten, ihr inneres Licht zu sehen.

 ## 40. Das Sommerfest

Das Team vom Projekt Sonnenstrahl begann mit den Vorbereitungen für das jährlich stattfindende Sommerfest. Die Casa del Sole war liebevoll mit Blumen und Girlanden geschmückt worden. Im Garten wurde eine kleine Bühne aufgebaut und viele Stühle aufgestellt. Alle waren froh über den strahlender Sonnenschein am Tag des Festes. Lucia und ihre Kolleginnen waren einheitlich in Weiß gekleidet. Jede bekam ein gelbes Band als Symbol für einen Sonnenstrahl. Einige trugen dies als Gürtel, andere als Haarband oder als Schleife an ihrem Kleid befestigt. So waren die Mitarbeiter in der Menge der Menschen gut erkennbar.

Zu dem Fest waren alle geladen, welche die Dienste vom Projekt Sonnenstrahl gerade in Anspruch nahmen oder bereits genommen hatten, alle Freunde und alle finanziellen Förderer. Vor allem für die letzte Gruppe war das Sommerfest eine Möglichkeit, einen lebendigen Eindruck von den Menschen sowie dem Wirken in der Casa del Sole zu bekommen.

Am frühen Nachmittag trafen die Gäste ein und wurden mit einem Getränk in dem lichtdurchfluteten Raum empfangen. Danach wurden sie in den Garten gebeten, wo ein Programm stattfand. Als erstes betrat Beatrice die Bühne und begrüßte die Gäste, insbesondere die Förderer des Projekts; Sie berichtete ein wenig von der Arbeit während des letzten Jahres: von neuen Entwicklungen und von Höhepunkten.

Anschließend machte sie die Bühne für eine Theatergruppe frei, die mit einigen Sketchen einen humorvollen Einblick in die Alltagspraxis der

Mitarbeiterinnen gab. Fünf Frauen, die vom Projekt Sonnenstrahl unterstützt worden waren, hatten komische Begebenheiten aus dem vergangenen Jahr gesammelt und brachten diese jetzt zum Besten. Dabei karikierten sie auch in liebevoller Weise einige der Teammitglieder. Es wurde viel gelacht und geklatscht. Danach berichtete Waltraud, die Mitbegründerin des Projekts, in mehr sachlicher Art von drei Fällen, die in beeindruckender Weise zeigten, wie liebevoll und erfolgreich die Sonnenstrahlen-Betreuung verlaufen war. Die Zuhörer waren sehr berührt.

Zum Abschluss des offiziellen Programms sang Lucia drei Arien. Sie trug ein schönes weißes Kleid und für den Auftritt hatte sie ein goldgelbes Schultertuch umgelegt. Das gelbe Band, das all ihre Kolleginnen heute trugen, hatte sie vorne in ihre langen lockigen Haare eingeflochten. Sie sah bezaubernd aus. Da kein Klavier im Garten aufgestellt werden konnte, wurde sie von einem Lautenspieler begleitet, einem ehemaligen Mitstudenten aus ihrer Zeit am Konservatorium.

Lucia hatte nach wie vor viel Freude, für Menschen zu singen. Ein Auftritt draußen war etwas ganz Besonderes für sie und noch dazu im ‚eigenen' Garten für alle Freunde ihres Herzensprojektes. Sie fühlte große Dankbarkeit für diese Gelegenheit. Würdevoll und heiter trat sie auf die Bühne, die von alten Obstbäumen umgeben und farbenfroh mit Blumen geschmückt war. Sonnenstrahlen drangen durch das Laub der Bäume, ein Schmetterling flog vorbei. Lucia fühlte sich eingebettet in eine wunderbare Atmosphäre. Dann begann der Gesang aus ihrem Herzen heraus zu strömen. Sie gab sich ganz der Musik hin. Besonders genoss sie es, eine Liebesarie von Mozart zu singen, ihrem Lieblingskomponisten.

Für ihre Darbietung erntete sie tosenden Beifall. Sie verbeugte sich und verließ die Bühne. Aber das Publikum klatschte und klatschte weiter. Und so gab sie noch zweimal ein Lied als Zugabe. Beim dritten Mal wählte sie ein bekanntes Volkslied und forderte die Gäste auf, mitzusingen. Nach dem letzten Ton klatschte Lucia dem Publikum begeistert zu und rief: „Jetzt ist es Zeit für Kaffee und Tee. Das Kuchenbuffet wird drinnen eröffnet."

Die Gäste begaben sich in die Casa del Sole. Einige Frauen hatten sich gegenseitig überboten im Herstellen von den leckersten Kuchen und Torten. Nach dem Genuss für die Ohren gab es jetzt Köstlichkeiten für den Gaumen. Drinnen wie draußen wurde getrunken und gegessen, erzählt und gelacht. Es war eine ausnehmend fröhliche Gesellschaft. Die Mitarbeiterinnen vom Team Sonnenstrahl waren gebeten worden, speziell die fördernden Gäste im Auge zu behalten und dafür zu sorgen, dass sie sich wohlfühlten. Lucia lief im Garten herum, um Kaffee und Tee nach zu schenken.

Wie in den vergangenen Jahren war zu diesem Fest auch Gräfin Montfort erschienen. Sie unterstützte großzügig viele Wohltätigkeitsorganisationen und gehörte seit der Gründung vom Projekt Sonnenstrahl zum Kreis der Förderer. Diesmal wurde sie ausnahmsweise von ihrem Sohn begleitet, da ihr Mann verhindert war. Lucia erkannte sie und begrüßte sie freundlich, als sie ihre leere Teetasse auffüllte. Dabei bemerkte sie, wie der junge Graf intensiv seinen Blick auf sie richtete.

Er bedauerte, dass seine Tasse noch nahezu voll war. Lucia hatte ihn mit ihrem Auftritt und ihrer schönen Stimme tief berührt. Er wollte Kontakt mit ihr aufnehmen, aber jetzt schien ihm noch nicht der richtige Moment dafür zu sein. So sagte er nur: „Ihre Arien haben mir sehr gefallen." Lucia schaute ihm in die Augen, lächelte und bedankte sich. In einer Zehntelsekunde schoss der Gedanke durch ihren Kopf: ‚Welch ein attraktiver Mann.' Dann ging sie mit ihrer Teekanne weiter, um noch andere Gäste zu bedienen.

Der junge Graf Montfort war fasziniert von Lucia und ihrer Ausstrahlung. Er entfernte sich von seiner Mutter und knüpfte eigene Gesprächskontakte. Währenddessen hielt er ständig Ausschau, ob sich eine Gelegenheit zu einer Begegnung mit Lucia ergeben würde. Da sie sehr bekannt und beliebt war, wurde sie permanent von Menschen umringt. Endlich ergab sich eine Möglichkeit, sie anzusprechen.

Er erkundigte sich allgemein über das Projekt Sonnenstrahl und ihre Arbeit dort. Dieses Thema schien ihm ein geeigneter und unverfänglicher Einstieg. Schon bald waren sie in ein intensives Gespräch vertieft. Sie holten sich zwei Stühle und setzten sich in eine Ecke des Gartens. Einige Kolleginnen bemerkten, dass Lucia außergewöhnlich lange mit dem jungen Grafen redete. Da sie alle aufgefordert waren, sich besonders um die Förderer des Projekts zu kümmern, kamen sie jedoch auf keinerlei Hintergedanken.

Das Gespräch der beiden wurde in seinem Verlauf immer persönlicher und der Graf machte Lucia das eine und andere Kompliment. Sie von ihrer Seite war erstmal etwas vorsichtig und zurückhaltend: zum einen in Anbetracht seines Standes, zum anderen war die Familie Montfort eine derjenigen, die ihre Arbeit im Projekt Sonnenstrahl bezahlte. Solche Art der Diplomatie behagte ihr gar nicht, jedoch hielt sie dieses Verhalten im Rahmen des jetzigen Festes für angemessen.

Tief innen schlug ihr Herz höher, der junge Graf berührte sie. Ab und zu trafen sich ihre Blicke für längere Zeit, ohne dass sie weiterredeten. Am liebsten hätte Lucia sich für die anderen unsichtbar gemacht und ihren Gefühlen freien Lauf gelassen. Aber von innen ermahnte sie sich: ‚Jetzt nicht!'

Irgendwann kam eine Kollegin zu den beiden und bat Lucia, zum Haus zu kommen und Herrn Adam zu verabschieden, der im Begriff war, zu gehen. Die Pflicht rief. Allmählich wurde es kühler und die Gäste brachen nach und nach auf. Gleich würde Lucia sich auch von dem jungen Grafen Montfort und seiner Mutter verabschieden müssen. Zum Glück konnte er sie noch einmal kurz alleine sprechen. Er gab ihr zu verstehen, dass er das unterbrochene Gespräch gerne fortsetzen und sie wiedersehen würde – und er bat sie, ob er ihr schreiben dürfe. Lucia lief in die Casa del Sole und notierte ihre Adresse auf einem Stück Papier. Dann löste sie rasch das gelbe Band aus ihrem Haar und knotete daraus eine Schleife um das zusammengerollte Blatt. Das Ganze übergab sie dem jungen Grafen in einem von den anderen unbemerkten Moment. Sie sagte kein Wort, sondern ließ ihr strahlendes Lächeln und ihren Blick sprechen. Auch er sagte nur: „Auf Wiedersehen" und schaute ihr tief in die Augen.

Lucia bekam Herzklopfen. Was passierte hier? Aber sie hatte jetzt keine Zeit, über dieses Thema nach zu denken; es gab noch viele Gäste zu verabschieden. Als alle gegangen waren, begann das Team vom Projekt Sonnenstrahl mit den Aufräumarbeiten. Einige Freunde und Familienmitglieder halfen dabei. Alle waren sich einig: es war ein äußerst gelungenes Sommerfest. Glücklich und müde gingen sie schließlich nach Hause.

Vor dem Schlafengehen traf sich Lucia wie gewohnt zu einem Rendezvous mit Angelina. Es platze aus ihr heraus: „Oh, ich habe Schmetterlinge im Bauch. Obwohl ich diesen Mann gar nicht kenne, fühle ich eine tiefe innere Verbindung zu ihm, als wären wir alte Freunde." Bei Angelina konnte sie endlich ganz ehrlich ausdrücken, was sie fühlte. Diese sagte: „Wie schön". Aber Lucia wollte mehr von ihr hören. „Wie soll ich mich verhalten?" fragte sie. „Ganz offen und spontan, so wie dein Herz es dir eingibt, meine liebe junge Königin." Angelina hatte sie ganz bewusst so genannt, denn sie spürte, dass die schmerzliche Geschichte mit Georg gerade wieder hochgekommen war. Sie fügte hinzu: „Lass die Vergangenheit los und sei ganz im Hier und Jetzt. Du wirst sehen, dieses Mal ist alles ganz anders." Das klang beruhigend und Lucia fiel mit ihren Schmetterlingen im Bauch und im Herzen in Schlaf. Am nächsten Morgen wanderten ihre Gedanken gleich zu dem jungen Grafen Montfort. Aber tagsüber blieb ihr dafür nicht viel Zeit, da sie in ihrer Arbeit gefordert war.

Als sie abends nach Hause kam, fand sie vor ihrer Haustür einen Strauß Rosen mit einem kleinen Briefchen adressiert an „Fräulein Lucia". Aufgeregt öffnete sie den Umschlag. Sie fand eine Einladung zum Tee für den kommenden Sonntagnachmittag. Er würde sie mit der Kutsche am Marktplatz vor dem Rathaus abholen, um dann gemeinsam zu seinem Landsitz zu fahren. Lucias Herz hüpfte vor Freude. Jeden Tag wünschte sie sich, es wäre schon Sonntag. Zum Glück verflog die Woche recht schnell.

 41. Der Funke springt über

Am Sonntag zog Lucia eins ihrer schönsten Kleider an und steckte sich eine farblich passende Blüte ins Haar. Zur verabredeten Zeit traf sie auf dem Marktplatz ein. Der Graf mitsamt seiner Kutsche erwartete sie schon dort. Sein Landsitz lag auf einem Hügel mit einer wunderbaren Aussicht. Auf der blumenbewachsenen Terrasse tranken sie gemeinsam Tee und schon bald entstand eine intensive Unterhaltung. Die Kommunikation floss leicht und Lucias anfängliche innere Spannung löste sich mehr und mehr auf. Sie setzten ihr Gespräch über das Projekt Sonnenstrahl fort. Dann kam das Thema Musik zur Sprache. Auch der junge Graf war ein großer Musikliebhaber. Wie sich im Verlauf der Unterhaltung zeigte, hatten sie einige gemeinsame Interessen.

Nach einer Weile fragte er Lucia nach ihrer Jugend und ihrer Familie. Sie sagte ihm, dass sie in einem kleinen Ort am Meer aufgewachsen sei. Er erkundigte sich nach ihren Eltern. Da erzählte sie ihm, dass sie bei Pflegeeltern groß geworden war und wie gut sie es bei Clara und Oliver gehabt hatte. Doch mit dieser Information gab sich der Graf nicht zufrieden. Er spürte, da war noch mehr. „Was wissen Sie von Ihren leiblichen Eltern?" fragte er. Lucia hatte noch nie jemandem von ihrer frühen Kindheit in einem anderen Land erzählt. Nur Clara und Oliver wussten von dieser Tatsache.

Sie spürte, dass jetzt der Moment gekommen war, die Geschichte über ihre Herkunft offenzulegen. Sie erzählte dem Grafen von all den kleinen Bruchstücken aus ihrer frühesten Kindheit, an die sie sich noch erinnerte.

Er war sehr betroffen und legte liebevoll seine Hand auf die ihre. „Welch ein schweres Schicksal! Ich danke Ihnen für das Vertrauen, dass Sie mir Ihre Geschichte erzählt haben". Lucia war selbst überrascht, wie es aus ihr herausgesprudelt war. Aber das, was kein Mensch in der Stadt über sie wusste, war in seinem Herzen gut aufgehoben.

Der junge Graf war berührt und beruhigt, denn seine Intuition hatte ihn nicht getäuscht. Lucia hatte blaues Blut in ihren Adern, es konnte nicht anders sein. Sie hatte etwas so Edles in ihrem Wesen und in ihren Gesichtszügen. Er war zutiefst dankbar für die Begegnung mit dieser besonderen Frau.

Dann sagte er: „Welch ein Kontrast zu meiner behüteten Jugend in der Familie Montfort, mit meinen zwei jüngeren Brüdern Josef und Michael. Ich heiße übrigens Louis. Wenn Sie mögen, dann nennen Sie mich einfach so." Lucia war dankbar, dass sich die Steifheit der Anrede jetzt auflöste. Sie sagte: „Ich bin Lucia und ich mag es, wenn ich mit Du angeredet werde. In diesem Punkt bin ich immer noch wie ein Kind – das duzt man ja auch."

Ihre spontane Art gefiel Louis sehr gut und er sagte: „Ich danke dir für das

Angebot, Lucia. Auch ich werde gerne Mitglied in der Familie DU." Der Kontakt wurde immer spontaner, wärmer und herzlicher. Lucia fühlte sich pudelwohl. Leider dauerte die Teezeit nicht ewig und Louis brachte sie wieder zurück in die Stadt. Sie würden sich bald wiedersehen, das war eindeutig.

Als Lucia am Dienstagabend von ihrer Arbeit nach Hause kam, fand sie wieder einen Blumenstrauß vor ihrer Tür. Diesmal waren es gelbe Lilien. Der dazugehörige Brief war adressiert an „Prinzessin Lucia". Sie musste schmunzeln. In ihrer frühen Kindheit im Schloss hatte sie diese Worte schon einmal gehört; dies lag allerdings eine gefühlte Ewigkeit zurück. Louis führte sie langsam wieder hin zu ihren familiären Wurzeln. In dem Brief fand sie eine Einladung zu einem Konzert am Freitagabend. Ihr Herz schlug höher. Noch drei Tage, dann würde sie Louis wiedersehen. Freude tanzte durch ihren ganzen Körper.

Für den gemeinsamen Abend zog Lucia ihr schönstes langes Kleid an, das sie normalerweise nur trug, wenn sie selbst auftrat. Louis war berührt von ihrer äußeren und inneren Schönheit. Es war ein wundervolles Konzert. Er fühlte sich reich beschenkt, dass Lucia an seiner Seite saß – und sie empfand ebenso.

Sie sahen sich jetzt regelmäßig. Es hatte gefunkt zwischen den beiden. Louis dachte sich immer wieder neue Unternehmungen aus oder lud sie zu sich auf seinen Landsitz ein. Lucia genoss es, verliebt zu sein. Im Alltag war sie noch beschwingter als sonst, alles lief leicht und mühelos. Die Welt erschien ihr noch wunderbarer als bisher. Sie spürte eine nie gekannte Süße in ihrem Inneren.

Die Monate vergingen; es wurde immer schöner und inniger mit Louis. Er überlegte, wie er Lucia wohl am besten bei seinen Eltern einführen könnte. Beide hatten sie ja zum Glück bereits bei Versammlungen und Festen vom

Projekt Sonnenstrahl gesehen. Vor einer persönlichen Einladung auf seinem Landsitz oder auf dem Schloss seiner Eltern, schien es ihm eine gute Idee, gemeinsam eins von Lucias Konzerten zu besuchen. Er sprach mit ihr über seinen Plan. Sie gab noch gelegentlich einen Lieder- und Arienabend mit Leonore. In einem Monat würde wieder ein solches Hauskonzert bei deren Eltern stattfinden. Dies erschien beiden eine passende Gelegenheit. Louis kannte Leonores Vater flüchtig. Er würde sich bei ihm um drei Plätze für das Konzert bemühen.

Für Lucia wurde es ein besonderer Abend. Sie hatte das Programm leicht abgeändert und noch ein paar Stücke eingeflochten, in denen die Liebe besungen wurde. Ihre gute Freundin Leonore hatte sie – mit der Auflage strenger Geheimhaltung – in den Hintergrund eingeweiht. Diese freute sich für Lucia und versprach, noch mehr als sonst ihr Gefühl in ihr Spiel einfließen zu lassen. Nach der persönlichen Erfahrung von inniger Liebe, die sie zu Louis empfand, vermochte sich Lucia jetzt noch auf einer tieferen Ebene in den Gehalt von Liebesliedern sowie -arien ein zu schwingen und diese ganz von innen heraus zu gestalten.

Die beiden jungen Damen betraten die Bühne. Lucia war etwas aufgeregter als sonst, gleichzeitig war ihre Vorfreude allerdings auch größer. Ihr Herz war voll und ihre Töne kamen direkt aus diesem Zentrum. Sie berührte und verzauberte die Zuhörer mit ihrem Gesang. Die Schwingung der Liebe verbreitete sich im gesamten Raum. Lucia steckte ihre Zuhörer an, sodass sich fast alle am Ende des Konzertes ein bisschen verliebt fühlten. Sie musizierte in wundervoller Harmonie mit Leonore. Für die beiden Musikerinnen war dieses Konzert der Höhepunkt ihrer bisherigen Zusammenarbeit.

Nach dem letzten Ton herrschte lange Zeit ergriffene Stille, die dann in einen tosenden Applaus mündete. Lucia war dankbar und glücklich zugleich, dass sie als Sängerin die Möglichkeit hatte, Louis in dieser Form eine Liebeserklärung machen zu können. Sie schaute zu ihm hin und sah, dass ihre Botschaft angekommen war. Das begeisterte Publikum erklatschte sich noch drei Zugaben. Beide Künstlerinnen erhielten von Leonores Vater einen großen Blumenstrauß.

In einem Nebenraum konnte man den Abend bei einem Glas Wein ausklingen lassen. Als Lucia ihn betrat, kam Louis auf sie zu und stellte sie seinen Eltern vor. Dann saßen sie zu viert noch lange gesellig zusammen. Das gräfliche Paar war offen, natürlich und herzlich. Es entstand gleich eine gute Verbindung zwischen ihnen und Lucia. Als sie sich verabschiedeten, luden sie diese spontan am kommenden Sonntag zum Diner auf ihr Schloss ein. Louis war mehr als zufrieden – besser hätte es mit seinen Eltern nicht laufen können. Lucia hatte nach diesem wundervollen Konzert bereits einen Platz in ihren Herzen.

Sie freute sich sehr auf den Abend bei dem Graf und der Gräfin; einerseits weil sie die Eltern von Louis waren, andererseits interessierte es sie, mit zwei Förderern des Projekts Sonnenstrahl außerhalb der offiziellen Versammlungen ins Gespräch zu kommen. Und so redeten sie auch viel über das Projekt sowie Lucias Arbeit dort, über soziale Probleme, über die Notwendigkeit von guter Schulbildung für Mädchen und erweiterte berufliche Möglichkeiten für Frauen. Lucia war erstaunt, wie fortschrittlich vor allem die Gräfin dachte.

Der Graf war ein humorvoller Mann, der einige Anekdoten aus seinem Leben zum Besten gab. Es war sehr interessant, ihm zuzuhören. Für alle Beteiligten wurde es ein bereichernder Abend. Besonders die beiden Frauen verstanden sich hervorragend und hatten über ihr soziales Engagement gleich eine starke Verbindung. Es war offensichtlich: sie würden noch viele weitere inspirierende Gespräche miteinander führen. Besonders Louis war sehr froh über den gelungenen Abend; der Grundstein für einen guten Kontakt zwischen Lucia und seinen Eltern war gelegt.

Zwei Wochen später hatte Lucia Geburtstag. Louis hatte sie für den Abend zu einer Ballettvorstellung ins Stadttheater eingeladen. Und er hatte für sie noch ein weiteres Geschenk. Er überreichte ihr eine gut zwanzig Zentimeter lange Schmuckschachtel, die sie andächtig öffnete. Louis erklärte: „Bei unserem ersten Treffen während des Sommerfestes hast du mir dein gelbes Band gegeben, das einen Sonnenstrahl symbolisierte. Ich habe es immer noch. Heute mag auch ich dir einen Sonnenstrahl übergeben – aus etwas anderem Material und in etwas anderer Form."
Lucias Blick fiel auf ein feingliedriges Armband aus Gelbgold. Louis nahm es aus der Schachtel und legte es um ihr Handgelenk, während er sagte: „Du bist der kostbarste Sonnenstrahl, der mich je in meinem Leben berührt hat." Lucia strahlte und fiel ihm um den Hals. „Danke, danke, danke!" Es war der schönste Geburtstag ihres gesamten bisherigen Lebens. An der Seite von Louis fühlte sie sich unendlich wohl. Es war wunderbar, ihre Liebe fließen zu lassen sowie ihre innere Fülle mit ihm zu teilen. Und er tat dasselbe – auf seine Weise.

 42. In neuem Licht sehen

Lucia hatte in ihrer Arbeit während der Hausbesuche bemerkt, dass manche Frauen stark in ihre Probleme verstrickt waren – egal ob es sich um gesundheitliche Probleme, Konflikte in der Familie oder finanzielle Schwierigkeiten handelte. Sie waren übermäßig identifiziert mit ihren Sorgen und ihrem Schmerz, mit Angst, Traurigkeit, Ohnmacht oder Verzweiflung. Lucia wollte mit Angelina sprechen und diese um Rat fragen. „Was kann ich Frauen anbieten, die so in ihrer inneren Situation gefangen sind? Wenn ich selbst mal sehr von einem Ereignis mitgenommen bin, dann gehe ich hinaus in die Natur, in den Wald oder hinunter zum Fluss, um Abstand zu meinem inneren Tumult zu gewinnen. Die Kraft sowie die Schönheit der Natur bringt vieles wieder in Balance und relativiert meine Sichtweise." Angelina antwortete: „Ich werde dir heute eine Übung zeigen, um einengende Wahrnehmungen hinter sich zu lassen und die persönliche Situation aus einem erweiterten Blickwinkel zu betrachten." Lucia war sehr neugierig.

Sternenperspektive

„Begib dich in deiner Vorstellung auf einen ruhigen Berggipfel oder eine Anhöhe. Es ist eine klare Nacht: über dir leuchten Tausende von Sternen. Spüre die Stille dieses Ortes und lass dich von seiner Atmosphäre einhüllen.

Du nimmst den Boden wahr, auf dem du sitzt oder stehst und öffnest dich nach oben in die Weite des Himmels. Die Sterne funkeln, ihr Licht berührt dich – und du fühlst Wohlwollen, welches dir aus der Ferne entgegenkommt. Dehne dich innerlich aus. Du bist geborgen in der Harmonie der Natur.

Stell dir jetzt vor, dass du von der Kraft der Sterne angezogen wirst. Dein Bewusstsein steigt auf. So wie wir auf der Erde von der Schwerkraft angezogen werden, erlebst du jetzt die Zugkraft in umgekehrter Richtung. Du schwebst höher und immer höher. Deine Lebensumstände und alle Gefühle, die damit verbunden sind, lässt du weit hinter dir. Du kommst den Sternen immer näher. Um dich ist Weite, endlose Weite – es eröffnet sich ein Raum von Freiheit. Du schwebst weiter aufwärts und beginnst, mit den Sternen zu ‚tanzen'.

In dir breiten sich tiefe Ruhe und Frieden aus. Du bist gehalten in der Stille und Weite des Universums.

Aus diesem Raum heraus richtest du nun deinen Blick nach unten. Wie durch ein überdimensionales Fernrohr blickst du auf den wunderschönen, blauen Planeten. Du siehst die Kontinente, Europa, unser Land und den Ort, an dem du lebst. Aus großer Ferne blickst du auf dein Leben und siehst dich als einen kleinen Punkt in der Weite des Universums. Alles ist winzig im Vergleich zur Sternendimension, in die du gerade eingetaucht bist.

Die Himmelskörper schenken ihr Licht in vollkommener Neutralität allen Planeten – so auch der Erde mit all ihren Lebewesen: ganz gleich ob es sich um eine Mutter mit ihrem Kind, einen Alkoholiker, eine Krankenschwester, einen Wissenschaftler oder einen Terroristen handelt. Die Sterne urteilen nicht, die Kategorien unseres Verstandes von Gut und Schlecht sind ihnen fremd. Auch du schaust jetzt wertfrei aus großer Distanz auf deine Lebenssituation: auf alles Schöne, sowie auf alles Herausfordernde und Schmerzliche. Alles hat seinen Wert und eine Funktion innerhalb einer großen, sinnhaften Ordnung. In diesem Sinne ist alles gleich-wertig, gleich-gültig.

Ist es dir möglich, das anzuerkennen und zu würdigen, was im Moment in deinem Leben präsent ist? Du blickst auf einen kleinen Ausschnitt deiner derzeitigen Lebensreise. Leben ist Wandel. Deine Situation wird sich verändern, nichts dauert ewig. Alles entwickelt sich.

Schicke dir und deinen Lebensumständen dort unten auf der Erde ein freundliches Lächeln. Deine momentane Situation bildet einen von unzähligen Klängen, die zur Sinfonie deines Lebens gehören. Alle Klangfarben haben Platz in dem großen Ganzen. Begegne deiner irdischen Situation mit Wohlwollen und umhülle sie mit dem Licht aus der Sternendimension.

Du entscheidest selbst, wann es für dich stimmig ist, den ‚Rückflug' auf die Erde anzutreten. Die Schwerkraft beginnt dann wieder zu wirken. Du näherst dich langsam unserem Planten, findest Europa,

dein Land – und den Berg, auf dem du deine Reise begonnen hast.
Du landest wieder mit deinen Füßen auf dem Boden, über dir wölbt
sich der Sternenhimmel. Willkommen zurück auf der Erde, im
physischen Körper, in der Welt der sinnlichen Wahrnehmung.
Du atmest jetzt ein paar Mal tief durch und kehrst dann in deiner
Vorstellung von dem Berg oder der Anhöhe zurück zu dem Platz, an
dem du dich gerade befindest. Du bist wieder ganz präsent im Hier
und Jetzt."

Lucia war beeindruckt von dieser wunderbaren Reise. Wieder einmal hatte sie von Angelina ein kostbares Geschenk erhalten.

Sie beschloss, die neue Übung bald mit einer jungen Frau zu machen, die sie gerade begleitete. Magdalena hatte kurz hintereinander zwei Fehlgeburten gehabt. Ihr Schmerz war groß und sie befand sich schon längere Zeit in einer Krise. In ihrer Rolle als Frau fühlte sie sich als Versagerin. Sie schämte und grämte sich. Gleichzeitig war sie jetzt besessen von dem Wunsch, möglichst bald wieder schwanger zu werden und endlich ihrem Mann ein gesundes Kind zu schenken. Beide waren sehr kinderlieb und sehnten sich nach einer eigenen Familie.

Lucia bereitete Magdalena langsam auf die Übung vor und regte sie dazu an, sich öfters am späten Abend den Sternenhimmel anzuschauen. Nach dieser konkreten Einstimmung führte sie sie dann eines Tages durch die Übung ‚Sternenperspektive'. Magdalena war tief berührt von der inneren Reise, die sie auf diese Weise machte.

Sie sagte: „Mir war, als wäre ich nach Hause gekommen. Irgendwie fühlte ich mich den zwei Seelen sehr nahe, die kurz zu mir gekommen und dann frühzeitig wieder gegangen sind. Erneut die innige Verbindung zu ihnen zu erleben, war sehr heilsam.

Als ich durch das Fernrohr auf mein Leben geschaut habe, wurde mir bewusst, wie viel Wertvolles und Schönes es dort gibt: Ich bin gesund, ich habe einen liebevollen Mann und wir besitzen ein nettes Häuschen mit Garten, meine Eltern leben noch und ich habe eine harmonische Beziehung zu meinen drei Geschwistern. Das Leben hat es bisher gut mit mir gemeint. Aus der Sternenperspektive heraus war es mir in diesem Moment möglich, mich mit der Erfahrung meiner zwei Fehlgeburten zu versöhnen. Von dort oben gesehen, war irgendwie alles in Ordnung, so wie es ist."

Lucia war überrascht und froh, dies zu hören. Sie sagte: „Wir alle machen ein gewisses Maß an schmerzlichen Erfahrungen in unserem Leben durch. In solchen Momenten ist es besonders wichtig, uns mit der Kraft unseres himmlischen Ursprungs zu verbinden. Denn unser menschlicher Anteil vermag von unserem göttlichen Anteil Trost, Liebe und Heilung zu empfangen.

Wir sehen immer nur einen Ausschnitt unseres Lebens; unsere Sicht reicht gewissermaßen nur bis zur nächsten Kurve. So ist es das Beste, das Hier und Jetzt mit den Augen der Liebe zu betrachten und im Vertrauen weiter zu gehen. Dann wird sich offenbaren, was sich hinter der Kurve befindet. Sei gewiss, du wirst liebevoll geführt – genau wie in deinem bisherigen Leben.

Der gegenwärtige Moment ist der einzige, in dem sich unser Leben abspielt. Und wir können uns fragen: Welchen Grund gibt es, ihm nicht mit Liebe zu begegnen? Denn das Objekt der Liebe ist letztendlich nicht wichtig; entscheidend ist es, eine Liebende bzw. ein Liebender zu sein."

Diese Worte fielen tief in Magdalenas Herz. Warum sollte sie mit dem bedingungslosen Fluss ihrer Liebe warten, bis sie ihr eigenes Kind im Arm hielt? Sie wollte ab jetzt all ihre Erfahrungen mit Licht und Liebe umarmen; dies schien ihr eine perfekte Vorbereitung auf ihre zukünftige Mutterrolle.

Magdalena kam sich vor wie eine Schlange, die sich häutete. Durch das heutige Treffen mit Lucia fiel eine Menge Altes von ihr ab und auf der inneren Ebene wurde Neues geboren. Vielleicht war diese Geburt auf der inneren Ebene die Vorbereitung auf das, was hinter der nächsten Kurve ihres Lebens lag?

Magdalena war schon seit frühester Kindheit von den Sternen am Firmament fasziniert. Nach Lucias Übung bekam sie noch mal auf einer tieferen Ebene eine Verbindung zu ihnen. Sie beschloss, in einer sternenklaren Nacht öfters nach draußen zu gehen und sich beim Blick auf die Himmelslichter an die Übung zu erinnern. Vielleicht würde sie erneut den besonderen Kontakt zu den zwei Seelen spüren, die die materielle Dimension so rasch wieder verlassen hatten. Und vielleicht würde sie eines Tages eine Sternschnuppe sehen, mit der sich ein Kind ankündigte, das zu ihr und ihrem Mann kommen und auch bei ihnen bleiben wollte.

Lucia erzählte Angelina begeistert, was ihre Übung ausgelöst hatte. Diese erklärte ihr dann noch etwas sehr Interessantes: „Weißt du, die Menschen sind stärker mit den Himmelslichtern verbunden, als die meisten vermuten. Die Bausteine des menschlichen Organismus entstanden vor Milliarden von Jahren: beim Urknall und später bei Sternenexplosionen, als diese zu Sternenstaub zerfallen sind. Jedes Atom unseres Körpers war einmal Teil eines Sterns.

99 Prozent all dieser Atome sind Wasserstoff, Sauerstoff, Kohlenstoff und Stickstoff. All diese Elemente wurden in das geologische Gestein der Erde eingebaut. Durch Verwitterung gelangten sie in den Boden, der wiederum in Kontakt mit der Atmosphäre steht. Nach Milliarden von Jahren begann

Vegetation zu entstehen, im Ozean und auf der Erde. Die Atome aus dem Sternenstaub wurden eingebaut in Pflanzen und Tiere.

Milliarden Jahre später entstand im Laufe der Evolution aus diesen Atomen der Mensch. Oben genannte Elemente kommen über die Luft und die Nahrung wiederum in seinen Körper. So kann man sagen, dass der Organismus des Menschen letztlich aus Sternenmaterial besteht. Die Bausteine der Himmelslichter sind in euch. Deshalb finden Menschen die Sterne auch so faszinierend, weil sie – wenn auch unbewusst – in der Tiefe wissen, dass sich hier ihre himmlischen Wurzeln befinden."

 ## 43. Die Wahrheit kommt ans Licht

Lucia hatte Louis schon einige Male von ihrer Kindheit bei Clara und Oliver erzählt. Dabei bemerkte er, wie gerne sie die beiden wiedersehen würde. Auch er war daran interessiert, sie kennenzulernen. Und so dachte er sich einen Plan aus: Er wollte ihre Pflegeeltern einladen, für ein paar Tage in die Stadt zu kommen. Sie hatten Lucia dort nämlich noch nie besucht. Er würde sie in einem Gasthaus einquartieren. Als er Lucia seine Idee unterbreitete, war diese hellauf begeistert. Aber wer sollte die Reise bezahlen? Darüber brauchte sie sich keine Sorgen zu machen; der junge Graf war betucht sowie großzügig.

Für Lucia war es eine riesige Freude, die beiden wiederzusehen und sie in ihrem neuen Lebensraum willkommen zu heißen. Sie zeigte ihnen die Stadt, die Casa del Sole und saß mit ihnen zu langen Gesprächen im Garten vor ihrem Häuschen. Die zwei waren überwältigt von den vielen neuen Eindrücken und freuten sich, Einblick in das Leben zu bekommen, das Lucia sich aufgebaut hatte.

Am zweiten Abend hatte Louis die drei zum Abendessen auf seinen Land-sitz eingeladen. Es wurde ein köstliches Mahl serviert und Lucia führte auf der menschlichen Ebene die Regie. Mit ihrer gewohnten Spontaneität und Leichtigkeit gelang es ihr in relativ kurzer Zeit, alle miteinander zu verbinden und die Standesunterschiede zu überbrücken. Sie verbrachten einen fröhlichen Abend. Louis verstand sich gut mit den beiden. Für den nächsten Tag lud er sie zu einer Kutschfahrt ein, da Lucia dann bei ihrer Arbeit sein würde. Louis hatte ihnen bereits indirekt zu verstehen gegeben, wie sehr er an Lucia interessiert war und dass ihm daran gelegen war, noch weitere Informationen über ihre Herkunft zu bekommen.

An einem Nachmittag beim Tee auf seiner Terrasse ergab sich dazu eine geeignete Gelegenheit. Er bat die beiden, etwas über den Besuch bei Lucias Vater im Schloss zu erzählen und über Lucias Anreise bei ihnen. Sie beschrieben ihm König Balduin und ließen ihn wissen, an welchem Grenzort ihnen Lucia übergeben wurde. Für Louis war nun klar, aus welchem Königreich seine Geliebte kam. Er stutzte einen Moment: König Balduin regierte dort immer noch. Aber er ließ sich nichts anmerken.

Clara und Oliver erzählten viel und für Lucia war das Ganze wie eine Reise in ihre Vergangenheit. Oliver hatte ihr damals die traurige und unwahre Nachricht über den Tod ihres Vaters überbringen müssen. Dies hatte ihn schon damals sehr belastet und die Sache lastete auch heute noch auf seiner Seele. Er wollte diese falsche Aussage nicht mit ins Grab nehmen. Obwohl er dem König sein Schweigen versprochen hatte, hielt er nun den Zeitpunkt für gekommen, die Wahrheit offenzulegen. Die damalige Notlüge über den Tod des Königs war dazu gedacht gewesen, es Lucia zu erleichtern, einen Schlussstrich zu ziehen und sich voll und ganz auf ihr neues Leben mit Clara und Oliver einzulassen. Jetzt, wo sie erwachsen war, gab es keine Notwendigkeit mehr für diese Version der Geschichte.

Mit Tränen in den Augen erzählte er, was wirklich abgelaufen war. Lucia lief es eiskalt den Rücken herunter, als sie die wahre Geschichte hörte. In ihrem Inneren begannen die Gefühle zu toben und gleichzeitig war da große Freude: mein geliebter Vater lebt doch noch! Es war ein äußerst emotionaler und aufwühlender Nachmittag für alle Beteiligten.

Louis kümmerte sich mit viel Verständnis, Mitgefühl und Liebe um die arme Lucia, bei der in Wellen Empörung, Entsetzen und Wut auftauchten. Er dachte sich: Es ist besser, sich dem Licht der Wahrheit zu stellen – selbst wenn dies im Moment erstmal schmerzhaft ist – als im Dunkel der Unwissenheit zu leben. Und er hatte die Vorahnung, dass sich letztlich alles zu Lucias Wohl entwickeln würde.

Auch Angelina half ihr, durch den schmerzhaften Prozess zu gehen. Lucia sagte: „Ich befinde mich auf einer Achterbahn der Gefühle, von Wut bis Liebe. Wie konnte mein Vater nur solch eine Lüge in die Welt setzen?" Angelina antwortete: „Meine Liebe, es ist okay, dass du aus der irdischen Perspektive heraus Entsetzen und Wut spürst über das, was passiert ist. Gleichzeitig möchte ich dir Folgendes sagen: Dein Vater liebt dich inniglich. Dich wegzugeben, hat ihm fast das Herz zerrissen. Und doch entsprach dies dem Plan deiner Seele. Es gehört zu deinem inneren Weg, dass du die Geborgenheit deiner Familie und allen Komfort eines königlichen Lebens verlassen musstest.

Dein Vater war ein Mitspieler in dieser gesamten Inszenierung, die man als ‚Vertreibung aus dem Paradies' bezeichnen könnte. Es war dir bestimmt, ein neues, ganz bescheidenes Leben zu führen und fern vom äußeren Glanz des Hofes auf der inneren Ebene dein Licht und dein

Strahlen zu kultivieren. Die Entwicklung der inneren Königin und deiner inneren Schönheit sind ein zentrales Thema deines Weges.

Dein Vater hat dabei lediglich die ihm laut Plan zukommende Rolle gespielt. Ihn trifft keine ‚Schuld'. Aus höherer Perspektive gesehen, könnte man sagen, er hat dir einen Liebesdienst erwiesen, indem er dir diese außergewöhnliche Erfahrung ermöglicht hat, die du gemacht hast. Nur durch deinen bisherigen Lebensweg stehst du heute dort, wo du stehst."

Lucia erwiderte: „Ja, aber nur durch deine Hilfe." Angelina fuhr fort: „Dort, wo das Leben einen Menschen vor große Herausforderungen stellt, gibt es ihm proportional dazu auch die Mittel und die Helfer, um diese zu bewältigen. Verstehst du? Durch deine äußere extreme Situation warst du schon seit deiner frühesten Kindheit offen für den Kontakt zu mir und für die innere Führung aus der geistigen Welt." Lucia nickte und sagte leise: „Wirklich verstehen tue ich nicht, was du sagst; aber ich ahne irgendwie, dass es so ist." Angelina stimmte ihr zu: „Ja, dein Kopf begreift dies nicht; jedoch die Weisheit deines Herzens spürt die Wahrheit meiner Worte."

Angelina ließ Lucia Zeit, eine Weile tief durchzuatmen und das Gesagte zu verdauen. Dann fuhr sie fort: „Du bist in deinem bisherigen Leben durch einen enormen inneren Wachstumsprozess gegangen. Du hast tapfer alle äußere Mühsal deines Lebens gemeistert und aus den Einschränkungen das Beste gemacht. Jetzt bist du an einem Wendepunkt angekommen. In der Zukunft wird es auf der äußeren Ebene wieder leichter und angenehmer für dich werden." Lucia fragte gleich nach: „Selbst wenn in meinem Leben wesentliche Veränderungen passieren, du bleibst doch auch weiterhin ganz nah bei mir?" Angelina beruhigte sie: „Meine Liebe, an unserem Kontakt ändert sich nichts. Wenn du mich rufst, dann bin ich an deiner Seite." Lucia war erleichtert und schlief ein.

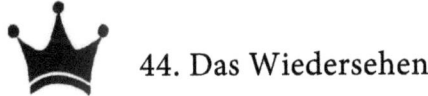

44. Das Wiedersehen

Circa zwei Monate nach dem Gespräch mit Clara und Oliver, als Lucias Gefühlswelt wieder zunehmend in Balance kam, fragte Louis sie: „Würdest du deinen Vater gerne wiedersehen?" Ihre Antwort war spontan und klar: „Ja, liebend gerne." Dann fügte sie hinzu: „Allerdings nur ihn alleine. Anna Rosa möchte ich nicht sehen." Louis fragte weiter: „Wäre es dir recht, wenn ich versuche, ein Treffen mit ihm zu arrangieren?" Auch hier lautete ihre Antwort: „Ja".

Louis überlegte lange, auf welche Weise er ein Treffen einfädeln könnte. Schließlich kam ihm eine Idee. Die Familie Montfort war gut mit Herzog Ludwig befreundet; dieser wiederum war ein entfernter Verwandter von König Balduin. Der Herzog lud zweimal im Jahr zu einer großen Jagd in seinem Revier ein, an der viele Adlige aus der näheren und weiteren Umgebung teilnahmen. Louis wollte ihn einweihen. Vielleicht war er bereit, zu arrangieren, dass auch König Balduin zu der nächsten Jagd kam. Im Geheimen wurden die Fäden gezogen und der Plan ging auf.

Zu Beginn der Jagd machte der Herzog König Balduin mit dem jungen Grafen Montfort bekannt. Dieser suchte im Laufe des Tages immer wieder die Nähe des Königs. Die beiden Männer waren sich sympathisch. Noch vor dem gemeinsamen Abendessen, zu dem der Herzog die Jagdgesellschaft auf sein Schloss eingeladen hatte, gelang es Louis, für einen Moment mit dem König unter vier Augen zu sprechen.

Er sagte: „Ich soll Sie von Ihrer Tochter grüßen. Sie hat mich gebeten, ein Treffen mit Ihnen zu arrangieren". Dem König stockte der Atem. Dann fasste er sich wieder und sagte: „Ich habe mit meiner Frau lediglich zwei Söhne." Louis nahm all seinen Mut zusammen und fuhr fort: „Aber aus Ihrer ersten Ehe haben Sie eine Tochter, nicht wahr?" Dem König wurde leicht schwindelig „Woher wollen Sie das wissen?" Louis antwortete ruhig:

„Lucia hat es mir gesagt." Als der König Lucias Namen hörte, löste sich ein Knoten in ihm und er fragte aufgeregt: „Kennen Sie sie?" Louis antwortete: „Ja. Ich habe veranlasst, dass sie auch hier ist und sie in einem Gasthaus in der Nähe einquartiert. Lucia hat den sehnlichen Wunsch, Sie wiederzusehen." Der König konnte es kaum fassen und sagte: „Bitte bringen Sie meine Tochter so schnell wie möglich zu mir."

Gesagt – getan. Nach einer guten halben Stunde kam Louis mit Lucia in seiner Kutsche zum Schloss des Herzogs. Ein Diener führte Lucia in den Raum, in dem König Balduin sich aufhielt. Sie hatte ziemliches Herzklopfen. Als sie ihren Vater sah, erkannte sie ihn sofort. Sie stammelte: „Vater, du lebst?" Der König breitete seine Arme aus, Lucia lief auf ihn zu und schmiegte sich an ihn. Er umarmte sie innig und flüsterte voll Rührung: „Mein geliebtes Kind."
Dicke Tränen der Freude und der Erleichterung kullerten über Lucias Wangen. Sie hielten sich lange in den Armen. Lucia spürte, wie sich ein Kreis schloss. Sie war heimgekehrt zu ihren Wurzeln; eine ungeahnte Energie durchströmte sie plötzlich. Beide waren überglücklich, sich nach der langen Zeit der grausamen Trennung endlich wiederzusehen.
Es gab viel zu erzählen. Der König ließ sich beim Festmahl des Herzogs entschuldigen und dinierte in einem Separée mit seiner Tochter. Es war ein intensiver Abend. Erst gegen Mitternacht kehrte Lucia in ihr Zimmer im Gasthof zurück.

Am folgenden Morgen traf sich die Jagdgesellschaft noch einmal. König Balduin nahm Louis beiseite und bedankte sich herzlich für die Zusammenführung mit seiner Tochter. Die beiden Männer machten noch einen Spaziergang im Park des Herzogs. Irgendwann blieb der junge Graf stehen, schaute seinem Gegenüber direkt in die Augen und sagte:

„Königliche Hoheit, ich möchte unser Zusammensein nutzen und um die Hand Ihrer Tochter anhalten." Der König war erstmal sprachlos. Die Ereignisse überstürzten sich, seit er im Schloss des Herzogs angekommen war. Dann kam ein glückliches Lächeln auf sein Gesicht und er reichte dem jungen Grafen freundschaftlich beide Hände. Ohne zu zögern, gab er seine Zustimmung sowie seinen Segen für diese Ehe. Louis war tief berührt und dankbar.

Am Nachmittag traf er Lucia, die ihm von dem bewegenden Treffen mit ihrem Vater erzählte. Sie war emotional immer noch sehr aufgewühlt. Louis schlug vor, einen Spaziergang in den schönen Wäldern des Herzogs zu machen. Beide liebten die Natur. Irgendwann kamen sie an einen kleinen See. Sie setzten sich auf eine Bank und genossen die Schönheit sowie die Stille dieses Ortes. Das Sonnenlicht glitzerte auf dem Wasser und gemeinsam beobachteten sie einige Libellen. Wie zart sie waren.

Plötzlich rutschte Louis von der Bank und kniete sich vor Lucia hin. Er schaute sie lange verliebt an, dann stellte er die entscheidende Frage: „Willst du meine Frau werden?" Lucia konnte kaum fassen, was gerade geschah. Dann hörte sie sich klar und deutlich „JA!" sagen. Daraufhin zog Louis eine kleine Schmuckschachtel aus seiner Jackentasche und steckte ihr einen Verlobungsring mit einem wundervollen Brillianten an die linke Hand. Lucia war völlig überwältigt. Sie stand auf und auch Louis erhob sich. Sie fielen sich in die Arme und küssten sich.

Danach blieben sie noch eine Weile auf der Bank sitzen. Lucia hatte immer noch das Gefühl, sie träume diese Szene nur. Sie kniff sich leicht ins Bein und schaute auf den funkelnden Ring; es war nicht nur ein Traum.

Auf der realen Ebene begann nun ein Traum Wirklichkeit zu werden. Jeder von ihnen hatte schon recht bald nach ihrer ersten Begegnung geahnt, dass sie füreinander bestimmt waren. Jetzt war der Weg für eine gemeinsame Ehe frei. Louis war überglücklich, dass all seine im Geheimen geschmiedeten Pläne gelungen waren. Er hätte sich gerne schon viel früher verlobt; aber er hatte halt erst eine gewisse ‚detektivische Arbeit' zu leisten, bevor deutlich wurde, bei wem er um Lucias Hand anhalten müsste. Die offizielle Verlobung würden sie in Kürze auf Schloss Montfort bekanntgeben und feiern. Beschwingt liefen sie durch den Wald zurück zum Schloss von Herzog Wilhelm.

Nach der Rückkehr von seinem Jagdausflug berichtete Louis gleich seinen Eltern von seiner Verlobung. Diese waren über alle Maßen glücklich, dass nun auch ihr ältester Sohn die richtige Frau für sein Leben gefunden hatte. Seine beiden jüngeren Brüder waren bereits verheiratet. Man beschloss, das Verlobungsfest auf dem väterlichen Schloss, das nicht weit von seinem eigenen Landsitz entfernt lag, im engeren Kreis der Familie zu feiern.

Als Louis Lucia das nächste Mal traf, fragte er sie: „Magst du dir in der Stadt ein Kleid für das bevorstehende Fest aussuchen? Ich lasse es dann abholen und werde es bezahlen." Sie strahlte ihn an. „Leonore wird mich sicherlich begleiten und bei der Auswahl beraten." Lucia entschied sich für ein dezentes lindgrünes Kleid aus einem weichen fließenden Stoff. Sie fühlte sich darin besonders weiblich. Ihre Gedanken wanderten dabei unwillkürlich zu ihrer geliebten Mutter. Seit sie Louis kannte, hatte sie wieder öfters an diese gedacht.

Am Tag des Verlobungsfestes war strahlendes Wetter. Die Familie ging vormittags gemeinsam in den sonntäglichen Gottesdienst. Danach fuhren sie zum gräflichen Schloss. Es waren drei Generationen beisammen: Louis Eltern sowie seine beiden Brüder mit ihren Ehefrauen; der mittlere hatte bereits zwei Töchter, die drei und ein Jahr alt waren; die Frau des

Jüngeren war gerade schwanger. Alle trafen sich zum Mittagessen. Der Raum und die Tafel waren wunderschön mit Blumen dekoriert.

Der Graf hielt eine kurze Rede und hieß Lucia herzlich im Kreis der Familie Montfort willkommen. Dann stießen alle auf das frisch verlobte Paar an. Es wurde ein köstliches Mahl serviert. Zum Nachtisch kam eine Schokoladencreme auf den Tisch, welche mit roten Beeren verziert war, die in der Form L & L angeordnet waren.

Am Nachmittag machten sie einen Spaziergang durch den großen Park um das Schloss herum. Lucia spielte ausgelassen mit den zwei kleinen Mädchen. Besonders Isabella, die ältere, weckte mit ihren blonden Locken Erinnerungen an ihre eigene Kindheit und die ersten unbeschwerten Jahre mit ihren Eltern.

Lucia fühlte sich rundum wohl im Kreis ihrer zukünftigen Familie. Sie erlebte eine neue Form von Geborgenheit und Zugehörigkeit. Erst jetzt wurde ihr voll bewusst, wie sehr sie seit ihrem Umzug in die Stadt den Halt in einem familiären Netzwerk vermisst hatte. Sie empfand tiefe Dankbarkeit für die Art und Weise, wie sich ihr Leben jetzt fügte. Es war ihr, als würde sie nach Hause kommen – in den Schoß einer Großfamilie. Es schloss sich ein Kreis.

Als sie mit Isabella im Garten spielte, hatte sie intensiv ihre Vorfreude gespürt, eine eigene Familie zu gründen. Sie erinnerte sich an die Worte von Angelina: „Jetzt bist du an einem Wendepunkt angekommen." Ihr Leben würde sich grundlegend ändern, das fühlte sie nun ganz deutlich. Und sie war schon sehr neugierig.

# 45. Die Hochzeit naht

Die Nachricht von Lucias Verlobung sprach sich im Projekt Sonnenstrahl schnell herum. Alle freuten sich mit ihr. Gleichzeitig waren sie auch etwas traurig, denn sie ahnten schon, dass Lucia nach ihrer Hochzeit nicht im bisherigen Rahmen bei ihnen weiterarbeiten würde. Es wurde folgende Regelung vereinbart: Im kommenden Monat sollte noch alles weiterlaufen wie bisher, dann würde sie Hausbesuche mit individueller Betreuung Schritt für Schritt reduzieren. Nach der Hochzeit würde sie weiterhin an drei Tagen in der Woche Gruppen in der Casa del Sole anbieten.

In ihrer freien Zeit traf sich Lucia nun häufig mit Louis. Es gab viel für die bevorstehende Hochzeit zu planen und zu organisieren. Gleichzeitig bereitete sie ihren Umzug auf seinen Landsitz vor; einiges wurde dort umgestaltet und neu eingerichtet. Lucia brachte eine neue ästhetische Note in das Haus.

Nach wie vor sprach Lucia regelmäßig mit Angelina. Eines Tages sagte sie: „Alles, was gerade in meinem Leben passiert, ist wunderschön. Allerdings ist es gar nicht so einfach, mich stückweise von meiner Arbeit im Projekt Sonnenstrahl zu verabschieden. Sie hat in den letzten Jahren mein Leben stark geprägt. Es ist doch etwas anstrengend, dass es jetzt schon wieder ziemlich umgekrempelt wird." Angelina erwiderte: „Ja, das gehört zu deinem Leben. Es ist wie in der Schule: wenn du den Stoff eines Schuljahres gelernt hast, dann wirst du in die nächste Klasse versetzt und kommst in ein anderes Klassenzimmer. Du bist gerade dabei, von der Grundschule auf die ‚höhere Schule' zu wechseln.

Jetzt wird ein neues Leben für dich beginnen. Zum einen wirst du deine Arbeit fortsetzen und in deiner neuen Position verstärkt eine Vorbildfunktion haben. Durch die erweiterten finanziellen Möglichkeiten eröffnet sich dir nun ein größerer Einflussbereich, um dein Licht und deine Liebe in die Welt zu tragen. Du bist eine Pionierin; in Edeltraud, deiner zukünftigen Schwiegermutter, wirst du eine wunderbare Partnerin haben, um bestehende soziale Projekte zu erweitern und neue Ideen zu verwirklichen.

Zum anderen wirst du demnächst als junge Gräfin auf der Bühne des gesellschaftlichen Lebens stehen. Dich werden viele Annehmlichkeiten, Eleganz und Wohlstand umgeben. Du hast seit dem Verlassen deines Elternhauses in einfachen und bescheidenen Verhältnissen gelebt. In dieser Zeit hast du zunehmend deinen inneren Reichtum entdeckt und kultiviert. Deine innere Fülle findet nun auch ihren Spiegel in den äußeren Lebensumständen. Hier siehst du mal wieder, wie das Gesetz der Resonanz wirkt.

Für manche wird es vielleicht so aussehen, als würdest du weniger ‚tun' – jedoch in zunehmenden Maße wirkst du durch dein ‚Sein', das bedeutet durch die Qualität deiner Schwingung. Mit deiner Ausstrahlung wirst du fortan viele Menschen der höheren Gesellschaft berühren und ihnen in Gesprächen Anstöße zu neuem Denken und Fühlen geben. Auch der Gesang wird dabei eine Rolle spielen. Jetzt, wo du nicht mehr sechs Tage in der Woche arbeiten musst, um deinen Lebensunterhalt zu verdienen, wirst du wieder mehr Zeit für die Musik haben sowie die finanziellen Mittel, um erneut Gesangsstunden zu nehmen." Lucia unterbrach Angelina: „Oh, wie fantastisch! Meinst du wirklich?"

„Ja, du wirst sehen. Du bist eine Künstlerseele und die Musik ist für dich ein wichtiges Medium, um dich auszudrücken. Gleichzeitig bist du auch eine Lebenskünstlerin; das hast du in den herausfordernden Jahren seit dem Verlassen deines Elternhauses bewiesen.

Es war deine Aufgabe, dich ungeachtet äußerer Bedingungen immer wieder in eine hohe Schwingung zu bringen und dort zu bleiben. Du hast viel gelernt; ich bin stolz auf dich. Und du wirst andere über die Musik, über Gespräche und meditative Übungen inspirieren, diesen Weg ebenfalls zu gehen. Die innere Schwingung ist das Entscheidende im Leben. Jetzt stellt dir das Universum einen neuen Rahmen zur Verfügung, um dies zu leben und weiterzugeben.

In der neuen Phase wird es für dich auch mehr Raum für Privatleben geben, für deine Beziehung zu Louis und für deine Familie." Dann schwieg Angelina, auch Lucia war still. Angelina hatte gerade die Tür einen Spalt geöffnet und sie ein wenig in ihr zukünftiges Leben blicken lassen.

Je näher die Hochzeit rückte, umso mehr reduzierte Lucia ihre Arbeit im Projekt Sonnenstrahl und es gab vermehrt Raum, um mit Louis zusammen zu sein. Die Hochzeitsvorbereitungen liefen auf vollen Touren. Er stellte seine Verlobte Schritt für Schritt seinen Freunden sowie der weiteren Verwandtschaft vor. Ab und zu begleitete sie ihn jetzt auch auf ein Fest. Sie bewegte sich souverän auf gesellschaftlichem Parkett, obwohl sie durch ihren bisherigen Lebensstil diesbezüglich keine Erfahrungen hatte. Alle waren beeindruckt von ihrem strahlenden Wesen. Auch in Adelskreisen verhielt sich Lucia ganz natürlich und brachte ihre gewohnte Herzlichkeit und Spontaneität ein. Das wirkte äußerst erfrischend; Lucias Anwesenheit wurde überall als eine Bereicherung erlebt.

Als sie sich eines Tages vor ihrer Hochzeit wie üblich mit Angelina traf, sagte diese: „Ich möchte dich heute zu einer geführten Meditation einladen; es ist sozusagen mein Hochzeitsgeschenk an dich. Sie baut auf der Übung ‚Die Lichterschnur' (s. Seite 189) auf, in der ich dich bereits mit den sieben Energiezentren des Menschen vertraut gemacht habe. Diesmal steht die Zirbeldrüse im Mittelpunkt, die dem Stirnzentrum zugeordnet ist. Sie wird auch Meisterdrüse genannt, da sie alle anderen Drüsen beeinflusst und auf immens viele Körperprozesse einwirkt. Wenn sich die Zirbeldrüse durch Meditation oder ähnliche Praktiken im Laufe der inneren Entwicklung öffnet, wird ein verstärkter Zugang zur Welt des Lichts möglich sowie zu hohen geistigen Ebenen.

Die Meisterdrüse

Setze dich aufrecht sowie bequem hin und schließe deine Augen. Du spürst den Kontakt deiner Füße mit dem Boden und lässt in deiner Vorstellung von der Fußmitte aus je eine Wurzel nach unten wachsen, um dich gut zu erden. Dann fühlst du die Berührung deines Beckens mit dem Stuhl. Du lenkst deine Aufmerksamkeit zu deinem Atem und erlaubst ihm, bis hinunter in deinen Bauch zu fließen – ruhig und langsam.

Stell dir nun vor, dass du am unteren Ende deiner Wirbelsäule einatmest; der Atem steigt entlang deiner Wirbelsäule hinauf bis zur Mitte deines Kopfes. Von dort fließt der Ausatemstrom wieder hinunter zum Wurzelzentrum bei deinem Steißbein. So schaffst du eine energetische Verbindung zwischen unten und oben.

Nach dieser Vorbereitung wendest du dich deiner Zirbeldrüse zu. Um sie zu orten, stellst du dir zwei Linien vor: die erste verläuft waagerecht von einem Ohr zum anderen, die zweite geht von einem Punkt zwischen deinen Augenbrauen waagerecht zum Hinterkopf. Am Kreuzungspunkt dieser beiden Linien befindet sich die Zirbeldrüse. Sie ist winzig klein und hat nur die Größe einer Erbse; gleichzeitig ist sie allerdings von großer Bedeutung für den Energie- und Lichtstrom im menschlichen Körper.

Du richtest jetzt deine geschlossenen Augen nach innen und schaust zu ihr hin. Atme langsam ein und aus, wobei du deine Aufmerksamkeit auf die Zirbeldrüse fokussierst. Stell sie dir als einen hellen

Lichtpunkt vor, wobei sich mit jedem Atemzug die Lichtansammlung dort verstärkt. Um die Zirbeldrüse zu aktivieren und deine Aufmerksamkeit für sie zu verstärken, kann es hilfreich sein, wenn du die Zungenspitze einrollst und hinten an den Gaumen legst. Spüre selbst, ob dich dies unterstützt oder eher ablenkt.

Bleib nun eine Weile in atmender Verbindung mit deiner Zirbeldrüse und nimm wahr, wie das weiß-goldene Licht dort immer heller und strahlender wird. In diesem Zustand sind keine negativen Gedanken möglich. Das Licht kann sich im Laufe der Zeit auch weiter in den Raum ausdehnen.

Die Zirbeldrüse wird auch das 3. Auge genannt. Anders als bei deinen physischen Augen, die die materielle Welt sehen, eröffnet es dir den Blick in geistige Dimensionen – zu erweitertem Wissen und Verstehen. Auf der gefühlsmäßigen Ebene ermöglicht die Zirbeldrüse insbesondere das Erleben von Verbundenheit mit allem Sein. Gib dich all den Erfahrungen hin, die jetzt aus deinem Inneren auftauchen wollen.

Nun schließt du langsam die Meditation ab. Du lässt dazu deine Aufmerksamkeit über deine Wirbelsäule hinunter zum Becken wandern und weiter bis zu deinen Beinen und Füßen, um dich energetisch gut zu verwurzeln."

Lucia brauchte eine Weile, bis sie wieder mit beiden Füßen auf der Erde angekommen war, nachdem sie durch die Übung innerlich Flügel bekommen hatte und in lichte Welten eingetaucht war.

Sie sagte: „Danke für dieses wunderbare Hochzeitsgeschenk. Auch wenn ich bald mit Louis vor den Altar trete, bin ich mit dir eigentlich schon seit meiner frühesten Jugend verheiratet." Angelina antwortete: „Ja, wir beide gehören untrennbar zusammen. Ich liebe dich inniglich und ich freue mich mit dir über die neuen Lebensumstände, in denen deine innere Königin weitere wunderbare Entfaltungsmöglichkeiten haben wird."

Dann ergänzte Angelina noch etwas: „Weißt du, welchen Spruch deine Eltern für deine Taufe ausgesucht haben? (Lucia schüttelte den Kopf.)

,*Ich will dich segnen und du sollst ein Segen sein.* '(1. Mose 12.2)

In diesem Sinne wünsche ich dir viel Licht und Segen für dein neues Leben – für deine Ehe, deine zukünftige Familie sowie für deine Arbeit. Mögest du noch in einem erweiterten Rahmen als bisher dein Licht in die Welt bringen, segensreich tätig sein und dich glücklich fühlen, meine geliebte Lucia."

Anmerkung der Autorin

Von dem Schriftsteller Ödön von Horvárth (1901-38) stammt der Satz:

> *„Eigentlich bin ich ganz anders,*
> *aber ich komme so selten dazu. "*

Ich wünsche Ihnen, liebe Leserin, dass Sie in Zukunft sehr oft dazu kommen, Ihre innere Königin zu leben.

Mit lichtvollen Grüßen für Ihren Weg

Regine Herbig

Sprache und Licht

Es gibt in unserer Sprache eine ganze Reihe von Worten und Ausdrücken, die deutlich machen, wie sich das innere Licht im Leben zeigt – z.B. was den Geist, die Stimmung, die körperliche Erscheinung oder die Persönlichkeit betrifft.

Ich lade Sie ein, beim Lesen auch die Energie zu spüren, die in den Worten steckt. Achten Sie darauf, ob Ihre energetische Schwingung sich durch das Lesen untenstehender Liste verändert.

Geist

es ist sonnenklar

es ist einleuchtend

es geht mir ein Licht auf

in neuem Licht sehen

ans Licht bringen

dies erhellt die Situation

ein Geistesblitz

Licht in eine Sache bringen

ein Feuerwerk brillanter Ideen

eine Sache von allen Seiten beleuchten

der Funke springt über

etwas ins rechte Licht rücken

ein feuriger Geist

ein helles Köpfchen

eine glänzende Leistung

ein brillanter Redner

Erleuchtung

Stimmung

ein sonniges Gemüt
Optimismus ausstrahlen
blendend gelaunt sein
die Stimmung aufhellen
vor Glück strahlen
die Augen funkeln vor Begeisterung
du bist ein Sonnenschein
glänzend gelaunt sein
übers ganze Gesicht strahlen

Schönheit

Ausstrahlung
du siehst glänzend aus
ein strahlendes Lächeln
leuchtende Augen
sie ist strahlend schön
die Augen funkeln wie zwei Edelsteine
blendend aussehen

Persönlichkeit
sein Licht leuchten lassen
stell dein Licht nicht unter den Scheffel
ein sonniges Kind
eine lichtvolle Erscheinung
sie ist ein leuchtendes Vorbild
das war ein glänzender Auftritt
hellsichtig
hellfühlig
sie ist ein Leuchtturm zur Orientierung
sie glänzte auf der Bühne

Situationen
das Licht am Ende des Tunnels sehen
ein Funken Hoffnung
ein Lichtblick
eine lichtvolle Zukunft
das ist ein Highlight
auf der Sonnenseite des Lebens sein

Verzeichnis der Abbildungen

Regine Herbig
S. 12 sowie bei allen Kapitelanfängen
S. 3, 103, 173, 235, 240, 244, 246, 249, 251

Kamé (München)
S. 238

Ich bin zutiefst dankbar, dass ich den ersten Teil dieses Buches im Sommer an einem märchenhaft schönen Platz in Lindau schreiben durfte: auf dem Obsthof von Familie Pavlitschek. Von meinem Balkon hatte ich einen fantastischen Blick auf den farbenfrohen Garten, die Apfelbäume, den See und die Schweizer Berge.

Der zweite Teil ist im Winter auf Teneriffa an einem ebenfalls zauberhaften Platz entstanden: in einem 17.000 Quadratmeter großen Hotelgarten, auf dem Gelände einer ehemaligen Bananenplantage, zu beiden Seiten eines wilden Barancos gelegen und mit Blick auf den Teide.

Es war ein großes Geschenk vom Leben, mich umhüllt vom Sonnenlicht und eingebettet in die Schönheit der Natur dem Flow der Inspiration hingeben zu können.

Ein großes Dankeschön geht an Monika Closs, die mir das Manuskript getippt hat. Ihre Freude und ihr Interesse an den einzelnen Kapiteln hat mir eine extra Portion Energie gegeben. Außerdem hat sie das gesamte Layout nach den Vorgaben des Verlages gemacht. Mir diese Arbeit abzunehmen, war eine große Erleichterung. Ich empfinde hohe Wertschätzung für ihre Bereitschaft, sich immer wieder in neue Materie einzuarbeiten sowie für ihre Geduld und Ausdauer.

Des Weiteren danke ich meiner Freundin Verena Baumgardt für das kritische Lesen des Manuskripts und für den fruchtbaren Austausch. Ich sage ‚thank you‘ zu Fabian Forban, der mit viel Einfühlungsvermögen für mich und meinen Geschmack ein stimmiges Cover entworfen hat. Ich bedanke mich ebenfalls bei Frau Kim Walla von Kamphausen Media sowie beim Team von Tredition für ihre freundliche Unterstützung. In letzter Minute ist Frau Guarracino eingesprungen ist, um den Buchumschlag fertig zu stellen – molte grazie!

Sehr verbunden bin ich meinem spirituellen Lehrer Pir Vilayat Khan, der mich Anfang der 80ger Jahre mit den ersten Lichtübungen aus der Sufi-Tradition vertraut gemacht hat. Diese haben mich seither auf meinen inneren Weg begleitet.

Über die Autorin

Regine Herbig ist Körpertherapeutin, Coach und Trainerin. Seit 40 Jahren begleitet sie Menschen aus einem ganzheitlichen Ansatz heraus. Sie hat überwiegend in München gearbeitet: in eigener Praxis, als Dozentin in der Erwachsenenbildung sowie in der Aus- und Weiterbildung an verschiedenen Institutionen, u.a. 14 Jahre an der Hochschule für Musik. Zwölf Jahre lang war sie in den Niederlanden und hat dort Fortbildungsseminare für verschiedene Berufsgruppen angeboten.

In ihrer Arbeit vereint sie Körpertherapie, Psychologie und Spiritualität zu einem harmonischen Ganzen. Aus der Kraft und dem Licht des Herzens zu leben, ist ihr persönlich ein wichtiges Anliegen; sie lädt andere Menschen zu diesem Weg ein und unterstützt sie dabei.
Regine lebt zurzeit in München und Spanien. Auf Anfrage bietet sie noch Coachings, Lesungen mit meditativen Übungen sowie Retreats an.

Folgende Bücher zum Thema Selbsthilfe sind von ihr in Deutsch bzw. Holländisch erschienen:

- *Der Atem - Quelle von Entspannung und Vitalität*
  (niederländisch 2003 / Schulz- Kirchner Verlag 2005)

- *Von Ablehnung zur Annahme*
  Umgehen mit schmerzlichen Erfahrungen (niederl. 2007)

- *Sorgst du nur für andere oder auch für dich selbst?*
  Eigene Bedürfnisse fühlen und erfüllen (niederl. 2007)

- *Konstruktiv umgehen mit Irritation und Ärger*
  Das Herz als Schlüssel zur Transformation von Wut (niederl. 2010)

- *Gefühlsregulierung – ein Tor zu innerer Balance*
  Stressbewältigung durch Herz-Resonanz (Junfermann Verlag 2013)

- *Fülle erschaffen – Fülle empfangen*
  Das Gesetz der Resonanz und die Kunst des Annehmens
  (Schirner 2015)

www.Herz-Resonanz.com

Anhang

Königinnen-Checkliste

1. Wie königlich bist du bei deinen Arbeiten im Haushalt präsent?
    Nimmst du deine königliche Haltung mit,
    - wenn du kochst
    - wenn du abwäschst
    - wenn du einkaufst
    - wenn du putzt
    - wenn du bügelst?

    Gibt es etwas, das du besonders „unköniglich" tust? ☼

☼ Meine Definition von „unköniglich"; damit meine ich innere Haltungen wie
- sich klein machen
- abgehetzt und gestresst sein
- sich als Opfer von Situationen fühlen
- mangelnde Selbstwertschätzung
- Sklave der eigenen „Ich-Muss" Pflichten sein
- mit ernster und harter Miene Dinge abarbeiten, ohne wirklich bei der Sache zu sein.

Raum für Antworten

2. Wie königlich bist du in deinen Kontakten präsent?

In Begegnungen mit
- deinem Ehemann oder Partner
- deinen Kindern
- deinen Eltern und Geschwistern
- deinen Freunden und Bekannten
- deinen Kollegen?

Wer bekommt deine innere Königin am häufigsten zu sehen, wer am seltensten?

Raum für Antworten

3. Wie königlich oder unköniglich bist du in deiner beruflichen Arbeit präsent?

Wie verhältst du dich
- im Umgang mit KollegInnen oder MitarbeiterInnen
-           mit Kunden
-           mit deinem Chef,
- wenn du am Schreibtisch sitzt
- oder praktische Tätigkeiten verrichtest?

Sollte dir deine Krone einmal herunter gefallen sein, dann setze sie schnellstmöglich wieder auf.

Deine gegenwärtige Situation ist jeweils die Wichtigste, denn Leben passiert nur im JETZT. Bringe deine innere Königin hier und heute zum Leben – und hebe dir dies nicht für besonders erhabene Momente auf.

Raum für Antworten

Raum für Notizen

Vermerken Sie hier glanzvolle Momente aus dem Leben Ihrer inneren Königin.

Raum für weitere königliche Notizen

.